Gerard Depardieu

Bilder nicht mehr
verfügbar ?

Heiko R. Blum

MICHEL PICCOLI

Seine Filme – sein Leben

Unter Mitarbeit von
Katinka Blum, Luc Bondy und Sigrid Schmitt

Originalausgabe

WILHELM HEYNE VERLAG
MÜNCHEN

HEYNE FILMBIBLIOTHEK
Nr. 32/178

Herausgegeben von Bernhard Matt
Redaktion: Cornelia Zumkeller

Gewidmet der Erinnerung an Klaus Hellwig
und Florian Hopf

BILDNACHWEIS:

Archiv des Autors 24, 50, 55, 63, 64, 65, 67, 85, 95, 98, 112, 113, 123, 124, 125, 136, 137, 140, 144, 148, 149, 150, 161, 168, 172, 173, 175, 179, 194, 195, 209, 211, 213, 221, 222, 233, 234, 246, 247, 257, 259; Archiv Gorski i. Freie Film 56; Archiv M. DuMont Schauberg 103, 128, 273; ARD 51, 88, 121, 155, 165, 171, 176, 188, 212, 230, 231; Atlas-Film 112; Barth, Ingo, Berlin 23; cen-fox 48; Cinerama 54, 183, 184, 185, 197, 198; Columbia 3, 4, 57, 154; Constantin 204, 205; Constantin connex 158; Constantin/Team-press 52, 53, 60, 159; Europa 92, 93; Fotoarchiv Alpha 151; Fox-MGM 62, 166; Galle-Filmproduktion, München 200; Heitmann, Karl-Heinz 199; Herrmann, Oliver 31, 288, 297; Hipp-Foto Berlin 115; Inter-Film Teampress 126, 127; Jeanbrau, Helene 134; NFF 2 Filmverleih München 268, 269, 271; Neue Filmkunst Walter Kirchner, Göttingen 87; Pallas-Film 81; Paramount, P3 141; Paramount/ringpress 143; Pressebilderdienst Kindermann, Berlin 225, 235, 244; Pressebüro Engelmeier, München 220; Priconi-Verleih 45; Prokino Jacques Rivette 274, 275, 276; Privates Archiv f. Filmkunde, Köln, Freie Filmkritik e. V. 59, 120, 180, 281; Rabau, Erika, Berlin 11, 12, 13; Röhnert, Ursula, Berlin 202, 227, 238, 239, 255, 287; Ross, Hans-Dieter 20, 106, 107, 108; Scotia 192, 193; Senator-Film 218; Teamfilm 129; Tele-Bunk, Berlin 69, 223, 226, 232, 237, 240, 286; Tobis-Filmkunst 178; United Artists 116; Warner-Columbia 1, 5, 160, 162; WDR 41, 139, 261.

Inhalt

Piccoli, 1970

Vorwort

Kurze Auftritte in Filmen von Luis Buñuel etwa als Marquis de Sade in *Die Milchstraße*, als Innenminister im *Der diskrete Charme der Bourgoisie*, als Polizeipräfekt in *Das Phantom der Freiheit*, das sind Momente der Wahrheit, Augenblicke großer Schauspielkunst – nicht reduziert sondern konzentriert auf drei, vier, fünf Minuten.

Oder, Piccoli als wildgewordener Anarchist in *Themroc*, als Wissenschaftler mit perversen Neigungen in *Dillinger ist tot* bei Marco Ferreri, dem Regisseur, der für ihn immer bizarre Rollen hat: Piccoli war der Buffalo Bill im stilisierten General-Custer-Film *Berühre nicht die weiße Frau* oder einer der vier Männer in *Das große Fressen*, die beschlossen haben, sich bei einem großen Gelage zu Tode zu fressen.

Er ist einer der großen Stars des französischen Theaters und Films und er ist ein großer Mensch, der immer auch in der Gegenwart lebt, am politischen und sozialen Geschehen seiner Umwelt teilnimmt: *Michel Piccoli, le provocateur* nannte der französische Filmkritiker und Biograph Robert Chazal sein Buch und Luc Bondy, der sensible Künstler, einer der großen Opern- und Schauspiel-Regisseure unserer Zeit erzählt von seiner Freundschaft, seiner Zuneigung zu Piccoli und der Arbeit mit ihm.

Gemeinsam mit Philippe Noiret gehört Piccoli derzeit zu den vielbeschäftigten Charakterdarstellern des französischen Films, ein Freund und Zeitgenosse von Marcello Mastroianni und wie er, ist er auf der Leinwand immer präsent, in großen und in kleinen Rollen. Er verleiht, wie Bondy sagt, jeder Rolle etwas Charakteristisches, etwas Besonderes, macht sie zu einer Piccoli-Figur.

In Michel Piccolis Leben spielt das Theater eine wichtige Rolle und während ich dies schreibe, hat er in Paris, nachdem er in diesem Jahr bereits in vier Filmen vor der Kamera stand, mit den Vorbereitungen für eine große Theaterarbeit begonnen: Luc Bondy wird Henrik Ibsens *John Gabriel Borkman* inszenieren.

In diesem Buch allerdings wird eher der Filmschauspieler Piccoli im Vordergrund stehen, zwangsläufig, denn nur über den konnte ich mich kontinuierlich und retrospektiv informieren.

Ich habe Michel Piccolis Wunsch respektiert, nicht selbst an dieser Edition mitzuwirken, das war mir aber um so mehr Verpflichtung dem Künstler und Menschen gerecht zu werden. Daher gilt mein besonderer Dank all jenen, die als Piccolis Freunde, Kollegen, Regisseure und Bewunderer an diesem Buch mitgeholfen haben mit Rat und Tat und kritischen Einwänden, das gilt für Hans Noever ebenso wie für Jacques Doillon, Karsten Prüßmann für seinen Beitrag über Synchronisation, Rudolf Blum und Rolf Mühlemann, die mir ihr sehr lesenswertes Gespräch mit Piccoli zur Verfügung gestellt haben, Helfern im Hintergrund wie Mischa Gallé, Dietlind Andretter, Lothar Just, Hans Messias, Joachim von Mengershausen, Wolf Schöler, Peter H. Schroeder, Jürgen Thie, Meinolf Zurhorst, dem Ringier-Verlag und der Redaktion von Tele RTV; vor allem aber Luc Bondy für seinen wichtigen Beitrag, Sigrid Schmitt, die viele Texte mit mir erarbeitet hat und unserer Tochter Katinka, die fast alle französischen Texte und Interviews übersetzt hat. Gewidmet habe ich das Buch den beiden früh verstorbenen Freunden Klaus und Florian, die beide einen wesentlichen Beitrag dazu geleistet haben, daß französische Filme bei uns erfolgreich werden konnten.

Köln, im November 1992

»Wir trafen uns an einem unmöglichen Ort«

Der Autor und Regisseur Hans Noever über Michel Piccoli

Schwer, über jemanden zu schreiben, dem man sich über viele, kleine, persönliche Begegnungen und über eine anderes Medium als das des Schreibens genähert hat. Versuch also, von einem Menschen zu erzählen, zu dem ich außer einer professionellen auch eine sentimentale Beziehung habe.

So habe ich Michel gestern in Paris angerufen.

Wir hatten uns seit vier Monaten nicht gesehen. Er war zu Dreharbeiten irgendwo in der Bretagne unterwegs und nur zufällig übers Wochenende in Paris.

»Was machst du?«

»Ich wollte dich auch gerade anrufen. Wie geht es unserem Film?«

Der *Preis* startet Ende August in Berlin und in München.«

»Na, endlich.«

»Wie geht's in Paris?«

»Scheiße! Ganz Frankreich schläft, und der Petainismus nimmt mit jedem Tag zu.«

Wir sind uns zum ersten Mal an einem unmöglichen Ort begegnet. Cannes 1978. Der Himmel war schon seit zwei Tagen verkauft an einen amerikanischen Großverleih. Dieser wiederum hatte einen Flieger gekauft, der wiederum das so angekaufte Gelände in ordentliche Parzellen zerlegte: »Superman Shooting now Completed.«

Das Meer unter diesem Himmel war zu diesem Zeitpunkt schon vermietet an die Attrappe eines Schlachtkreuzers, die von wiederum gemieteten Hochleistungsschwimmern mal nach Osten, mal nach Westen geschoben wurde.

Der Platz vor dieser aussichtsreichen Landschaft wurde von einer Unmenge jedes Jahr wiederkehrender Personen besetzt gehalten, die sich todesmutig in die Arme oder aneinander vorbeistürzten.

»Monsieur Piccoli, glauben Sie, daß der französische Film vom deutschen verdrängt wird?« – fragte jemand auf amerikanisch, als wir uns am Spätnachmittag zum ersten Mal in cinem Kinofoyer gegenüberstanden und eigentlich nicht wußten, was wir aus dieser Begegnung machen sollten.

Antwortete Piccoli der Stimme neben mir: »Im Moment ist es sicher, daß der deutsche Film in Frankreich zumindest eine ganz starke Beachtung findet.« Nichts weiter an dem unmöglichen Ort. Wir verabredeten uns für später in Paris, wenn er das Drehbuch, das ich ihm ins Hotelfach gelegt und das er nie bekommen hatte, gelesen hätte. In Cannes gibt es keine Drehbücher, die einer liest, wenn er sie im Hotelfach vergessen kann.

Drei Monate später. Zum zweitenmal Michel Piccoli. Diesmal hat er ein Buch bekommen und gelesen. 11 Uhr morgens in einer Eckkneipe im Quartier Latin. Anschauen und fragen. Alle guten Geschichten sind auch Liebesgeschichten. Frage: »Warum gerade ich für die Rolle?« Die Angst, nicht Person zu sein. Möglicherweise nur Objekt einer Spekulation. Gut, Michel Piccoli hatte in Cannes meinen Film *Die Frau gegenüber* gesehen. Der Film gefiel ihm. Aber was heißt das schon. Dann reden wir über Geschichte und Rolle für den *Preis fürs Überleben*. Anschauen, ob da mehr geht als Geschichte und Rolle für den *Preis fürs Überleben*. Was mir am Drehbuch gefällt, es ist gemacht wie ein Puzzlespiel. Die Reise, ein Europäer, der ein anderes Land entdeckt. Man muß die Leute im Kino soviel wie möglich reisen lassen. Man kann die Leute auch in einem geschlossenen Raum reisen lassen, wie es Buñuel macht... Zusammen essen und weiterreden. *Der Preis fürs Überleben*. Man zahlt immer mit einem Stück eigenem Leben, um zu überleben.« Als habe er schon zuviel gesagt, steht er auf, sagt ja zu Rolle und Buch und geht, ein hochaufgeschossener Flüchtling, sehr graziös, lange in der Tiefe der Straße zu sehen.

Die nächsten Wochen. Veränderungen in der französischen Fassung. Rückübertragung in die deutsche Fassung. Die Übersetzung ins Englische, vom Englischen ins Amerikanische. Anrufe von München nach Paris. Manchmal war er am Apparat, manchmal war es seine Stimme, die sagte, daß Monsieur Piccoli im Augenblick verreist sei. Dann fuhr er nach Rom, um mit Bellocchio einen Film zu drehen. Das nächste Mal rief ich ihn aus Amerika an, um ihm zu sagen, daß die Besetzung nun stünde, bis auf ein, zwei Rollen, die noch offen seien.

»Wann kommst du nach Rom? Ich bin bereit morgen mit dir zu drehen.«

Michel Piccoli war mittlerweile Co-Produzent unseres Films geworden.

Piccoli – Noever und die anderen.

Kurze Zeit später. Abends in Rom in Trastevere im Comparone. Gegenüber das Haus, in dem Michel Piccoli mit Ferreri *Dillinger ist tot* gedreht hatte. Am Nachmittag hatten wir uns am Schneidetisch Probeaufnahmen, die ich aus New York mitgebracht hatte, angesehen. Er sagte, daß er gern ins Comparone gehe. Jedesmal, wenn er in Rom sei, ginge er mindestens einmal dorthin zum Essen. Die Dreharbeiten mit Ferreri seien sehr produktiv gewesen. Am Ende sei so etwas wie eine Freundschaft entstanden. Er hätte sich auch schon Gedanken gemacht, welche Kleidung er in seiner Rolle als Schweizer Reporter im *Preis* tragen solle. Spaghetti vongole in bianco, Mittelmeerfisch aus Alaska, italienischer Wein

›Der Preis fürs Überleben‹: Piccoli, Minetti, Noever im Gespräch – bei der Premiere in Berlin.

aus Italien. Viel mehr reden über uns, als über den Film, den wir in Amerika zusammen machen wollen. Mehr über mich. Er sagte, er wolle mich kennenlernen. Michel Piccoli: »Viele Leute haben gefragt, ob ich schon mit Hans zusammengearbeitet habe, weil sie uns für gute Freunde hielten. Ich habe viel mit ihm gesprochen, nicht von dem Thema des Films, ich habe ihm nicht gesagt, daß ich so oder so spielen möchte, aber ich habe versucht, durch sein Leben zu verstehen, warum er diesen Film macht... *Dillinger ist tot* war gegenüber, als ich im Taxi schon etwas entfernt zurückwinkte. Michel stand vor dem Comparone auf der Straße, seine Frau im Arm, als wäre er der Padrone der Kneipe und nähme Abschied von einem liebgewordenen Gast.

Die Aufregung des Herzens oder der Todeszustand der Lebenden ist schlimmer als der Tod selbst. Das war der eigentliche Inhalt,

Noever, Piccoli, Martin West, Kurt Weinzierl, Suzie Galler, Moritz de Hadeln, Ulrich Gregor – Premierenfeier von ›Preis fürs Überleben‹.

auf den wir uns, was unsere gemeinsame Arbeit betraf, geeinigt hatten.

Die Geschichte, die wir in den USA drehen wollten, ließ sich wie eine Zeitungsmeldung aus dem Nachrichtenteil erzählen:

Joseph C. Randolph, 47 Jahre, leitender Angestellter bei IM Electronics, Jefferson City, Miss., USA wird ohne spezifische Gründe auf Grund eines Rationalisierungsprogramms aus seinem Job entlassen. Er kauft im Supermarkt ein Gewehr und tötet die fünf Manager der Firma. Dann stellt er sich der Polizei.

Ein Prozeß findet nicht statt. Die New Yorker Zentrale der IME hat triftige Gründe, eine öffentliche Vernehmung von Randolph unter allen Umständen zu verhindern. Massiver Druck wird auf die örtliche Justiz von Jefferson City ausgeübt. Randolph wird in eine psychiatrische Anstalt eingewiesen.

Die Erklärungen des Staatsanwalts befriedigen den Schweizer Reporter René Winterhalter, der aus Chicago anreist keinesfalls. Er versucht den Fall Randolphs zu recherchieren.

Dabei stößt er auf kompakten Widerstand, nicht nur bei den Behörden und den Einwohnern der Stadt, sondern auch bei der Familie Randolph selbst.

Zu den rigorosen Mitteln, die Staats- und Kapitalinteresse gemeinsam benutzen, um Winterhalter an seiner Recherche zu hindern, gehört auch der Einsatz des Abhörspezialisten und Killers Maiello. Sein Job ist jedoch in dem Moment beendet, als Winterhalter die facts der Randolph Story an die Nachrichtenagentur telefonisch weitergibt. Drei Tage nach Drehbeginn. Columbia-Airport, Missouri. Aus der 17-Uhr-Maschine, zwei Propeller, Tiefdecker, kletterte, neben anderen Passagieren aus Midwest, der Reporter René Winterhalter alias Michel Piccoli, fertig im Kostüm, identisch mit seiner Rolle.

Schwer festzustellen, ob Michels Blick auf die Landschaft draußen, als wir ins Hotel fuhren, sein eigener oder schon der des neugierigen Reporters war. Schwer zu sagen, ob der Mann, der später auf der Terrasse des Hotels neben mir auf den verödeten Parkplatz des Ramada Inn hinunterschaute, Rolle und Person voneinander trennen wollte. Ich erinnerte mich, wie der Mann neben mir an der Geländerbrüstung sich in Rom beim Essen über den Beruf des Schauspielers geäußert hatte: »Allein Schauspieler zu sein reicht nicht aus, es kommt darauf an, wie man Schauspieler ist, dann ist man in seinem eigenen KZ. Man muß der Schauspieler eines Autors und eines Regisseurs sein. Ich will nicht anmaßend sein, aber ein Schauspieler muß kreativ sein. Mit dem Autor, mit dem Regisseur zusammmen. Wenn man in meiner Generation sich als Schauspieler wie eine Marionette behandeln läßt, dann liegt es nicht zuletzt an schlechter Erziehung. Ich meine damit, eine Erziehung von der Person weg, von den humanen und außerordentlichen Fähigkeiten eines lebendigen, menschlichen Wesens.« Vom Augenblick seiner Ankunft in Jefferson City war Michel Piccoli Schauspieler, mit allen seinen Fähigkeiten, aber auch mit allen Ängsten des Schauspielers, vor der Kamera verraten werden zu können. Die Unsicherheiten in den Mustern, wenn das frische Material auf der Leinwand Unschärfen produzierte, die es in Wirklichkeit nicht gab. Die Wut, wenn die Technik überhand nahm gegen die darstellende Person. »Scheiße, wir Schauspieler sind doch keine Hunde!« Der Jubel bei der Mustervorführung, wenn etwas besonders gelungen schien.

In New York dann später nur wieder die Person Piccoli. Der Mann vom Comparone oder der von der Eckkneipe im Quartier Latin, verliebt in seine Frau am unteren Ende von Metropolis, Blick nach oben gegen die wegstürzende Fassade des World Trade Centers.

Michel Piccoli: »Man muß immer zahlen, nicht nur Geld, sondern ein Stück vom Leben geben, um dem Tod wieder ein Stück zu entrücken. Es gibt Menschen, die so leben, nicht nur Schauspieler oder Dichter. Es gibt auch die Helden, die den anderen die Glieder abschneiden, das sind die bösen Helden, das sind auch Helden, Helden des Schreckens, oder die Helden der Feigheit, das Exemplarische der Feigheit, wie die Figur in *Die Verachtung*, die ich spielte, Menschen, die immer Angst haben, sich für etwas zu engagieren in ihrem Leben.«

Schwer jemanden zu beschreiben, der ein Freund ist. Als ich ihn gestern anrief, nur um die Stimme zu hören, und ihm erzählte, daß ich mich nun hinsetzen müsse, weil ich zugesagt hätte, ein Porträt über ihn zu schreiben, meinte er: »Du kannst ruhig schreiben, daß ich nur ein Auge habe und drei Beine. Zwei zum Vorwärtsgehen und das dritte ... merde, bist du noch da?«

»Michel, ich werde dich jetzt zur Person interviewen.«

»Schieß los.«

»Also gut. Godard soll demnächst einen Film in den USA machen. Würdest du mitmachen?«

»Mit Godard? Morgen. Ich lese nicht mal das Drehbuch (Pause). Als ich damals mit Godard die *Verachtung* gedreht habe, waren wir sehr eng zusammen, auch mit Fritz Lang. Wir waren ein starkes Dreieck. In *Die Verachtung* habe ich, glaube ich, die Figur gespielt, die er gehaßt hätte, zu sein. Ich habe das Gegenteil von Godard gespielt, die Figur, die Godard Angst hatte, zu werden. Godard hat so viel von sich gegeben, daß er außer Atem ist, einsam ist... Godard hat irgendwann mal gesagt, daß alle Schauspieler »Arschlöcher« seien, aber das rührt mich nicht. Es gibt wirklich Schauspieler, die Arschlöcher sind, andere sind wunderbar. Ich hoffe, daß Godard mich nicht unter der ersten Kategorie eingeordnet hat.

Wann kommst du nach Paris?«

»Wann kommst du nach München?«

»Eh, wir werden sehen.«

Jacques Daniel Michel – das Spiel als Leben

Geboren am 27. Dezember 1925, drei Tage nach Heiligabend. Die Mutter Marcelle, eine Französin, ist Klavierlehrerin, der italienische Vater Henri Geiger und Sohn Jacques Daniel Michel hat – wie man so sagt – eine gute Kindheit. Sein älterer Bruder war lange vor seiner Geburt mit sechs Jahren an Gehirnhautentzündung gestorben, das hat Michel gewissermaßen zum Ersatzkind gemacht. Doch wenn immer das für den Jungen von Bedeutung war, hat er sich sehr früh davon befreit. Als der erwachsene Michel Piccoli später einmal von einer Reporterin in einem Interview gefragt wird, ob es stimme, daß der kleine Michel bis zum zwölften Lebensjahr am liebsten mit Puppen gespielt habe, antwortet Piccoli schlagfertig, vielleicht sei das der Grund gewesen, weshalb er nicht homosexuell geworden sei.

Seine Eltern sind ein seltsames Paar, sein Vater spielt bei Kolonnaden-Konzerten und Begräbnissen, begleitet Stummfilme musikalisch, spielt auf Familienfesten und im Casino von Dieppe. In seiner Jugend hatte er sich lange in London aufgehalten und wollte Jockey werden, doch das blieb ein Traum. Ein anderer Traum erfüllt sich mit der Profession des Sohnes, die Liebe zur Schauspielerei: Henri Piccoli darf eine kleine Rolle in Jacques Tatis *Play-Time* spielen und Marco Ferreri besetzt ihn im Film *Das große Fressen* als Vater von Alain Cuny, während er – mit Hilfe von Serge Reggiani – General Custer in Ferreris *Berühre nicht die weiße Frau* tötet. Auch die Mutter, die letzte von zwölf Kindern einer etablierten Familie, ist eine seltsame Frau, sie gibt Piano-Stunden und tritt als Gelegenheitsmusikerin auf, vor allem aber begleitet sie auf dem Klavier das Marionettentheater von Gaston Baty.

Mit seiner Mutter habe er ein gutes, wenn auch distanziertes Verhältnis gehabt und sie sei einer der wichtigsten Menschen in seinem Leben, auch wenn sie viele seiner Filme – wie etwa *Das große Fressen* verabscheut habe, sagt er, und auf einem Foto (Brigitte 4/89) sieht man ihn auch einmal mit der hochbetagten Dame von 95 Jahren durch Paris gehen.

Als Schuljunge schickt man Michel auf das Renommier-Internat von Annel in der Nähe von Compiegne, dann besucht Michel die École alsacienne in Corréze, wohin die Eltern während des Krieges fliehen. Auf dem Land unter den Bauern und vor allem bei der ebenso lieben wie strengen Tante Jeanne fühlt er sich am wohlsten. Jeanne ist so etwas wie seine zweite Mutter, eine Vertraute und Komplizin, die auch seine erste Liebesaffäre mit 16 mitbekommt: Rosa heißt sie, eine Polin, doppelt so alt wie Michel und von Beruf Zahnärztin.

1942 geht Michel mit den Eltern zurück nach Paris, Abschied vom Landleben, Abschied von Tante Jeanne, die er bis an ihr Lebensende immer wieder besucht. Am Collège Saint Barbe in Paris schließt Michel seine Schulausbildung ab. Er verhält sich schon als Schüler nicht sehr konformistisch, wenn er etwa schreibt, der (konservative) Schriftsteller Pierre Corneille sei ein Schwachkopf. Wie andere die Mickey Mouse lesen, verschlingt Michel Comédia, eine Zeitschrift für Literatur, Kino und Theater.

Racine, Anouilh und Mme Bauer-Thérond

Schon während der frühen Schulzeit am Collège d'Annel entdeckt Michel die Liebe zum Theater, gemeinsam mit Jean-Claude Pascal und Michel Auclair, seinen Mitschülern. Das erste Mal spielt er einen Dieb in Hans Christian Andersens *Des Kaisers neue Kleider* am letzten Internatstag – damals ist Michel clf Jahre alt.

Seine schauspielerische Ausbildung erhält Michel Piccoli zuerst bei Mme Andrée Bauer-Thérond. Er arbeitet wie besessen von früh um 9 bis abends um 21 Uhr. Dort trifft er auch die schöne Marie Casarès und den späteren Liebhaber-Helden Luis Mariano. Sehr modern sei sie nicht gewesen, die Mme Bauer-Thérond, über das klassische Repertoire ist Piccoli bei ihr nicht herausgekommen, obwohl sie persönlich sehr angenehm ist. Auch haben Madame und ihr Schüler eine gemeinsame Leidenschaft: das Fahrrad, und Piccoli holt damals seine Lehrerin mit dem Tandem in der Rue des écoles ab und radelt mit ihr in die Schule am Pigalle. Später hat er noch Unterricht bei René Simon.

Nach dem Krieg, 1947, – es ist eine künstlerisch und kulturell ganz bedeutende Zeit – tritt er in ersten Bühnenrollen an verschiedenen Pariser Theatern auf, in Stücken wie *La route au tabac* neben der attraktiven Martine Carol, die zehn Jahre später seine Partnerin im Spielfilm des Ehemanns Christian-Jaque *Nathalie* ist. Er ist ein großer Bewunderer von Louis Jouvet und von Georges Douking, dem großen Magier des französischen Theaters, bei dem er das Glück hat in mehreren Stücken zu spielen. Es folgen unter anderem *La heure de verité* am Theatre de poche, *La maison brûlé* und *Le material humain.*

Zwei Jahre lang leitet Piccoli das Théâtre Babylone. Es beginnt am 23. Mai 1952, und dort findet er die erste Lebenspartnerin Elèonore Hirt auf der Bühne: unter der Regie von Frank Sundstrom spielen sie gemeinsam die Hauptrollen in Strindbergs *Fräulein Julie.* Ein Jahr später heiraten Eleonore und Michel, später trennt man sich wieder, als Tochter Cordelia, geboren 1955, noch sehr klein ist.

»Man nennt mich noch immer einen Don Juan« sagt Piccoli in einem Interview 1989, »Das schmeichelt mir in meinem Alter, doch ich habe nie eine Frau verlassen, nie eine Beziehung beendet«.

Das Babylone ist ein eigenwilliges Theater. Man gibt dort Samuel Beckett, Eugène Ionesco, Boris Vian und Roger Blin – durchaus kein konventionelles Theater. Piccoli spielt selbst am Babylone in Stücken wie *Les naturels du Bordelais* und *Les aveux les plus doux.*

1954 wird er Mitglied der Compagnie von Madeleine Renaud und Jean-Louis Barrault, wo er unter anderem in *La soirée des proverbes*, in Ugo Bettis *Irène innocente* und in *La reine des insurges* auftritt. Er spielt auch am Théâtre National Populaire, dem TNP, etwa unter der Regie des Prinzipals Jean Vilar in *Phédre.*

Nach einer winzigen Nebenrolle in Christian-Jaques' *Sortilèges* 1945 debütiert er erst wirklich bei dem bedeutenden Louis Daquin in den Filmen *Le point du jour* und *Le pafum de la Dame en noir.*

»Daquin, dessen soziales Interesse mit der Zeit immer deutlicher hervortrat, ging zusammen mit seinem Szenaristen Vladimir Pozner ein vielversprechendes Thema an: *Le point du jour* sollte der erste französische Film über die Arbeit der Menschen sein. Der Film, in einem nordfranzösischen Bergwerk spielend, besaß in sofern für die Nachkriegszeit Bedeutung, als hier tatsächlich ein konsequenter Realismus angestrebt wurde. Daquin, dessen gesellschaftspolitische Unerbittlichkeit nicht immer und überall auf Gegenliebe stößt – vor allem auch, weil er Mitglied der Kommunistischen Partei Frankreichs ist, gehört zu jenen Per-

18

sönlichkeiten, die Michel Piccoli künstlerisch und politisch wesentlich beeinflussen. Eine kreative Zeit für den Schauspieler Piccoli, immer wieder Bühnenauftritte und Filme: Michèle Morgan ist die Partnerin in einer Episode als Jean d'Arc und die *Marie Antoinette* – zwei Filme ihres Ehemanns Jean Delannoy. Zu den begeisterten Zuschauern in Michel de Rés Inszenierung von *Aveux les plus doux* gehört Jean Renoir, der Michel auf der Stelle für eine kleine Rolle in seinem Film *French Can Can* engagiert.

Begegnung mit Paul Paviot

Die Begegnung mit Paul Paviot ist von ganz großer Bedeutung. Er ist einer der großen Kino-Artisten, die Michel Piccolis künstlerische Entwicklung mitprägen: Louis Daquin, Paul Paviot, Jean Renoir und Luis Buñuel. Paviot, wie Piccoli 1925 geboren, war Landschaftsfotograf bevor er sich aufs Kino einläßt. Paviot spezialisiert sich auf Parodien des amerikanischen Trivial-Genrekinos und Piccoli wird sein Protagonist als Frankensteins Monster, als der schöne Cowboy Tommy Gaudechote oder als G-man Slim Spring.

Nach Daquin, Paviot und Renoir begegnete Piccoli endlich Luis Buñuel – ein denkwürdiger Moment. Buñuel sucht einen kleinen, jungen, rundlichen Priester für den Film *La mort en ce jardin* und Piccoli ist groß, schlank und mit dreißig nicht mehr der Jüngste. Er bewirbt sich schriftlich für die Rolle und erhält von Buñuel die Zustimmung. Es wurde zum Beginn einer großen Freundschaft. (Siehe auch: »Wie man am besten einen Gehrock auszieht« und unter »Kinofilme«).

Vom Schauspieler zum Star

Als Jean-Luc Godard Piccoli für seinen Film *Le mépris* unter Vertrag nimmt, beginnt nach dem künstlerischen auch der kommerzielle Durchbruch. »Ihre Rolle ist eine Figur aus Marienbad, die die Rolle wie eine Figur aus *Rio Bravo* spielen will.« erklärt Godard Piccoli. Natürlich sorgt vor allem die Besetzung – wie spätere auch – für Schlagzeilen: Michel Piccoli und Brigitte Bardot! Dann bei Buñuel der Partner von Jeanne Moreau in *Das Tagebuch einer Kammerzofe*, oder gleich mit drei schönen Frauen – Elsa Martinelli, Anna Karina und Joanne Shimkus – als Zahnarzt und Don Juan in Jean Aurels *De l'amour*.

Piccoli als Monsieur Monteil in Luis Buñuels ›Tagebuch einer Kammerzofe‹.

Doch die Kino-Figuren haben mit der Person des Schauspielers wenig zu tun: Piccoli führte stets ein diskret monogames Leben als Ehemann von Eléonore Hirt, später von Juliette Greco (1966 bis 1977) und seit 1980 mit Ludovine. Und über die wenigen Liebesbeziehungen dazwischen bewahrt er Stillschweigen. Das nährt natürlich die Vermutungen, den Klatsch, das Gezische und Geflüster: Wie war das mit Martine Carol, Annie Girardot, der Bardot, Jane Fonda, Catherine Deneuve und all den anderen – oder vor allem was war mit Romy Schneider?! Da viele Menschen sich freundschaftliche und liebevolle Verhältnisse zwischen Mann und Frau nur als erotische Beziehung vorstellen können, werden Piccoli und Catherine Deneuve, Piccoli und Romy Schneider, Piccoli und Jane Birkin, Piccoli und Sandrine Bonnaire häufig als Liebespartner gesehen. Dagegen kann man sich nur wehren, wenn es diffamierenden Charakter annimmt. Andere wieder, deren Neugierde sich auch nach ausführlichen Recherchen nicht befriedigt wird, kehren den Spieß um und nennen ihn einen Versager in Sachen Liebe. So einfach ist das!

Engagement und Provokation

Politisch ist Michel Piccoli stets aktiv, ohne sich auf einen orthodoxen Kurs einzulassen. Wie Juliette Greco, mit der er elf Jahre verheiratet war, seine Freunde Simone Signoret und Yves Montand, sowie die Schriftsteller-Philosophen Simone de Bouvoir und Jean Paul Sartre steht er der französischen KP nahe, ist aber gegen jede Art von politischem Machtverhalten, lehnt alles, was nach Diktatur aussieht im Osten wie im Westen ab. Für François Mitterand hat Piccoli eine originelle Wahlpropaganda gemacht. Unter seiner eigenen Pariser Telefonnummer wirbt er 1985 in lockerem Plauderton: »1981 hat Mitterand 110 Wahlversprechen gegeben, 98 wurden bereits eingelöst. Das ist doch was, oder?« Piccoli engagiert sich für Wolf Biermann, als man ihn aus der DDR ausweist. 1980 will Mitterand Piccoli zum Intendanten der

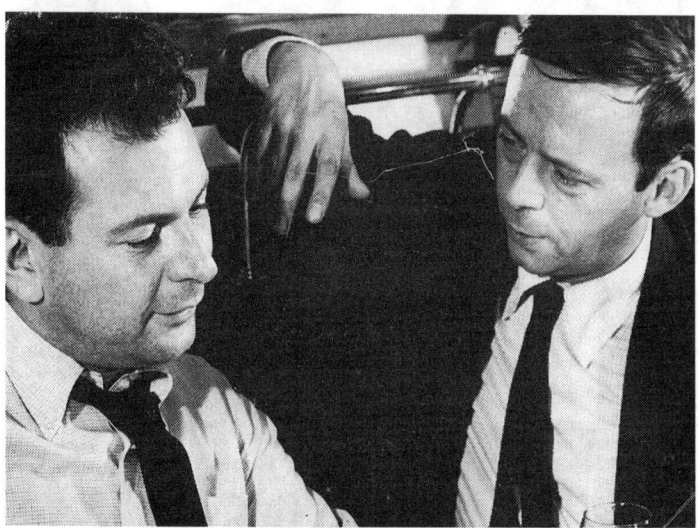

Jean Aurel und Cecil Saint-Laurent, die Macher von ›De l'amour‹ nach Stendhal.

Comédie Française machen. Sein Engagement zeigt sich vor allem aber in seinem Beruf: Eine Reihe von Filmen junger Regisseure produziert er und verhilft ihnen zu einer Chance im Dschungel der modernen Kino-Produktion.

Kondition, Besessenheit und Liebe zum Beruf

Ein anderer Piccoli und doch der gleiche: Cannes, Mai 1974. Die 27. Internationalen Filmfestspiele sind fast zu Ende. Die Absetzung eines Films, der für die in Frankreich verbotene Abtreibung plädiert, treibt Jugendliche auf die Straße und Polizei in den

Piccoli mit Jack Lang, Frankreichs Kulturminister.

Piccoli mit Juliette Greco.

Festivalpalast. Regisseur Robert Bresson lehnt den Kritiker-Preis für seinen *Lancelot du Lac* auf einem solchen Festival ab, Michel Piccoli verliest mit dem nötigen Pathos die Protestnote Bressons: das Festival sei marode und überflüssig, von einer Horde von Schwachsinnigen geleitet.

Michel Piccoli ist ein ausgesprochen vielseitiger Schauspieler, kein Star wie Belmondo oder Delon, sondern einer jener verläßlichen Charaktertypen, ohne die das Kino sehr viel ärmer wäre. Abgesehen davon, daß er seit Jahren produziert, spielt Michel Piccoli pro Jahr etwa in vier Filmen, dazu kommen in der Regel eine Bühnenproduktion und ein Fernsehengagement. In mehr als 45 Jahren hat Piccoli weit über 100 Filme gedreht, ist in rund 50 Bühnenstücken und 50 Fernsehspielen aufgetreten. Das setzt außergewöhnliche Kondition, Besessenheit und Liebe zum Beruf voraus. Piccoli verfügt über all das, er ist – wie seine Regisseure sagen – ein vorbildlicher Schauspieler, der jede Rolle zu einem Ereignis zu machen versteht, sei es, ob er dem jeweiligen Protagonisten eine persönliche Note gibt, sei es, daß er ein genauer Zuhörer, ein bescheidener und fleißiger Mitarbeiter und Kollege ist, Piccoli holt noch aus der kleinsten Rolle das größtmögliche heraus – selbst wenn er nur eine Szene am Telefon hat, oder in einer winzigen Rolle – etwa als Marquis de Sade in Luis Buñuels *Die Milchstraße* – am Ende zu erkennen gibt, daß der Zuschauer weiß: Hier hat Michel Piccoli mitgespielt.

Oft aber ist er der bourgeoise, sehr französische Verführer, dabei nicht Draufgänger und Charmeur, sondern eher abgründig, zwielichtig und zynisch: Die amourösen Abenteuer sind aufs engste verknüpft mit gesellschaftlichen, familiären und machtpolitischen Zielen, dabei gerät nicht selten die Fassade großbürgerlicher Existenz ins Zwielicht. Das gilt etwa für die beiden Chabrol-Rollen, den Paul Regis in *Der zehnte Tag* wie für den Pierre Maury in *Blutige Hochzeit*, aber auch für den Unternehmer Robert Hansen in Etienne Periers *Das gefährliche Spiel um Ehrgeiz und Liebe* an der Seite von Claudia Cardinale.

Piccoli mit Louis Buñuel und Julien Bertheau bei den Dreharbeiten zu ›Das Gespenst der Freiheit‹.

24

Zwiesprache mit dem Zuschauer

Beim internationalen Belgrader FEST im Frühjahr 1975, wurden drei Filme gezeigt, in denen Michel Piccoli spielte: Claude Sautets *Vincent, François, Paul und die anderen*, Luis Garcia Berlangas *Grandeur Nature* und Luis Buñuels *Das Gespenst der Freiheit*. Anläßlich dieser Veranstaltung hat Piccoli viele aufschlußreiche Interviews gegeben und immer wieder äußert er sich zu seinen Erfahrungen in Belgrad und zu Festivals im allgemeinen.

Was bedeutet für Michel Piccoli ein Festival?

Ich spiele in drei Filmen, da ist es doch das mindeste, daß ich da bin, nicht wahr? Wenn die Gegenwart des Schauspielers dazu führt, einem wichtigen Film zu helfen, hat sich das ausgezahlt. So ist es bei *Grandeur Nature* von Berlanga. Aber man muß auch da sein, um der Presse Filme zu präsentieren, die Erfolg hatten wie *Vincent, François, Paul und die anderen* und wie *Das Gespenst der Freiheit*.

Schauspieler neigen oft dazu, auf der Stelle zu treten, wenn sie sich nicht gerade für einen Preis bedanken. Für mich ist es immer wieder ganz wichtig, die Reaktion eines ausländischen Publikums zu kennen. Das ist der berühmte direkte Kontakt.

Welche Eindrücke nimmt Piccoli aus Belgrad mit nach Hause?

Ich habe mich sehr gefreut über den Erfolg von Berlangas Film. Er kam in Jugoslawien besser an als in Frankreich, wo das Publikum ein bißchen blasiert reagierte. Es war also wichtig, herzukommen und einen solchen Film zu verteidigen. Außerdem empfand ich das FEST geradezu als Verjüngungskur. Man überdenkt hier ein bißchen sein Leben. Das ist auch für den Schauspieler ein Publikumstest. Ich versuche in solchen Fällen immer, herauszubekommen, was die Leute schätzen, was sie weniger mögen. Und man kann davon lernen.

Man wirft Michel Piccoli oft die Auswahl der Rollen vor...

Ja, man sagt, ich verderbe mir meine Karriere, weil ich zu weit gehe in der Lächerlichkeit. Ah! Glücklicherweise sagt man mir, drehen Sie auch zufällig mit Claude Sautet. Hier findet man sie wieder. Es wurde getobt, als ich *Das große Fressen*, *Themroc* und *Trio Infernal* drehte.

Wie trifft Michel Piccoli seine Auswahl an Rollen?

Ich mache immer nur, was ich will. Vor drei Jahren verfiel ich in eine Art Star-Bequemlichkeit. Das war das Ende. Ich wußte, daß ich mich nicht mehr verbessern würde. Und da trauten sich viele junge Regisseure nicht, mir ein Drehbuch anzubieten, sie glaubten, ich sei zu teuer.

Ist Star-Bequemlichkeit an sich ein negativer Begriff? Das muß doch gar nicht so unangenehm sein...

Da bin ich nicht so sicher. Ich habe Kameraden – sagen wir lieber Kollegen – die sich gehen ließen und ich glaube nicht, daß sie besonders glücklich geworden sind. Sie haben einen Horror vor dem Altern, das ihr Image, ihre Besucherzahlen beeinträchtigen oder gar zerstören kann. Sie sind wie Aufziehpuppen, die sich langweilen. Ich habe mich nicht verändert. Man darf vom Erfolg nicht abhängig werden. Wenn man sich für das hält, für das einen die Leute halten, dann ist es aus. Ich glaube, ich werde genauso älter wie andere auch. Ich drehe manchmal auch mit jüngeren Regisseuren, gerade um nicht alt zu werden. Wenn man – wie ich – viel gearbeitet hat, braucht man frisches Blut. Und deshalb muß man sich an andere wenden, an das frische Blut der anderen.

Wie erneuert man sich?

Das habe ich schon beim Theater gemacht. Man sagt mir: Ja, gut am Theater, denn Du warst nicht bekannt. Ich war vielleicht nicht bekannt, das ist wahr. Aber ich habe doch eine ganze Menge herrlicher Stücke gespielt!

Was fehlt da noch? Vielleicht Regie führen?

Ich bin nicht sicher, ob ich Regie führen kann. Ich kann natürlich einen Film machen wie jeder andere auch. Nur, ich bin ehrgeizig, ich möchte dann auch einen guten Film machen. Ich habe mich im Moment darauf beschränkt, Produzent zu werden. Das kann helfen, wichtige Themen auf die Beine zu stellen, sie schneller zu verwirklichen. Es ist ebenso gut, daß ich das, was ich darstelle, kommerziell in die Waagschale werfe für den Film, den ich machen möchte. Was soll sonst aus dem Geld werden? Ich stecke es in die Tasche – und?! Ich investiere es lieber wieder in Kino! Ob ich Regie führen möchte? Das ist schwer, wenn das so wäre, müßte ich das Schauspielen aufgeben, um mir nicht selbst im Wege zu stehen.

Was verlangst Michel Piccoli von einem Regisseur?

Was die Schauspielerführung anbelangt? Das gibt es nicht mehr. Wochen vor den Dreharbeiten habe ich den Regisseur immer wieder getroffen, mit ihm über die Geschichte, die Figur gesprochen. Wenn die erste Klappe fällt, bleibt mir nur noch, ausführendes Instrument zu sein. Ich kenne die Linie des Regisseurs, seine Farbe, wenn man so will. Es kommt vor, daß ich gewisse Dinge vorschlage. Doch ich bleibe immer auf seiner Linie.

Ist Michel Piccoli ein politisch engagierter Mann?

Ja, jeder weiß das. Unser Beruf hängt von Politik und Wirtschaft ab. Ich könnte nicht leben, wie andere, mit nur ein paar Freunden um mich herum, ohne Beziehung zur Außenwelt. Man muß sich beteiligen, einen Standpunkt beziehen. Darauf verzichte ich nicht.

Und das Privatleben?

Das habe ich immer zu bewahren verstanden. Ich werde nicht aus vollem Hals herausschreiben, daß ich ein glücklicher, erfüllter Mensch bin. Das Bild des großen Glücks auf Seite 1 der Zeitung ist gar nicht gesund.

Warum dreht Michel Piccoli nicht mit seiner Frau Juliette Greco?

Wir bleiben lieber gegenseitige Zuschauer.

Es gibt da so eine Legende über Juliette Greco, Gary Cooper und eine belgische Toilettenfrau...

Das ist keine Legende, eher eine sehr moralische Geschichte. Sie spielt in einem großen Hotel in Brüssel. Gary Cooper kam nach Belgien, um einen neuen Film vorzustellen. Die Fans stürmten in der Hotelhalle auf ihn zu, auf der Straße, einfach überall, wo er auftauchte. Nur die Toilettenfrau im Keller bleibt unerschüttert. Jemand fragt sie, ob sie gar nicht interessiert sei, den großen amerikanischen Star aus der Nähe anzusehen. Da antwortet die Dame: Warum sollte ich? Ich sehe sie ja alle hier unten.

Es gibt ein Piccoli-Zitat: Man muß sich in diesem Beruf in einen Einzelkämpfer verwandeln...

Ja, es ist unbedingt notwendig. Wenn du dich rar machst, erregst du Neugierde. Sonst vergibst du die Chance, die Leute träumen zu lassen.

Ein Schauspieler sein – was bedeutet das für Piccoli?

Es gibt Schauspieler, die sich in Trance versetzen, denen es Spaß macht, die gesehen werden wollen. Ich möchte, daß man die Figur sieht, die ich darstelle. Ich ziehe nicht meine Nummer ab. Ich glaube nicht, daß Schauspieler etwas zu sagen haben. Ihre Gegenwart ist unerläßlich, ich unterwerfe mich, ich mache mich unsichtbar. Um Schauspieler zu sein, muß man anpassungsfähig sein, anpassungsfähig an jede Rolle, an die Publicity und an die Menschen um sich herum. Das ist schwer, aber unerläßlich.

Seine fremde Stimme

Deutsche Kinogänger erleben ausländische Filme in der Regel nur halb: Ob Amerikaner oder Chinese, Franzose oder Italiener, Japaner oder Russe – sie alle haben in den deutschen Kinofassungen eine Leihstimme. Ganz gleich, ob der oder die deutschen Sprecher, die dem jeweiligen Darsteller ihre Stimme zur Verfügung stellen, gute oder schwache Arbeit leisten, sie sind nur Ersatz, Hilfsmittel, können das Original nicht ersetzen.

Stelle man sich einmal vor, ein Ensemble vom Piccolo Teatro aus Mailand würde in Berlin. Frankfurt oder München auf der Bühne auftreten und über die Lautsprecheranlagen könnte man deutsche Stimmen simultan hören oder – noch absurder – die Bayrische Staatsoper würde mit dem *Tannhäuser* in Paris auftreten und per Stereo würden den Besuchern französische Sänger die Arien und Chöre ins Ohr singen, während die Opernsänger auf der Bühne nur agieren und ihr Gesang ausgeblendet wird. Wäre das nicht eine schreckliche Vorstellung, die mit Kunst und Kultur überhaupt nichts mehr zu tun hat?

Da hat man sich also als Filmliebhaber an Sean Connery, Timothy Dalton. Robert de Niro, Harrison Ford oder Robert Redford gewöhnt, schätzt sie als Schauspieler, kennt aber nicht ihre Stimme. Da sieht man Jean Paul Belmondo und Alain Delon, Gérard Depardieu oder die Isabelle Adjani und hört jedesmal – wenn man Glück hat die gleiche – deutsche Stimme, und wer sich jetzt hier anhand der Filmografie daran erinnert, wo er überall bereits Michel Piccoli gesehen hat, so war es wohl in 99 von 100 Fällen eine deutsche Stimme, die sich über die von Michel Piccoli geschoben hat und den Schauspieler um einen wesentlichen Teil seiner Identität beraubt hat. Natürlich ist der Vergleich zwischen Bühne und Kino nicht ganz gerecht, handelt es sich ja doch beim Film wie beim Fernsehen um ein Massenkommunikationsmittel, um eine breite Form von Unterhaltung. Das Fernsehen ist dem Kino gegenüber im Vorteil, es bietet die Möglichkeit, Filme zweisprachig auszustrahlen, in der Originalfassung und synchronisiert. In der Realität scheitert das jedoch oft an Rechtsfragen: Da ein deutscher Sender über Antenne auch in Belgien, den Niederlanden, in Frankreich, über Kabel sogar über weitere Strecken empfangen werden kann, schieben die Lizenzgeber einen Riegel vor und schließen ganz einfach eine Ausstrahlung im Original aus. Im Kino wäre übrigens ähnliches möglich: man könnte zweisprachige Filmfassungen herstellen und der Zuschauer könnte wahlweise den Film im einen Kino original, im anderen synchronisiert sehen.

Doch das Hauptproblem ist ein wirtschaftliches: ein ganzer Industriezweig und viele tausend Schauspieler, Tausende von Angestellten und Dutzende von Synchron-Regisseuren leben davon. Inzwischen hat sich das Kinopublikum daran gewöhnt und es würde protestieren und fernbleiben, wenn man bei uns die guten alten Verhältnisse wieder herstellen könnte. Karsten Prüßmann, der eine Magisterarbeit über Synchronisation geschrieben hat, listet in seiner Arbeit auch die positiven Seiten der Synchronisation auf und gibt zu bedenken, daß die Untertitelung von fremdsprachigen Filmen, das Sehen von Filmen negativ beeinträchtigt, indem es den Zuschauer zwingt, die Titel am Bildrand zu lesen. Hier forschte er den Synchronsprechern von Michel Piccoli nach.

*

Michel Piccoli wird in den meisten Filmen von Gert Günther Hoffmann synchronisiert. Der am 21. Februar 1929 in Berlin geborene Schauspieler sollte eigentlich einen kaufmännischen Beruf lernen und kam durch Zufälle über Bekannte zum Theater. Hoffmann spielte an Berliner Bühnen (Komödie, Berliner Theater, Renaissance Theater), sowie an den Hamburger Kammerspielen. Film-Engagements folgten: *Das Bankett der Schmuggler* des Belgiers Henri Storck (1951), *Das ideale Brautpaar* von R. A. Stemmle (1953), *Am Tag als der Regen* kam von Gerd Oswald (1959), *Brennender Sand* von Raphael Nußbaum (1959), usw. Bekannter wurde Hoffmann durch seine Fernsehauftritte etwa in *Das Geld liegt auf der Bank* (1971), *Es muß nicht immer Kaviar sein* (1977) und *Tod im Studio* (1972), sowie die populäre ZDF-Vorabendserie *Sonderdezernat K1*.

Vor allem aber war Gert Günther Hoffmann neben dem 1990 verstorbenen Arnold Marquis einer der meistbeschäftigten und besten deutschen Synchronschauspieler. Das deutsche Kino- und Fernsehpublikum kennt zahlreiche berühmte Film- und Fernsehstars fast ausschließlich mit seiner Stimme: Sean Connery und Paul Newman, Rock Hudson und Old Shatterhand-Darsteller Lex Barker, sowie Fernsehhelden wie William Shatner aus dem Raumschiff Enterprise, Robert Culp (*Mit Tennisschläger und Kanonen*) und Patrick McNee, der Star des früheren Fernseh-Hits *Mit*

Schirm, Charme und Melone. In Einzelfällen hat Gerd Günther Hoffmann auch Jack Palance, Tony Curtis, Dean Martin, Frank Sinatra und Kirk Douglas synchronisiert.

So sehr viele Kinofans mit der Leihstimme unzufrieden sind, es gibt unserer Kenntnis nach kein zweites Land, in dem man sich soviel Mühe mit der Synchronisation macht. In Frankreich und Italien, wo man mit Ausnahme der großen Städte nur synchronisierte Filme sehen kann, gibt es zwar eine Reihe sehr guter Sprecher, doch auf Kontinuität und auf ein mögliches Übereinstimmen von Charakter und Stimme achtet man so gut wie nie: die Synchronisation ist dort auf den reinen Gebrauchswert reduziert. Bei uns achtet man in der Regel darauf, daß ein Star oder Charaktertyp eine bestimmte Stimme hat. So wurde Stan Laurel ausschließlich von Walther Bluhm synchronisiert, während sein alter ego Oliver Hardy bereits vier Sprecher hatte. Michel Piccoli wurde mit wenigen Ausnahmen von Gerd Günther Hoffmann gesprochen, aber in Einzelfällen liehen ihm auch andere die Stimme: Helmo Kindermann in *Das Mädchen und der Kommissar*, Friedrich W. Bauschulte in *Das Attentat*, Lothar Blumhagen in *Lady L.*, Ernst Wilhelm Borchert in *Der diskrete Charme der Bourgeoisie*, Claus Biederstaedt in *Das Gespenst der Freiheit*, Wolfgang Kieling in *Benjamin*, Klaus Miedel in *Pesthauch des Dschungels/Der Tod in diesem Garten*, Kurt E. Ludwig in *Der Teufel mit der weissen Weste*, Holger Hagen in *Die Spaziergängerin von Sans-Souci*, Hans Wyprächtiger in *Gefährliche Züge* und Horst Schön in *Martha und ich*.

Gründe für solche Umbesetzungen gibt es viele, entweder will man schnell und billig die Angelegenheit erledigen, ein Verantwortlicher meint, eine andere Stimme sei geeigneter für eine bestimmte Rolle oder aber der Synchronsprecher steht zum Zeitpunkt der Arbeit nicht zur Verfügung oder hat gar im gleichen Film einen anderen Schauspieler zu sprechen.

Gerd Günther Hoffmanns »Piccoli«-Stimme kommt dem Charakter des Schauspielers erstaunlich gut entgegen, in ihr schwingt sowohl der in sich ruhende Charakter wie auch die schalkhafte Attitüde und der Zynismus mit. Piccoli kann von einem auf den anderen Moment von sympathisch auf widerwärtig umschalten, Gerd Günther Hoffmann trägt diese Brechung mit, da ist in Jahrzehnten eine Doppelexistenz gewachsen, die sich beim Zuschauer zu einer Identität zusammengefügt hat.

Ich bin ein bißchen ein glücklicher Narr

Bei den Dreharbeiten von Luc Bondys Schnitzler-Verfilmung *Das weite Land* sprachen Rudolf Blum und Rolf Mühlemann mit dem Schauspieler Michel Piccoli:

Herr Piccoli, Ihre Filme haben ein eindrückliches Image von Ihnen geprägt: Sie sind ein dekadenter Großbürger, ein Grandseigneur der Morbidität, ein monstre sacré, zärtlich, kalt und grausam, ein angehimmelter und destruktiver Magier mit einem diabolischen Charme. Sind Sie mit dieser Image-Beschreibung einverstanden?

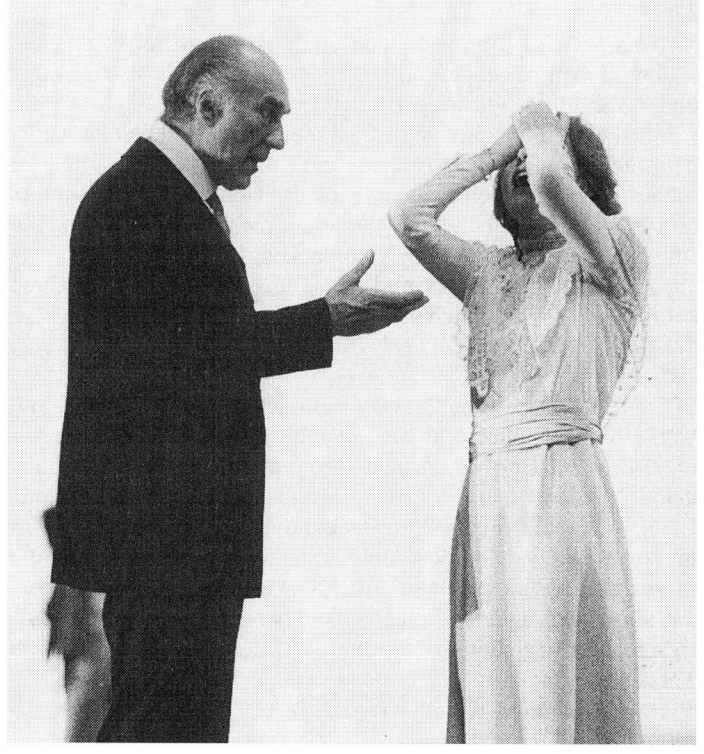

Das weite Land.

MICHEL PICCOLI: Ja, aber das sind zu viele Komplimente. Ich sage ja, weil Sie die Abgründe und Komplexitäten des Menschenwesens abgesprochen haben. Und ich liebe diese Komplexitäten sehr.

Piccoli-Image und Piccoli als Privatmann – wo liegen da die Identitäten, wo die Unterschiede?

MICHEL PICCOLI: Als Schauspieler lasse ich mich nie in eine Rolle involvieren. Wie ein Marionettenspieler trage ich die Figur neben mir her. Sicher fließen gewisse Dinge von mir in die Figuren. Aber um das herauszufinden, müßte ich eine doppelte Psychoanalyse machen, eine von der Figur und eine von mir. Aber ich will die Antworten gar nicht wissen. Bin ich teuflisch im Leben, bin ich zärtlich? Ich weiß es nicht.

Sie spielen Figuren, die große Leidenschaften haben. Und Obsessionen. Was haben Sie selber für Leidenschaften und Obsessionen?

MICHEL PICCOLI: Meine Leidenschaft ist es, zu leben und die anderen leben zu sehen. Ich hatte nie eine metaphysische Angst und stelle mir keine Fragen über Leben und Tod. Ich bin ein bißchen ein glücklicher Narr. Und meine Leidenschaft ist natürlich auch mein Metier. Aber es geht mir nicht nur darum, zu schauspielern. Vielleicht möchte ich das Geheimnis eines Autors und eines Regisseurs, das sie vielleicht nicht in den Text und die Inszenierung investiert haben, entdecken. Ich versuche, der Psychoanalytiker des Autors und des Regisseurs zu sein. Deshalb habe ich keine Zeit, mich selbst zu analysieren.

Sie sind zum dritten Mal verheiratet. Ist es schwierig, mit Ihnen zu leben?

MICHEL PICCOLI: Manchmal sehr einfach, manchmal schwierig, weil ich eher zugeknöpft bin, verschwiegen und die Dinge für mich behalte. Und da ich den Beruf mit Leidenschaft ausübe, denke ich oft mehr an die Arbeit, als daß ich mich der Frau widme. Deshalb mußte ich eine Frau finden, die sich um mich kümmert und mich zugleich lehren konnte, mich um sie zu kümmern. Und diese Frau habe ich gefunden. Aber ich verleugne nicht das Leben, das ich mit den anderen Frauen gelebt habe. Es war jedesmal eine formidable Bereicherung: für mich bedeutet Scheidung nicht ein Versagen.

Ihre zweite Frau war Juliette Greco. War sie noch schwieriger als Sie?

MICHEL PICCOLI: Nein, möglicherweise einfacher. Niemand kennt die Frauen wirklich. Jeder glaubt, sie sei eine femme fatale, eine Don Juanne. Aber in ihrem Privatleben ist sie fast naiv. Das ist wunderbar: eine Frau, die zu gleicher Zeit eine femme fatale und eine Naive ist. Aber zwei Frauen zur selben Zeit zu haben, ist schwierig.

Sind Sie noch mit ihr befreundet?

MICHEL PICCOLI: Immer noch, absolut. Man sieht sich überhaupt nicht mehr, weil wir völlig getrennte Leben führen. Ich kann nicht leben mit der Nostalgie der Vergangenheit. Aber wenn sie jetzt dort zur Tür hereinkäme, würde ich sie umarmen.

Gab es in Ihrem Leben viele Frauen, die Ihrem verführerischen Charme widerstehen konnten?

MICHEL PICCOLI: O ja, viele. Es gibt einen Satz von einem Philosophen: Es ist unmöglich, sie alle zu haben... Und wissen Sie: Die Sache mit meinem Charme wird gewaltig übertrieben.

Von Journalisten?

MICHEL PICCOLI: Nein. Mein Metier ist ein nicht immer ehrbarer Beruf. Man muß charmieren, wenn man ihn ausübt. Aber es ist eher mein Metier, das mir Charme verleiht als umgekehrt.

Der Begriff der Verführung – ist er wichtig für Sie?

MICHEL PICCOLI: Sehr wichtig. Für alle. Jeder lebt von Verführung. Das größte Unglück für Frau oder Mann, ist die Unfähigkeit, die Verführungsmaschinerie in Gang zu setzen. Es gibt Menschen, die eine natürliche Verführungsgabe haben, es aber nicht wissen. Das ist die wahre Verführung.

Sie haben Liebe und Freundschaft für Romy Schneider empfunden?

MICHEL PICCOLI: Sicher, das war eine Freundschaft als ob wir Bruder und Schwester gewesen wären: eine große Intimität, ein sehr großer Respekt und eine große Leichtigkeit, sich zu verstehen. Ohne daß man ein Wort sagt. Solche Beziehungen sind selten, können aber stärker sein als un amour fou zwischen Mann und Frau.

Wie war es für Sie, daß Sie diese Frau nicht aus Ihrer tiefsten Krise retten konnten?

MICHEL PICCOLI: Ich habe nie versucht, sie zu retten. Dazu hätte ich ihr Pfleger, ihr Bruder, ihr Gatte, ihr Priester, ihr Regisseur sein müssen. Romy Schneider war ein großes Talent, aber irgendwie ein total einsamer Mensch, der immer Angst vor den anderen hatte.

Romy hat dieses Leben nicht ertragen. Und Sie, Herr Piccoli, sind Sie innerlich immer ausgeglichen? Hatten Sie Krisen?

MICHEL PICCOLI: Wie gesagt, ich bin ein glücklicher Narr. Ich hatte keine Krisen. Wenn ich ein Unglück spüre, lege ich mich hin und schlafe. Das ist eine Form von Therapie. Und dann hatte ich eine Menge Glück.

Mastroianni, etwa im gleichen Alter wie Sie, sagte uns in einem Interview, daß er sich wie 30 fühle. Wie ist das bei Ihnen?

MICHEL PICCOLI: Es ist das gleiche. Marcello und ich sind eng befreundet und haben irgendwie dasselbe Temperament. Je älter er wird, desto mehr kann er staunen über alles, was ihm an Glück, an Begegnungen mit interessanten Menschen wiederfährt. Wir beide staunen, daß unser Beruf, den wir schon lange ausüben, uns immer noch verzaubert und daß die Leute nicht überdrüssig werden.

Wer ist der beste Schauspieler, Sie oder Mastroianni?

MICHEL PICCOLI: Ich möchte gerne soviel Talent haben wie Mastroianni... und ich hoffe, daß er das gleiche von mir sagt.

Piccoli, Delon, Belmondo – die drei größten Berühmtheiten des französischen Kinos...

MICHEL PICCOLI: Es gibt noch andere, Montand, Noiret, nicht wahr?

Welche Beziehungen haben sie zu Delon und Belmondo? Freunde oder Feinde?

MICHEL PICCOLI: Feinde überhaupt nicht. Vielleicht denkt Delon, daß ich sein Feind sei. Das ist nicht wahr. Ich kenne ihn sehr wenig, arbeite nie mit ihm. Man drückt sich die Hand. Wenn wir zusammen einen Film machen würden, käme es möglicherweise zu interessanten Konstellationen. Mit Belmondo bin ich seit langer Zeit gut befreundet. Aber Belmondo ist ein fröhlicher Mensch, er amüsiert sich im Leben und im Beruf, und er hat Humor, auch sich selber gegenüber. Ich glaube nicht, daß Delon viel Eigenhumor hat.

Während Delon und Belmondo immer etwa das gleiche machen, sind sie kontinuierlich auf der Suche. Was wollen Sie eigentlich finden?

MICHEL PICCOLI: Ich laufe nicht Gott hinterher oder der Existenz schlechthin. Ich will immer eine andere Welt finden, so anders wie nur möglich. Ich suche die seltene Perle, und um die seltene Perle zu finden, muß man viel arbeiten, viel Verschiedenartiges machen. Ich will immer das Außergewöhnliche finden. Und das ist sehr hochmütig. Kürzlich machte ich einen Film mit Sandrine Bonnaire. Einer so außergewöhnlichen und jungen Frau zu begegnen, ist eine Bereicherung. Das macht einen jünger.

Kann man sagen, daß Sie alles, was Sie künstlerisch sind, Buñuel verdanken?

MICHEL PICCOLI: Irgendwie ist das wahr. Dieser exemplarische Mensch, der im Leben ernst sein konnte, wie nur ein spanischer Katholik ernst sein kann, und der zugleich ein grosser Spaßvogel war, hat mich gelehrt, daß man in unserem Beruf hart und unerbittlich sein muß mit sich selber. Doch dieses Metier ist ein Hurenmetier, wenn man es schlecht ausübt.

Zwei Ihrer verrücktesten Rollen spielen Sie in Trio infernal *und* La grande bouffe. *Waren Sie nie angeekelt von dem, was Sie da zu tun hatten?*

MICHEL PICCOLI: Im Gegenteil. Ich bin darin geschwommen wie der Fisch im Wasser. Da Sie mich nicht fragen »Warum?«, höre ich hier auf.

Warum?

MICHEL PICCOLI: Ich will nicht sagen, daß ich den Wahnsinn liebe, ich habe Angst vor dem Wahnsinn. Aber den Wahnsinn spielen und durch die Maßlosigkeit die Geheimnisse eines Menschen zeigen – da fühle ich mich wie der Fisch im Wasser.

Bekamen Sie noch verrücktere Rollenangebote, die Sie ablehnten?

MICHEL PICCOLI: Nein. Ich las soeben das Szenario eines jungen Regisseurs, und das ist komplett extrem und verrückt. Ich hoffe, das spielen zu können. Das Drehbuch hat eine enorme Energie, ist ein Delirium darüber, wie weit das Auto den Menschen bringen kann, in den Wahnsinn.

Sie arbeiteten noch nie als Regisseur. Möchten Sie noch selber einen Film machen?

MICHEL PICCOLI: Ich möchte jetzt tatsächlich einen Film machen. Ich weiß, daß ich dazu fähig wäre. Ich müßte mich bloß zum Entschluß durchringen. Vielleicht werde ich es nie tun.

Existiert ein Treatment?

MICHEL PICCOLI: Nein, nichts. Aber ich müßte es machen. Und ich habe ja noch Zeit. Wie Mastroianni bin ich 30.

Sie drehten nur mit einem einzigen Schweizer Regisseur, Godard. Sind Sie zu teuer für Tanner, Goretta, Soutter?

MICHEL PICCOLI: Ich bin kein zu teurer Schauspieler. Ich verlange

Geld auf sehr differenzierte Weise. Wenn ein Film zahlt, sage ich ja. Wenn ein Film nicht zahlt, sage ich ja. Es ist keine Frage des Geldes. Markus Imhoof hat mich einmal gefragt, aber das ließe sich nicht machen. Die anderen haben mich nie gefragt. Es gibt Leute, mit denen man drehen möchte, aber es läßt sich eben nicht einrichten. Mit Alain Resnais z.B. möchte ich enorm gern einen Film machen. Aber es kam nie dazu.

Sie sagten öffentlich, Sie hätten eine Phobie gegen den Kapitalismus. Wie können Sie Ihre Stargagen, Ihre Besitztümer mit Ihrer politischen Überzeugung harmonisieren?

MICHEL PICCOLI: Erstens habe ich keine Besitztümer. Zweitens sind meine Stargagen um vieles kleiner als man sich so vorstellt. Drittens drehe ich viele Filme, wo ich nur wenig oder gar kein Geld verdiene; ich machte auch Filme, wo ich Geld in die Produktion steckte und verlor. Also: mein politisches Engagement, meine Art von »phobie du capitalisme« wie auch meine Phobie gegen die sowjetische proletarische Diktatur, ist absolut ehrlich. Mein Berufsleben und mein Finanzleben sind völlig in Übereinstimmung mit den Ideen, die ich predige. Wenn ich vor einem Volkstribunal erscheinen müßte, könnte ich Ihnen Zeugen von großer Autorität bringen, seien das nun meine Arbeitgeber, die Steuerkontrolleure oder meine Bankiers.

Einer mit Gefühl

Jacques Doillon über Michel Piccoli

Der Regisseur und Autor Jacques Doillon gehört derzeit zu den interessantesten französischen Regie-Persönlichkeiten, er hat mit Michel Piccoli 1980 bei *La fille prodigue* und 1986 bei *La puritaine* gearbeitet. Als ich Doillon im Frühjahr 1991 traf, lag die Arbeit mit Piccoli schon eine Weile zurück, dennoch hatte er sie in bester Erinnerung.

Männer, Frauen, Kinder...

Normalerweise arbeite ich nicht gerne mit Männern zusammen, denn sie sind nicht sehr abenteuerlich, kommen nicht aus ihrem kleinen Bereich heraus. Sie können nicht weinen wie Mädchen, sie sind ein wenig Invalide. Ich komme besser mit Frauen und Kindern zurecht.

Michel ist einer der wenigen Schauspieler, die sich nicht den Anforderungen widersetzen, sondern die nur Lust haben das zu tun, worum man sie bittet. Er ist einer der wenigen Schauspieler die nur eine Sache wollen: daß man sie auffordert, etwas zu tun, damit sie versuchen können, es so gut wie möglich zu erfüllen. Er hat eher ein weibliches Verhalten, im Gegensatz zu anderen Männern versucht er nichts abzuwehren, sondern eher, dorthin zu gehen, wohin man ihn bittet zu gehen. Er versucht das Territorium auszuschöpfen, das man ihm angibt. Er ist wirklich einer der Männer, die ich sehr schätze und einer der wenigen Schauspieler, die ich auch persönlich sehen möchte, so aus reiner Freundschaft.

Piccoli, der Schauspieler...

Ich glaube, wenn man von einem Schauspieler wenig verlangt, bietet er wenig, gibt er wenig, gibt er auch nur das Gewöhnliche. Ein Schauspieler muß gelenkt werden, man muß die verschiedenen Sachen von ihm verlangen, die Nuancen. Ich glaube, Piccoli ist (wie alle Schauspieler) niemals besser als der Regisseur ihn zu sein motiviert.

Außerdem glaube ich, Piccoli liebt seine Arbeit, er liebt es zu spielen. Es gibt nicht viele Schauspieler, die es so sehr lieben, zu arbeiten. Viele versuchen, ihre Lösung darzustellen und anschließend tun sie alles um dem, was man ihnen abverlangt, zu widerstehen. Michel ist das genaue Gegenteil. Man kann ihn ein, zwei, drei, vier oder fünf Wiederholungen machen lassen, jedesmal hört er zu, jedesmal versucht er ein wenig anders zu sein, und wenn es diese Aufforderungen gibt, ist er natürlich niemals so gut. Die, die ihre Wiederholungen sehr schnell machen, das sind faule Schauspieler, die Film für Film dasselbe zeigen. Und das ist natürlich langweilig.

Piccoli diszipliniert...

Ja, er ist ein Schauspieler der es erwartet, zu arbeiten, der mit dem Regisseur arbeitet. Er ist einer der wenigen, die nicht sofort etwas vorschlagen und sagen: Das was ich mache, ist sehr gut, mein Vorschlag ist der bessere. Sie geben ihre Vorstellung von der Regie. Er ist wirklich einer der wenigen Schauspieler, die arbeiten wollen, mit denen man arbeiten kann. Wenn man seine Filmographie betrachtet, dann stellt man fest, daß er die interessantesten Filme gemacht hat. Und warum? Weil er einer der wenigen Schauspieler ist, die wirklich arbeiten wollen. Im Gegensatz zu anderen Schaupielern, die wenn sie dreißig Jahre sind, unerträglich sind. Man müßte ständig streiten, damit sie die Anforderungen akzeptieren. Mit Michel streite ich mich nicht. Man erklärt die Sachen und er ist zufrieden, das von ihm Verlangte zu tun, man sagt etwas und er tut es gerne und wenn man wieder etwas sagt, ist er genauso zufrieden, es zu tun. Er liebt seine Arbeit und versucht nicht ständig, die eigenen Vorschläge aufzuzwingen. Er ist der einzige, der so zufrieden ist, für einen zu arbeiten, einem Freude zu machen und der selber Freude am Spielen hat.

Piccoli privat...

Ich weiß nicht, ich mag Michel Piccoli wirklich gerne, ich treffe ihn, Samstag gehen wir zum Beispiel Essen, ich mag seine Frau, seine Kinder. Es ist ein Freund und wenn ich angenehme Dinge über ihn sage, denke ich es wirklich. Gleichzeitig mag ich den Menschen so gerne, daß ich in jedem Fall ein wenig voreingenommen bin, aber es ist wahr, daß es mit den Schauspielern bei fast allen Filmen ein Kampf ist, mit Michel dagegen ist es kein Kampf, sondern eine Freude. Denn Michel hat Lust das zu tun, was man haben möchte, er möchte nichts anderes aufzwingen. Und das ist außergewöhnlich, das ist in Frankreich sehr selten. Es ist wirklich

Doillon...

schwierig mit den Schauspielern in Frankreich zu arbeiten. Aber das ist nicht nur ihre Schuld, sondern die Erziehung – auch wo man ihnen beibringt kleine Männer zu sein, also nichts besonderes, und das vom frühesten Kindesalter an.

Außerdem gibt es das Problem der Faulheit auch von anderen Regisseuren. Sie haben Angst vor den Schauspielern, haben Angst vor den Stars, sie wagen nicht, Montand zu sagen: Ich glaube das, was sie da tun ist nicht sehr gut. Und so macht der Schauspieler immer dasselbe, keiner sagt: Das ist nicht so gut, laß uns mal dieses oder jenes probieren. Die Schauspieler versuchen nicht mehr irgendetwas zu finden und sie finden auch nichts mehr. Die Rolle ändert sich, der Charakter, das Drehbuch und der Regisseur ändern sich, aber der Schauspieler ändert sich nicht.

Wie man am besten einen Gehrock auszieht

Luc Bondy über Michel Piccoli

Luc Bondy hat an allen künstlerisch wichtigen und großen deutschen Sprechtheatern Regie geführt, in Hamburg, Köln, München und Berlin – wo er bis 1987 auch einige Zeit künstlerischer Leiter der Schaubühne am Leniner Platz war, als Nachfolger von Peter Stein. Als man Bondy einmal bat, den idealen Schauspieler zu beschreiben, sagte er: »Das ist Michel Piccoli«. 1984 inszenierte er Arthur Schnitzlers *Das weite Land* und 1988 William Shakespeares *Ein Wintermärchen* mit Michel Piccoli am Théâtre Nanterre. Dazwischen, 1986 entstand in einer europäischen Co-Produktion, an der auch der WDR Köln beteiligt war, eine Verfilmung des Schnitzler-Stücks wieder mit Michel Piccoli in der Hauptrolle. Im November 1992 begann Bondy mit den Probearbeiten zu Henrik Ibsens *John Gabriel Borkman* im Théâtre Odeon in Paris, im Januar 1993 soll die Premiere in Lausanne sein, drei Monate später wird das Stück in Paris im Théâtre Odeon aufgeführt werden. Luc ist faszinierend, ein sensibler Künstler, ein wunderbarer Mensch. Michel Piccoli sagt über ihn: »Er ist wie ein kleiner Junge. Er hat überhaupt keinen Respekt vor dem Theater, wie ihn ein großer Regisseur von der Schaubühne haben könnte. Er macht Theater wie jedes Kind es machen könnte. Ganz einfach, um etwas wunderbares zu produzieren. Er ist immer im Zustand höchster Verwunderung, und das versetzt den Schauspieler in den Zustand, spielen zu wollen – mit ihm, für ihn… Er hat die Gabe, in Stimmung zu versetzen. Er ist ein Jongleur, und die Bälle sind die Komödianten.«
Luc Bondy ist von dem Menschen und Schauspieler Michel Piccoli fasziniert. Als Piccoli selbst sagte, er wolle an der Gestaltung des Buches lieber nicht mitarbeiten (abgesehen davon, daß der vielbeschäftigte Schauspieler ständig unterwegs ist), war mit die Begegnung und die Gespräche mit Luc besonders wichtig.

Luc Bondy:

Ich war in Paris und bereitete die Theateraufführung von Arthur Schnitzlers *Das weite Land* vor. Es war meine erste Inszenierung in Paris und ich suchte Schauspieler. Michel Piccoli war im

Grunde für mich die Traumbesetzung. Aber ich habe nicht wirklich daran geglaubt, daß er bei mir spielen würde. Ich hatte ihn gerade bei Patrice Chereau in Bernard-Marie Koltés *Combat de nêgre et de chiens* gesehen, und als ich mit Patrice über die Besetzung des Schnitzler sprach, sagte er, warum fragst Du nicht einfach Michel Piccoli. Chereau stellte mich vor, wir sprachen miteinander, ich gab ihm das Stück und wir arrangierten ein Treffen. Als ich kam, sagte Piccoli zu mir, er habe das Stück noch nicht gelesen und wir unterhielten uns. Später erfuhr ich, daß er nach diesem Gespräch wußte, daß er das Stück machen wolle, ohne es zu kennen, weil er einfach intuitiv mit mir arbeiten wollte. Und dieser ersten Begegnung folgten viele andere, aber ich wußte eigentlich damals nie, woran ich war.

Da kam er mich mal im Hotel besuchen und sagte: »Sie wohnen

Vater und Sohn – François und Luc Bondy, zwei bedeutende Zeitgenossen.

in diesem Hotel, das ist ja verrückt, hier hat auch Buñuel gewohnt« und dann ging er in das Appartement hinein und meinte, es sei genau so eines wie das von Buñuel. Zufällig wohnte ich also dort, wo Buñuel gewohnt hatte und zufällig war Piccoli auch schon hier gewesen.

Ich habe mich danach mehrfach mit Piccoli getroffen und mir fest vorgenommen, ihn zu fragen, woran ich jetzt sei. Und ich fragte ihn ganz nonchalant: »Wie sieht es aus?« Und da sagte er: »Was, wie sieht es aus, das ist doch schon längst abgemacht, daß ich die Rolle spiele.«

Innerlich habe ich einen Luftsprung gemacht, aber ich habe meine Freude unterdrückt und so getan als berühre mich das nicht sonderlich.

Das aber zeigte mir sehr klar, wie Piccoli ist: Jemand, der gerne Geheimnisse macht. Er ist einfach ein Spaßvogel, der die Leute gerne zappeln läßt und auf die Probe stellt. Ich glaube, ich habe diesen ersten Test sehr gut bestanden: Weil ich ganz gelöst war und mich nicht verkrampft verhalten habe, vor allem aber, weil ich von der Voraussetzung ausgegangen war, daß er ja doch keine Zeit für diese Rolle habe.

Damals produzierte er gerade einen Film, der nach einem Roman von Ismail Kadare gedreht wurde. Regisseur war der Kameramann Luciano Tovoli, der viele Filme mit Piccoli fotografiert hatte. Und Piccoli, der ja das Risiko liebt, hatte sich auf das Abenteuer eingelassen, Produzent zu sein. Das war dann für ihn, glaube ich, gar nicht so gut verlaufen. Deshalb wollte er sein Theater-Comeback nach dem Koltès weiter ausbauen. Er fing an zu arbeiten. Er drehte noch einen Film mit Claude Lelouch, und ich fand einen Schauspieler vor, wie sie bei uns sehr selten sind, einen Schauspieler von einer Offenheit, Naivität, von einer Kindlichkeit, einem, der sich in die Sache geradezu hineinwarf, wie ich das nie erlebt habe.

Vielleicht zeichnet ihn eine Sache aus – vielleicht ist es das Zeichen von großen, großen, großen Schauspielern –, eine äußerste Bescheidenheit. Nicht eine gespielte Bescheidenheit, sondern eine, die wächst. Piccoli ist keiner, der ein Geheimnis aus sich macht, sondern die Bescheidenheit kommt bei ihm aus der Freude an der Sache. Sie ist nicht Programm.

Er weiß natürlich schon, daß er – auch wenn er nur einen Telefonhörer nimmt, während das Flugzeug draußen vorbeifliegt oder durch ähnliche kleinen Momente –, klarmacht: da hat Piccoli mitgespielt. Und wenn er nur einen Satz spricht, heißt es hinterher, wenn über den Film gesprochen wird: Hat da nicht Piccoli mitgespielt? Und das ist eben seine Qualität: Seine Sicherheit zu wissen, daß er einfach so gut ist, daß er auch eine Erscheinung sein darf. Ich glaube aber auch, daß er das gemacht hat, weil für ihn die Begegnung mit Buñuel, seinen Filmen, seinen Geschichten wesentlich interessanter war als die Rolle, und deshalb hat er wohl so etwas gemacht.

Wir haben dann angefangen zu arbeiten. In Frankreich ist es sehr irritierend, daß die Schauspieler mit dem Textlernen Schwierigkeiten haben. Es gibt nicht das System wie in Deutschland mit der Souffleuse, sondern die haben den Text in der Hand, was mich immer verrückt macht beim Proben. Und Piccoli wußte natürlich, daß ich Text von ihm verlange. Als wir anfingen, war das in der ersten Phase wirklich verrückt. Es ging nicht mehr darum, daß Piccoli eine Figur spielt, sondern vielmehr darum, daß er so schnell unterbewußt zu dieser Figur wurde, daß er zum Schluß selbst genauso eklig war wie der Friedrich Hofreiter, den er spielte. Das heißt, die Identifikation mit der Figur wurde irgendwann einmal so stark, daß Kälte und Brutalität dieser Figur gar nicht mehr von ihm selbst zu trennen war. Damit hatten wir etwa zehn Tage lang große Schwierigkeiten. Er war einfach eine Mischung aus Amt und Über-Identifikation.

Ich erinnere mich nur, daß Peter Stein gesagt hat, so etwas habe er noch nicht gesehen: Er kommt rein, es wird über ihn gesprochen, er ist eine Art negativer Don Juan – wie so oft bei Schnitzler. Diese Figuren sind lebenssüchtig, aber die Leute, denen sie begegnen, sterben. Und dann kommt dieser Mann und sagt Bonsoir!, guten Abend. Er geht so herum und hat den Verdacht im Kopf, daß der tote Freund etwas mit seiner Frau gehabt hat, und er fremdelt auf der Bühne. Ich habe noch nie einen Schauspieler so fremdeln sehen. Jede kleine Geste – auch die, die er nicht macht – oder Fehlleistung: das war alles kalkuliert. Und dann war da die Sache, von der Peter Stein gesagt hat, daß er das noch nie gesehen habe: Ich hatte Piccoli bei der Probe gesagt: dieser Streit ist wie ein Duell, wie ein Kampf, wie ein Boxkampf. Darauf hat er reagiert, wie nur ganz wenige Schauspieler reagieren würden: er hat versucht, seine Jacke, seinen Mantel so schnell auszuziehen wie nur möglich. Mit einer Hand wohlgemerkt – und ich habe immer gesagt: noch schneller. So einen Gehrock aufzuknöpfen und hinzuknallen, das ist natürlich eine Sache, wo ein Schauspieler, der so gut ist wie Piccoli, seinen Ehrgeiz dransetzt zu sagen: so, ich habe drei oder vier Knöpfe aufzumachen und muß die Jacke auf die Bank knallen. 105 andere Schauspieler würden bei jedem Knopf einen neuen Ausdruck ihrer Seelenlage spielen, also dabei eine ganze Geschichte erzählen. Bei Piccoli war das Großartige: er hat das Ding ratsch aufgemacht, als handle es sich um Druckknöpfe – in einer fast matadorhaften Bewegung. Ich meine, das ist ein Charakteristikum. Man muß nicht immer so viele Erklärungen machen über die Leute. Für mich zeichnet sich ein großer Schauspieler dadurch aus, wie er mit seinen Requisiten umgeht, mit einem Glas, mit einer Zigarre, mit einer Streichholzschachtel – ganz egal in welchem Milieu es passiert.

Und dann muß man sagen – als Beispiel – daß es für einen Schauspieler auf der Bühne, wo es ja – anders als im Film – eine Kontinuität gibt, immer ein Problem ist wie man diese Kontinuität hält. Das ist etwas, das man nicht besprechen kann, über das man nicht reden kann: an was kann man sich halten, an welche Vorstellung kann man sich halten, um weiterzukommen. Piccoli ist ein Schauspieler, der auf diese kleinen Dinge baut. Er fragt sich: Wie würde so ein Typ ein Requisit berühren.

Als wir Wintermärchen machten, habe ich zu ihm gesagt: »Schau Dir doch die Bilder von manieristischen Malern an, wie die die Hände gemalt hatten.« Darauf hat er die Rolle des Königs Leontes, der ja innerhalb von kürzester Zeit verrückt, von einer Art Paranoia befallen wird, dem es schlecht geht, weil er die Welt ganz anders sieht, viel mehr mit kleinen Bewegungen dargeboten. Ich habe ihn mal unbemerkt beim Lernen beobachtet. Er hatte neben seinem Text ein Bild von einem der manieristischen Maler, und als er seinen Text lernte, krümmte er seine Hände so wie es auf dem Bild zu sehen war. Er versuchte, den Handausdruck genau nachzuempfinden. Das ist seine Arbeitsweise. Dasselbe machte er übrigens mit dem Hut in Godards *Die Verachtung*.

Piccoli ist nicht einfach ein präzise ausführendes Organ, er ist präzise in der Imagination der Rolle, im Bereich der Phantasie des Schauspielers. Bei ihm gibt es natürlich, was bei Shakespeare notwendig war – oder überall, wo Theater lebendig ist –, einen Rahmen, den man ausbauen, in bestimmte Richtungen verschieben kann. Das kann er natürlich. Er ist ein Schauspieler, der

Piccoli mit Fritz Lang und Jack Palance in Godards ›Die Verachtung‹.

extrem auf Partner angewiesen ist. Wenn er merkt, daß die – auch auf Proben – nicht funktionieren oder nicht existieren, dann wird er ganz ekelhaft. Also dann, wenn er merkt, er spielt nicht mit jemandem, er muß es alleine machen.

Kann er da dem Partner helfen?

LUC BONDY: Nein, das ist anders: Er hilft auf eine andere Weise, hilft, indem er die Unmöglichkeit zeigt, so zu spielen. Im Film *Das weite Land* hat er offensichtlich mit dem jungen Mädchen viel Mühe gehabt, auch auf dem Theater, da war es immer schwer für mich, diese Ernas zu finden. In entscheidenden Szenen hatte er immer gebockt, weil er merkte, so funktioniert das nicht, es sollte anders sein. Und ich glaube, er ist ein Schauspieler, der, wenn er merkt, daß der Partner nicht auf ihn reagiert und nicht mit ihm zusammenspielt, das als langweilig empfindet und dann bockig wird.

War es auf der Bühne eine andere Arbeit mit Piccoli als im Film?
LUC BONDY: Der Film, das war eigentlich die schönste Zeit meines Lebens. Wir waren wie trunken vor Freude. Ich hatte viele verschiedene Drehbuchfassungen und habe es dann alleine umgeschrieben. Drei Wochen lang habe ich Tag und Nacht geschrieben. Dabei habe ich mich weniger an die Texte als an die Aktionen gehalten. Ich habe das alles aus der Erinnerung geschrieben. Und dann kam Piccoli an, und ich wollte ihm das Drehbuch übersetzen. Da sagte er, er wolle jeden Tag wissen, was er machen muß. »Ich möchte überrascht werden«, sagte er. So ein Vertrauen hatte er! Und dann haben wir großen Spaß gehabt. Als Hintergrund hatten wir natürlich den Erfolg der Theateraufführung. Das war eine sehr populäre Inszenierung, und es kamen unglaublich viele Leute. Obwohl Piccoli ein erfolgreicher Schauspieler ist, hat ihm dieser Erfolg schon gut getan und war wichtig für seine Karriere. Die Leute sind gekommen, weil sie Piccoli sehen wollten, aber auch weil das Theater, wie ich es mache, damals in Frankreich ungewöhnlich war. Das heißt, einen tiefsinnigen Autor, einen komplizierten Autor nicht zu behandeln, vor allem, Schauspieler nicht dazu zu bringen, große Deklamationsarien zu machen, sondern sie dazu zu bringen, ein bißchen bei sich zu sein. Da war diese Aufführung so eine Art von Durchbruch. In Deutschland wurde er ungerecht behandelt, und man hat ihn natürlich synchronisiert – das ist dann nicht mehr Piccoli. Ich hatte zwar selbst noch Sprecher ausgewechselt, aber es ist doch etwas ganz anderes.
Hast Du viele Filme mit Piccoli gesehen?
LUC BONDY: Der stärkste Eindruck für mich – und ich habe während meiner Arbeit mit Piccoli immer daran gedacht – ist natürlich *Die Verachtung*. Ich habe schon einige Sachen gesehen, und ich denke, er ist ein unglaublich wandlungsfähiger Schauspieler. Ich habe ihn in den schlechtesten und in den besten Filmen gesehen. Ich glaube, daß man noch nicht weiß, was er alles kann. Wenn man ihn in einer Shakespeare-Rolle sieht, entfaltet er auf der Bühne Dinge, eine Art von Schauspielerei, wie man sie in Frankreich eigentlich nie sieht. Man kennt natürlich viele Nuancen, doch was man nicht so kennt, ist der grausame Humor, den er hat, und er hat als Schauspieler sogar richtig perverse Phantasie und kostet das richtig aus. Er guckt immer gerne, wie weit eine Figur im Stück gehen kann, d. h. er versucht anzubieten und versucht, alle Reizpunkte einer Rolle auszunutzen.

Bei mir im *Wintermärchen* war das so, etwa in der Szene, wo er sein Kind nicht erkennen will, wo er denkt, das sei nicht sein Kind, sondern das Kind von einem anderen. Und da wird ihm das Kind vorgeführt. Er will das Kind nicht erkennen, und bei Shakespeare ist das eine der brutalsten Szenen. Da hat er Sachen gemacht, die bis ins Extremste gingen.

Spielarten

»Durch die Rolle des Schriftstellers und Bardot-Ehemann Paul in Jean-Luc Godards *Le mépris* oder *Die Verachtung*, durch den triebhaften Monteil aus Luis Buñuels Film *Das Tagebuch einer Kammerzofe* und den sexbesessenen Zahnarzt Raoul in Jean Aurels *De l'amour* wird Michel Piccoli innerhalb eines Jahres zu einem der beliebtesten französischen Filmstars. Es folgen eine Reihe europäischer Engagements: im kühl-humorigen Krimi *Masquerade* oder *Agenten lassen bitten* des Briten Basil Dearden ist er der geschäftstüchtige Gangster Sarrassin, der die verführerische Sophie (Marisa Mell) auf eine Gaunerbande ansetzt, in

Piccoli mit Jeanne Moreau in Louis Buñuels ›Tagebuch einer Kammerzofe‹.

48

Peter Ustinovs *Lady L.* mit Sophia Loren und Paul Newman führt er ein zweifelhaftes Haus und in Constantin Costa-Gavras spannendem Eisenbahn-Krimi *Compartiment tueurs* oder *Mord im Fahrpreis inbegriffen* einen schüchternen Handelsvertreter. Dann kommen die Hauptrollen an der Seite verführerischer Frauen: Der Manager und Ehemann von Jane Fonda in Roger Vadims Zola-Adaptation *La curee* oder *Die Beute*, der amoklaufende Fabrikarbeiter und Ehemann von Romy Schneider in Jean Chapots *Schornstein Nr. 4*, einer der Liebhaber der schönen Séverine alias Catherine Deneuve in Luis Buñuels Melodram *Belle de Jour* nach Joseph Kessel. Die Deneuve ist auch Partnerin in Michel Devilles erotischer Komödie *Benjamin* und in Alain Cavaliers François-Sagan-Schnulze *La Chamade*, während Piccoli mit Romy Schneider in einigen Filmen von Claude Sautet spielt: *Die Dinge des Lebens, Das Mädchen und der Kommissar* und *Mado*, sowie *Vincent, François, Paul und die anderen*, und auch in Romys letzten Film, Jacques Rouffios *Spaziergängerin von Sans-Souci* ist er ihr Partner.

Unterschiedliche Rollen, unterschiedliche Spielarten, etwa in Claude Sautets *Max et les ferrailleurs* oder *Das Mädchen und der Kommissar*, Jacques Rouffios *Sept morts sur ordonnance* oder *Quartett bestial*, Constantin Costa-Gavras' *Compartiment tueurs* oder *Mord im Fahrpreis inbegriffen* und Claude Chabrols *Der zehnte Tag*.

Außer in Costa-Gavras *Mord im Fahrpreis inbegriffen* sind es Filme und Rollen, in denen die Figur Michel Piccoli bereits als bekannter Typus eingesetzt wird als Klischee einer ganz bestimmten Erwartung des Zuschauers. Am konsequentesten und stärksten profiliert wirkt seine Erscheinung, sein ganzer Habitus in dem Filmen von Claude Sautet, besonders aber in *Das Mädchen und der Kommissar*: Der ebenso skrupellose wie ehrgeizige Polizist Max hat sein ganz eigenwilliges Erscheinungsbild: wenige, meist zurückgenommene Gesten prägen es, eine bestimmte Kleidung, ein bestimmter Gang, unaufdringlich, fast en passent.

Max und sein Hut, und wie er die Zigarette raucht

Wie die Kamera das Gesicht im Profil erfaßt: die rechte Gesichtshälfte ist im Auto zu sehen, den Hut auf dem Kopf. Er, der Kommissar, der Untersuchungsrichter war, befindet sich in einer Zwangssituation: er will einmal die perfekten Beweise in der

Piccoli und Romy Schneider in ›Die Dinge des Lebens‹.

Hand haben, denn er mußte jemanden aus Mangel an Beweisen freisprechen. Das hängt ihm jetzt nach, das will er nicht noch einmal erleben. Diesmal macht er seine Arbeit ganz: er konstruiert sich einfach diese Beweise zurecht. Er taucht im Revier auf, in knappen Bewegungen, Gesten, Formulierungen, in Mantel und Hut, dem ganz scharfen Blick, den eindringlichen Augen, dem dunklen Lid, das etwas überhängt. Mit diesen Augen sieht er das, was er sich da an Beweisen zusammengebastelt hat, hinter den Augen, hinter dieser Stirn spielen sich geheimnisvolle Gedanken ab, die kaum nach außen dringen.

Romy Schneider spricht diese Augen an: »Ich liebe deine Augen« sagt sie, Lily, zu Max, und in der Wohnung setzt er für sie den Hut ab, dieses Requisit, das immer wieder zu einer Art Markenzeichen wird, er setzt ihn ihr auf und fotografiert sie, das Mädchen mit dem Lackmantel, den verschiedenfarbigen Kleidern, das in Nanterre lebt und lacht, die Deutsche, die es daherverschlagen hatte. Einziges Anzeichen von Nervosität zeigt sich bei Max, wenn er zum Telefonhörer greift, um die Dinge etwas schneller in Bewegung zu bringen. Und einmal, als ihm der Schweiß auf der Stirn steht, als er sieht, daß sein Plan zwar aufgehe, er aber das Mädchen Lily würde opfern müssen – da opfert er sich selbst, indem er den andern Kommissar, seinen Kollegen, tötet. Und als man ihn dann abführt, verliert er nicht die Würde. Die Zigarette, die er sich anzündet, sie wird Teil von ihm: die kann er, Max/Piccoli auch unnachahmlich rauchen, schnell, und doch gelassen, die Mundwinkel zusammengepreßt, mit der fast unheimlichen Gelassenheit eines Humphrey Bogart. So sind in diesem Film die Mittel

Piccoli mit Romy Schneider als Lily in Claude Sautets ›Das Mädchen und der Kommissar‹.

des Schauspielerischen, die die Persönlichkeit sozusagen prägen, bekannte Topois und doch Teil einer ganz persönlichen Note.

Da ist die grelle Farce *Quartett bestial*, im Grunde ein brillanter Stoff für eine böse Satire auf die Welt der weißen Kittel, der Krankenhausflure und ihrer Beherrscher. Doch hier ist alles ganz schwach artikuliert, die Mittel des Spiels sind überpointiert, undifferenziert, wenngleich Piccoli wunderbare Partner hat: Charles Vanel als das machtbesessene Mitglied der Ärztekammer, Gérard Depardieu als unglückseliger Dr. Berg, der durch den Verlust seiner Sehkraft immer mehr ausrastet und ein Massaker anrichtet, nur weil er krank ist und innerlich zerbirst. Jane Birkin – hier hervorragend – ist seine Frau, das eigentliche Opfer dieses schrecklichen, erschreckenden Melodrams.

Die Augen über dem Mundschutz des Chirurgen; der Familienclan der Kleinstadt-Ärzte, der alte Breze, verbittert über die medizinische Unfähigkeit seiner Söhne, der die anderen fertigma-

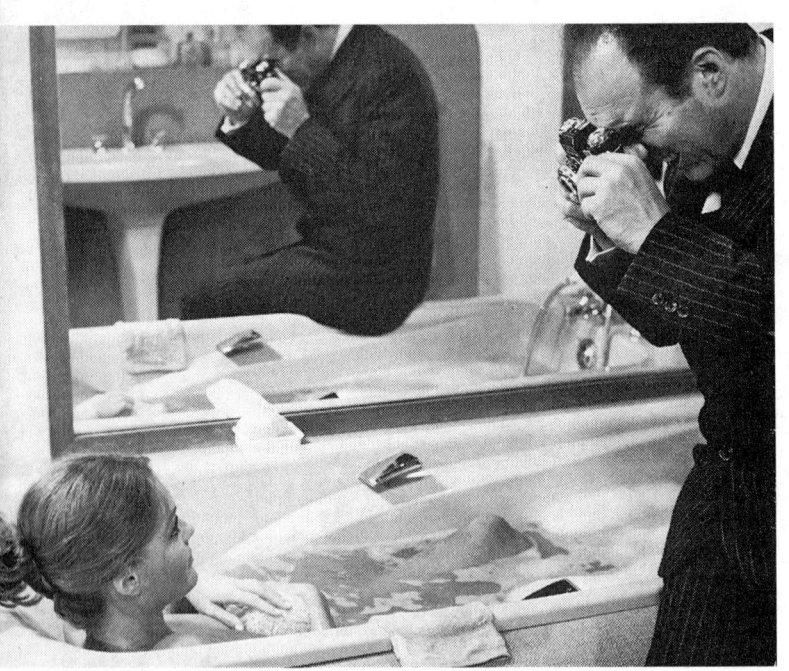

Piccoli und Romy Schneider in ›Das Mädchen und der Kommissar‹.

Piccoli und Michel Bouquet in ›Das Mädchen und der Kommissar‹.

chen will, weil sie nicht für ihn arbeiten wollen, vor allem ihn, den aufrechten Arzt Dr.Losseray/Piccoli, der sich nicht kaufen läßt, der den Ehrencodex verkörpert.

In Claude Chabrols *Der zehnte Tag* sind Orson Welles und Michel Piccoli mit Marlène Jobert in der Mitte und Anthony Perkins, ein Gespann von exzellenten Schauspielern. Diese Familie des Gottvaters Theo van Horn/Orson Welles, deren verwickelte, irre Angelegenheiten, die zu Wahnsinn und Tod führen, es zu durchdringen gilt. Er, Michel Piccoli, als Professor des Sohnes Anthony Perkins, eingeladen in dieses Haus, den Garten, diese Residenz. Orson Welles muß nur im Bild erscheinen, er füllt die Rolle aus, schwergewichtig, er ist der Helfende und Durchdringende, bewegt sich durch diese Möbel, die Zimmer und Gärten, und – sinniert.

Piccoli mit Marina Vlady in ›Quartett Bestial‹.

Herunterhängendes Augenlid, eingezogene Schultern

Piccoli, starr in Figur und Bewegung, hört zu, schweigt, betrachtet, Claude Chabrol läßt ihn den ganzen Film lang mit herunterhängenden Augenlidern herumlaufen, lässig und korrekt gekleidet, und von Orson Welles in die Irre geleitet, und sein Erkennen ist etwas unmotiviert nachgereicht. Also nicht der Allwissende, sondern der Irrende, in seinem scharfen Verstand, der, der auch Konsequenzen zieht, also eine geistige Aktivität entfaltet, eine Bewegung auch ohne Bewegung, kein ruhender Pol, kein Darüber-, kein Darunterstehen, eher ein Beiseitestehen.

Bei dem Film *Mord im Fahrpreis inbegriffen*, wo der Mörder alle Mitwissenden im Zug tötet, spielt Piccoli eine kleine Rolle, die eines möglichen Verdächtigen, der aber bald durch den wahren

Täter ausgeschaltet wird. Hier also in einer ganz winzigen Rolle als einer, der sich mies vorkommt, in schmuddligem Anzug, einer der vergeblich versucht, bei Frauen anzukommen, der ein bißchen herumgrabscht, sich mit eingezogenen Schultern bewegt, sich im Spiegel anschaut, kommentiert, was er sieht, in der gebückten Art, die weggenommene Contenance.

Noch einmal bei Claude Sautet *Die Dinge des Lebens*, der Film, mit dem Michel Piccoli 1969 international bekannt wurde, der erste Film mit Claude Sautet, dem Regisseur von *Das Mädchen und der Kommissar* (1970), *Vincent, Paul, François und die anderen* (1974) und *Mado* (1976).

Ein Markenzeichen bei Piccoli: das Rauchen, das langsame Ausstoßen des Qualms, dabei Romy Schneider betrachtend, ihr zuschauend, überhaupt lange Blicke, ein Kuß, häufig nur eine kurze, stürmische Umarmung, eine kleine Koketterie, wenn er – kurz vor seinem Tod – im Raum, am langen Tisch sitzt, sich entschieden hat zwischen der Geliebten und der Ehefrau. Ein kurzes Spiel mit Kirschen im Ohr und im Mund, diese Art von kleinem Annähern

Piccoli in Costa Gavras ›Mord im Fahrpreis inbegriffen‹.

und wieder Entfernen, das sich mehrfach wiederholt, gibt gerade den Filmen von Claude Sautet ein bestimmtes Flair, obwohl dann leider vieles an Sensibilität von Musiksauce übergossen und dadurch jenen eigenwilligen Reiz verliert. Diese Musik von Philippe Sarde, die hier den Momenten von knappem, spielerischen Agieren die Wirkung nimmt und die Präzision dieser Gesten und

Piccoli mit Romy Schneider in ›Die Dinge des Lebens‹.

Piccoli und Romy Schneider in ›Die Dinge des Lebens‹.

Bewegungen verwischt, benutzt hingegen Marco Ferreri in seinen Filmen mit Michel Piccoli oft gerade als eigenwilligen Kontrapunkt: in *Liza* oder *Allein mit Giorgio*, in *La grande bouffe* oder *Das große Fressen*, in *Touche pas á la femme blanche*, dem in den alten Pariser Markthallen gedrehten General-Custer-Film – und in all diesen Filmen übrigens waren Marcello Mastroianni, einer von Michel Piccolis besten Freunden, gemeinsam mit Marcellos damaliger Lebens- und Film-Partnerin Catherine Deneuve mit von der Partie.

In dem Film *Die Dinge des Lebens* gibt Claude Sautet gerade durch die dramaturgische Struktur, die das Ende vorwegnimmt und die Geschichte aus der Erinnerung, oder vielmehr aus Partikeln von Erinnerung, zusammensetzt, Piccoli die Möglichkeit, immer wieder in der Ausdrucksweise zu variieren.

Da wird Verhalten beobachtet, auch das, was von der Außenfläche her geschieht, und hier geht bei Michel Piccoli ständig etwas vor: intensive stumme Blicke ohne Gesten, ohne Bewegungen fast.

Ein Hemd, ein Spazierstock und eine bestimmte Männlichkeit

Dann ein Sprung. Kleine Bewegungen. Ein Zucken der Augenbraue, ein hochgezogenes Lid, wenn er bei der Ex-Ehefrau ist und nachdenkt, die Zigarette im Aschenbecher vor ihm, die Erinnerung, sein Suchen in irgendwelchen Akten. Und fast immer die korrekte Kleidung, nicht überkorrekt, aber eben korrekt, wenn Romy die Hemden aussucht: er liebt nur dieses, nur jenes und sie weiß genau, welches Hemd sie für ihn kauft. Der äußere Habitus ist ganz genau festgelegt, Kleidung und Gestus verschmelzen – jedes Detail stimmt.

Ähnlich ist das in dem Erinnerungs-Melodram Die *Spaziergängerin von Sans-Souci*, mehr ein Romy-Schneider- als ein Piccoli-Film: als Hauptperson tritt Piccoli nur in der Rahmenhandlung auf, denn die Figur, die er spielt, war zum Zeitpunkt der eigentlichen Handlung ein kleiner Junge. Sein Habitus ist geprägt vom Spazierstock, den man ihm im Gefängnis abnimmt, und auch hier zeigt er sich leidenschaftslos, fast unbeweglich, etwa, wenn er den Schuß abgibt. Er hatte lange gesucht nach dem ehemaligen faschistischen Kommandanten...

Das sind Filme, die ihm, dem Mann die Entscheidung überlassen. Es sind seine Zweifel, ist sein Werben, sein Abgehobensein, man hat ihn hier festgelegt auf den raschen Prozeß, auf seine ganz individuelle Art von »Männlichkeit«.

In dem Film *Mado* muß Simon, sich zurückziehen, er möchte sie, das Mädchen Mado besitzen, aber sie läßt das nicht zu. Wieder ist es – wie in dem Film *Das Mädchen und der Kommissar* –: Unterschied zwischen den Gesellschaftsschichten, zwischen oben und unten.

Dieses Unten, das harte Arbeiten, das Sich-verkaufen-müssen, sich dabei aber doch Spaß, eine gewisse Freiheit leisten dürfen – Ottavia Piccolo spielt diese Mado selbstverständlich, locker –, er dagegen, Simon/Piccoli bleibt ganz vereinsamt in seiner Rolle. Die Generation des Vaters hat andere Genüsse: etwa den Bordeaux langsam auf der Zunge zergehen zu lassen. Und er hat hier die Macht der Intrige, wiedereinmal Fäden in der Hand zu halten, die ihn aber dann doch wieder abseits stehen lassen, wenn er alleine ist und sich nach durchwachter Nacht wieder die Zigarette

Piccoli mit Romy Schneider.

Zigarette anzündet und abseits von den anderen steht, wenn er zwischendurch mit Galanterie Kaffee anbietet: karge Bewegungen, die plötzlich in Hektik umschlagen, wenn es die schauspielerische Situation verlangt.

Bei all diesen Filmen statuarisches Vorgehen, ein Neben-den-Dingen-stehen, viele Aufnahmen im Profil, die Kamera geht nicht mit der Bewegung mit.

Von Claude Sautet stammt auch *Vincent, François, Paul und die anderen*. Hier wird ihm, François/Piccoli, entgegengeschleudert, er sei nicht fähig zu lieben, er liebe nur sich selbst.

Da verkörpert Piccoli denn auch etwas Hermetisch-Abgeschlossenes: der Arzt der sich zum Besitzenden heraufgearbeitet hat,

Michel Piccoli auf heißer Fährte als zynischer Kommissar in ›Das Mädchen und der Kommissar‹.

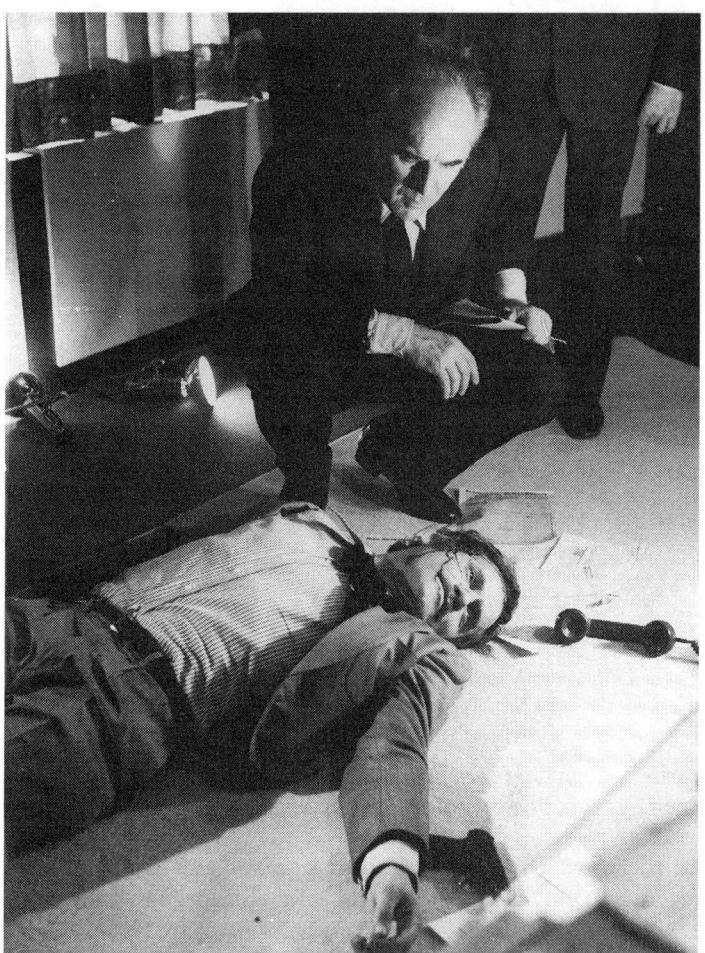

Piccoli in ›Mado‹. Wer ist der Tote?

sein Freund Paul deutet etwas an von ihren einstigen Gefühlen und Träumen, im sozialen Bereich etwas zu leisten, und François ist – im Gegensatz zum stets sich über die Tatsachen des Berufes und Lebens hinwegmogelnden Yves Montand/Vincent – der so nach außen gefestigte. Er spielt den Arzt, den gelassenen, er spielt den, der sich die Hemden zuknöpft mit der Verkniffenheit, dem Tenor, daß alles sitzen muß. Nur seine Frau, die hat er nicht im

Piccoli mit Yves Montand, Ludmilla Mikael, Serge Reggiani in ›Vincent, François, Paul und die anderen‹.

Griff, sie entzieht sich ihm, ist mit diversen Liebhabern zusammen, dann geht sie davon mit einem, den sie liebt oder zu lieben glaubt.

Michel Piccoli ist zum Ausrasten gezwungen gegenüber der Eiseskälte mit der er zu Beginn seine Frau zum Auto schubst, da sie eben Fehler machte, schlägt er ein andermal auf sie ein, verliert die Beherrschung. Der Mund wird klein, die Augen verengen sich und Piccolis leicht spielerische Hände werden zu gewaltigen Pranken.

Als ihn seine Frau dann tatsächlich verläßt, sind es die kargen Worte am Telefon, wieder eine hastig gerauchte Zigarette, ein sich fest-Einschlagen in den Mantel – das signalisiert die Verlassenheit, die er kaum aussprechen, überspielen kann, Sautet hat ihn in solchen Rollen so benutzt, daß sie fast zum Charakteristikum geworden sind für Piccoli.

Ein leidenschaftlich hektischer Liebhaber

Das ist anders bei Claude Chabrol in *Les Noces Rouges*. Ebenfalls der gestandene Piccoli, häufig in Nahaufnahme gerückt, oft mit einem spöttischen Zug um den Mundwinkel, und dann der hastige Liebhaber. Liebe, die im Verborgenen geschieht, geschehen muß, im Museum, im Wald, wo sie sich Stéphane Audran und er, zu kurzen, stürmischen Begegnungen treffen, sich heftig küssen mit Gier und leidenschaftlicher Hingabe, einander stürmisch die Kleider vom Leib reißen. Und dann ist er wieder ganz schnell der Ehrenmann, ruhig, gelassen. »Es war alles sehr traurig und ruhig hier, Lieben hatte ich vergessen« sagt die schöne Lucien/Audran, Frau des Bürgermeisters und Abgeordneten Paul zu dem heiter gelösten Pierre/Piccoli, und es wirkt ganz harmlos und unmerklich, wenn er seiner kränkelnd dahinleidenden Frau das Gift ins Getränk mischt, um sie im Schlafe sterben zu lassen – ein wenig früher als das ohnehin geschähe.

Piccoli mit Stéphane Audran in ›Blutige Hochzeit‹.

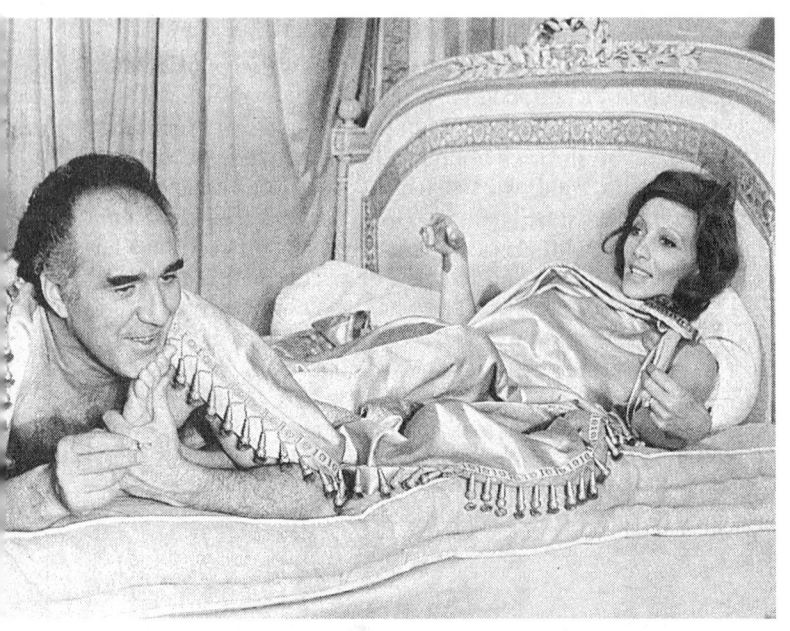

Piccoli mit Stéphane Audran in ›Blutige Hochzeit‹.

So selbstverständlich, so schnell wie bei Piccoli wäre auch dieses Doppelspiel kaum glaubwürdig, dieses von einem Moment zum anderen sich ändernde Verhalten. Dieses Zweideutige im Ausdruck ist vertraut und gleichermaßen vergnüglich.

Realität und Kinowirklichkeit

Des enfants gates (*Verwöhnte Kinder*), der Film von Bertrand Tavernieur, erzählt von dem Filmautor Bernard/Piccoli, der einen Film vorbereitet und glaubt zu seiner Arbeit Einsamkeit zu benötigen, in eine Pariser Vorstadt zu ziehen, fern von seinem Haus und seinen Kindern. Doch seine eigenen Bewegungen verlaufen anders: er trifft eine junge Frau, die ihn anzieht, sie gewinnt ihn für gemeinsame Aktionen gegen den Vermieter, und inmitten dieser sehr realen, gegenständlichen Umgebung merkt er, was an seinem konstruierten Drehbuch nicht stimmt. Da werden seine neuen Erfahrungen in den Film einfließen. Wieder ist Piccoli hier der Außenseiter, der sich abkapselt, der nichts oder nicht viel von sich selbst preisgeben will. Lockerer werden seine Bewegungen,

Bernard verliebt sich, ist aber zu Gesprächen fähig, hört aufmerksam zu, Spannungen zeichnen sich im Ausdruck ab. Auch hier ist es eine Rolle zwischen den Welten, zwischen den Stühlen; zwischen der Ehefrau und der, die er für eine Zeit intensiv liebt, – und doch wird das in diesem Film nicht zum tragenden Konflikt, hier zählt nur das Erkennen der wirklichen Werte, der Wirklichkeit, hier geht es um die Divergenz zwischen Kinowirklichkeit und Realität und das Emotionale läuft angenehm beiläufig. Piccoli ist hier lockerer, doch seine Gegenspielerin Anne alias Christine Pascal (die auch Autorin des Films ist) ist die bodenständigere. Piccoli selbst löst mit seiner festen, einerseits sich bewegenden, andererseits dem leicht fragenden Ausdruck dagegen kaum etwas aus.

In Alain Resnais' Film *La guerre est finie/Der Krieg ist vorbei* und

Piccoli mit Christine Pascal in ›Verwöhnte Kinder‹.

Luis Buñuels *La voie lactée* tritt er in kleinen Rollen auf, spielt er in sich abgeschlossene, abgerundete Figuren. In *La guerre est finie* ist Piccoli der Zollbeamte, der sehr genau und exakt seine Arbeit ausübt, der prüft mit dem Blick des Wissenden. Sein Gesichtsausdruck, seine Augen, sein Habitus, das hermetisch Abgeschlossen-Sein drücken Sicherheit und Distanz aus. Er hat – wie wir am Ende des Films wissen – die Fäden in der Hand, noch ehe das Publikum es wußte, noch ehe Diego (Yves Montand), der Grenzgänger, der auf Seiten der Kommunisten kämpfte, es gewahr wird. Wieder ist Piccoli der Korrekte, der seine Pflicht tut.

Marquis de Sade, Polizeipräfekt, perverser Adliger

Die Rollen, die Michel Piccoli bei Luis Buñuel spielt, sind sehr klein, schauspielerisch kaum ergiebig – sieht man einmal davon ab, daß es schon etwas bedeutet, überhaupt bei Buñuel zu spielen –, doch immer setzen sie Akzente, ja sie sind beinahe so etwas wie kleine Aperçus am Rande des Bildes, mit denen klassische Maler sich selbst an den Bildrand gesetzt haben: In *La voie lactée* ist Michel Piccoli der Marquis de Sade, der Gegner der Kirche, der seine Lehren doziert:

»Alle Religionen gehen von einem falschen Prinzip aus, Thérèse – sagt der Marquis de Sade zu dem Mädchen, das noch die Spuren seiner Mißhandlungen erkennen läßt.

Gibt es eine einzige Religion, die nicht die Merkmale der Heuchelei und Dummheit zeigt? Aber wenn von allem eines unsere ganze Verachtung und unseren Haß verdient, ist es nicht dieses barbarische Gesetz des Christentums unter dem wir beide geboren wurden. Du zählst auf einen rechten Gott, erkenne deinen Irrtum, Thérèse, erkenne ihn. Dieser Gott, den Du Dir schmiedest, ist eine Chimère, deren einfältige Existenz sich nur im Kopf von Narren findet. Er ist ein Phantom, von der Bosheit von Menschen erfunden. Das nur da ist, um sie zu täuschen oder sie gegeneinander zu wappnen. Wenn dieser Meister wirklich existiere, würde er bei allen Fehlern, die seine Werke kennzeichnen, von uns etwas anderes verdienen als Verachtung und Schimpf? Ich glaube, wenn es einen Gott gäbe, gäbe es weniger Böses auf dieser Erde. Du blutest noch ein bißchen aus dem Ohr. Es ist doch kein Verbrechen bizarren Neigungen zu folgen, die uns von der Natur eingegeben sind. Nein, Thérèse, es gibt keinen Gott. Die Natur genügt sich selbst, dieses vergöttlichte Phantom, geboren aus der

Piccoli als Marquis de Sade mit Christine Simon in Louis Buñuels ›Die Milchstraße‹.

Unwissenheit der einen und der Furcht der anderen, ist eine empörende Plattheit, der wir nicht einen Augenblick des Glaubens und Nachdenkens schenken dürfen, eine erbarmungswürdige Narrheit, die dem Geist zuwider ist und das Herz entrüstet und die gekommen ist aus der Finsternis, um für immer dahin zurückzukehren.

Ach, wenn er existiert, dein Gott, wie haß' ich ihn.«
und Thérèse antwortet schrill:
Ja, er existiert, er existiert!

In *Der diskrete Charme der Bourgeoisie*, der heiter böser Satire auf die agile Langeweile der besseren Gesellschaft, spielt Piccoli nicht viel mehr als den Mann am Telefon – wie auch im späteren *Das Gespenst der Freiheit*, aber auch der wiederum hat die Fäden in der Hand: Es ist der Innenminister:

Sie haben den Botschafter von Miranda und seine Freunde festgenommen. Sie sind sofort wieder freizulassen!

Aber Monsieur le Ministre, wir haben die Unterlagen schon
weitergegeben und…

Das lassen Sie meine Sorge sein. Tu'n sie gefälligst was ich Ihnen
sage: Sofort wieder freilassen!

Aber, Monsieur le Ministre, dürfte ich wenigstens erfahren, aus
welchem Grunde?

Es handelt sich um eine… (Störgeräusche machen diese, wie
folgende Erklärungen unverständlich).

In *Das Gespenst der Freiheit* ist er der Polizeipräfekt oder das
alter ego, denn es gibt deren zwei, obwohl sie doch ein und
dieselbe Person sind. Meist ist Julien Bertheau im Bild, er gehört
zur Gesellschaft, die sich ständig trifft, er hat seine Träume, etwa
von der Schwester, die schon seit langem tot ist, ihn aber aus dem
Jenseits anruft, daß er zur Familiengruft kommen soll, wo man
ihn beim Sarg-Öffnen verhaftet und zu seinem Doppelgänger
führt. Michel Piccoli ist also der im Hintergrund, die ausgesparte
»andere« Person, der Dunkelmann.

Im *Tagebuch einer Kammerzofe* des damals 60jährigen Luis
Buñuel spielt Michel Piccoli den lüsternen Ehemann, der unter
der Fuchtel der frustrierten Frau steht. Ein schales Gesicht mit
Schnäuzer, der der attraktiven Kammerzofe nachstellt und sich
über die kleinen Schikanen des Nachbarn aufregen möchte, der
etwas unangenehm wirkt, den Blick senkt, die Figur immer wieder
einknicken läßt. Die Schulter hängt etwas herunter. Das ist ihm
nicht auf den Leib geschneidert: immer rückt er alles noch ein
wenig zurecht, nur die Kleidung scheint ihn zusammenzuhalten.
Er horcht auf das, was um ihn herum vorgeht und sein ganz
hastiges Flüstern deutet an, daß er nur die Kammerzofe für sich
gewinnen möchte. Zwischendurch ist er der Jäger, das Gewehr
geschultert mit derben Stiefeln. Sein eigenes Leben ist begrenzt,
er hat so viele Patronen im Lauf, wie die Frau ihm Taschengeld
zukommen läßt, mehr nicht. Immer ist er gehetzt, schaut sich
vorsichtig um, nach rechts und links, horcht, ist auf der Hut vor
seiner Frau, um möglicherweise in den Genuß einer sexuellen
Eskapade zu kommen, und Piccoli bringt dies ständig etwas
schleichend in der Haltung zum Ausdruck: auch Buñuel hat sich
Piccolis Image bedient, ihn zu einem funktionierenden Instrument
gemacht.

Der Anarchist, die Maske, der Spieler

In Hitchcocks *Topas* spielt er den Jacques Granville, den Agenten bei dem die Fäden zusammenlaufen, der fast unbeweglich die Bewegung der Elegance beherrscht, der wortkarge Mann im Hintergrund, der Mann von der anderen Seite, der gestützt auf seinen Stock in dem kleinen Haus eine geheimnisvolle Existenz bleibt, die Maske nicht lüftet – bis zum Ende.

Oder Claude Faraldos *Themroc*, wo Piccoli den kraftvollen Pariser Anstreicher, der ganz plötzlich ausrastet und Amok läuft, mit dem ganzen Körper spielt, mit rötlich gefärbtem Haar, ohne Dialog, der nur schrille Geräusche von sich gibt, der die Frauen mit seinen durchdringenden Blicken ansieht.

In Marco Bellocchios *Die Augen, der Mund* spielt er den Onkel

Bellocchio knüpft an seinen Film aus den sechziger Jahren an: Lou Castel als Giovanni mit Michel Piccoli, seinem Onkel Nigi.

von Giovanni/Lou Castel. Auch hier einer, der den Überblick hat, die Ratio verteidigt, die einzige Freiheit, die der Mensch hat: über sein eigenes Leben zu verfügen, es zu beenden, wann immer er es wolle. Und auch der, der eine gewisse Lebensart verkörpert, ein savoir vivre.

In *La part du feu* oder *Das gefährliche Spiel um Ehrgeiz und Liebe* ist er agil, undurchsichtig, ständig eine Maske seiner selbst. Fast ist seine Haltung, seine Bewegung eine Doppelung in dieser Rolle des Verstellens. als er erkannt hat, daß seine Frau Cathèrine nicht nur einen Flirt mit seinem engsten Mitarbeiter, dem viel jüngeren Jacques hat, sondern, daß sie sich tatsächlich ganz von ihm, Bob Hansen, abgewandt hat. Den Verlust, die Schmach, die brennende Wut, er läßt sie nicht heraus, verschließt sie hinter seinem Lächeln, seiner Gefaßtheit: Er hat sich selbst voll im Griff. Das Gesicht beherrscht, der Mund verzieht sich kein bißchen, nur für einen Moment ein ganz kurzes, heftiges Auflachen der Irritation, das die Gefaßtheit durchbricht.

Er ist hier der typische Anzugtyp, einfach die perfekte Verkleidung, und die Bewegungen der Hände sind die eines Spielers, eines Mannes, der alles, was tiefer greifen könnte, von sich weghält. Selbst die rasche Bewegung auf sie zu, ein Versuch der Annäherung an sie, seine Frau, ist kontrolliert, wirkt so, als wolle er die Geste – falls sie die Wirkung verpaßt – als Farce erscheinen lassen. Und wirklich, der Versuch schlägt fehl, sie entzieht sich ihm, – da löst sich bei ihm für einen Augenblick die Starre, er kommt kurz aus dem Tritt um sich aber gleich wieder zu fangen. Dabei kann man beim genauen Hinsehen eine angestrengte Kraft erkennen. Doch dann löst sich die Spannung, sein ganzer Körper, sein Gestus scheint wieder in das Spiel der Bewegungen überzugehen, besonders das der Hände, die den sarkastischen Ehemann unterstreichen: Er ist wieder er selbst, war nur für einen winzigen Moment aus der Fassung geraten.

Die ganz starre Figur eines Dirigenten spielt er in Sergio Corbuccis Grotesk-Komödie *Melodie meurtrier* oder *Leichen muß man feiern wie sie fallen*. Wieder wird die Figur, das Topoi benutzt, hebt sich ab von dem allgemeinen komödiantischen Durcheinander, ausgedrückt durch das Gesicht, den Gang, die Haltung, von der eine Art Würde ausgeht.

Typisch für sein Spiel ist es, daß man von ihm, wenn er in einer Szene zum ersten Mal auftaucht, nicht die ganze Person sieht, sondern nur einen Teil, das Gesicht im Profil, ein Kamerablick schräg von hinten, oder einen Kopf mit Hut von hinten.

In *Diagonale du feu* oder *Gefährliche Züge* ist Akiva Liebskind/Michel Piccoli ein Schachspieler, und das irritierendste an dem Film ist in der deutschen Fassung die so ganz untypische Synchronstimme, die der Figur des alten, herzkranken russischen Schachweltmeisters eine Art von Distanz und Gleichförmigkeit gibt. Dieser Figur sind so alle Sprünge, alle Gebrochenheiten genommen und so sehr das irritiert, paßt es dann doch wieder recht gut zur Figur.

Eine ganz in sich ruhende Figur, die sich selbst mit den Schultern runterdrückt, an ihr ist nichts natürlich, sie scheint gemacht; nur ganz kleine Bewegungen, ganz langsam überkreuzt er die Beine, knüpft sich einmal ganz bedächtig Knopf für Knopf die Weste auf und läßt sich in die Jacke hineinhelfen. Die Augen, die sonst so häufig heftig in Bewegung sind, hier sind sie fast weggerückt von den Lidern, dichte buschige Augenbrauen verdecken zudem das Spiel der Augen. Seine Bewegungen sind langsam, fast schemenhaft, eine gewisse Schwerfälligkeit ist nicht zu übersehen.

Zeichenerklärung zur Filmografie:

AN = Aachener Nachrichten; DVZ = Deutsche Volkszeitung; FAZ = Frankfurter Allgemeine Zeitung; FNP = Frankfurter Neue Presse; 1FR = Frankfurter Rundschau; KR = Kölnische Rundschau; KstA = Kölner Stadtanzeiger; MFB = Monthley Film Bulletin; NRZ = Neue Ruhr Zeitung; NZZ = Neue Zürcher Zeitung; RP = Rheinische Post; SZ = Süddeutsche Zeitung; StZ = Stuttgarter Zeitung; WAZ = Westdeutsche Allgemeine Zeitung.

Filmographie

1. Kinofilme

Sortilèges
Das Geheimnis der Berghütte
Frankreich
Regie: Christian-Jaque. Drehbuch: Jacques Prévert, Christian-Jaque, nach dem Roman *Le cavalier de Riouclare* von Claude Boncompain. Regieassistent: René Delacroix. Kamera: Louis Page. Schnitt: Jacques Desagneaux. Musik: Henri Verdun. Ausstattung: Robert Gys, Emile Alex.
Darsteller: Fernand Ledoux (Fabret, genannt Le Lièvre), Madeleine Robinson (Marthe), Renée Faure (Catherine), Roger Pigaut (Pierre), Lucien Coedel (Jean-Baptiste genannt ›Der Campanier‹), Jean Sinoël (die Großmutter), Pierre Labry (Guillaume, der Gastwirt), Georges Tourreil (der Brigadier), Léonce Corne (der Schuhmacher), Jacques Butin (der Gendarme), Léon Larrive und Marcel Pérès (Bürger), MICHEL PICCOLI (eine Person).
Produktion: Les Moulins d'Or für Discina. Produzent: Milan Dor. Schwarzweiß. Länge: 100 Minuten.
UA: 5. 12. 1945. BRD: 1950.

Kritik: Filmdienst 1950/220

Inhalt: Winter in den Bergen der Auvergne. Ein seltsamer Zauberer ermordet einen durchreisenden Händler und nimmt ihm sein Gold. Er verwickelt die Bewohner des Dorfes, besonders den Holzfäller Pierre, der Cathérine liebt, in große Eifersuchtsdramen, die schließlich zu seinem Tod führen. Nach Mord und Feuersbrunst können die Liebenden glücklich werden.

Zum Film: Eine abenteuerlich magische Geschichte aus dem letzten Jahrhundert, die auch durch Jacques Préverts Mitarbeit an den Dialogen nichts von ihrer unmißverständlich heidnischen Sonderbarkeit verloren hat.

Le point du jour
Vor Tagesabbruch
Frankreich

Regie: Louis Daquin. Drehbuch: Louis Daquin, Vladimir Pozner, nach seiner Originalidee. Regieassistenten: Stellio Lorenzi, Sacha Vierny. Kamera: André Bac. Schnitt: Claude Nicole. Musik: Jean Wiener. Ausstattung: Paul Bertrand.

Darsteller: Jean Desailly (Mineningenieur Larzac), René Lefèvre (Ingenieur Dubard, Chef der Mine), Jean-Pierre Grenier (Marles, Delegierter des Syndikats), Loleh Bellon (Marie), MICHEL PICCOLI (Georges Gohelle), Guy Sargis (Roger), Catherine Monot (Louise), Gaston Modot (Tiberghien), Marie-Hélène Dasté (Mme. Bréhard), Hélène Gerber (Emma Marles), Suzanne Demars (Mutter Gohelle), Lise Graf (Mutter Marles), Paul Frankeur (Bac), Serge Grave (Corentin), Guy Sargis (Roger), Pierre Latour (Noel), Pierre Français (Brezza), Léon Larive (Vetusto), Guy Favières (ein alter Minenarbeiter), Louis Daquin/Julien Verdier (zwei Minenarbeiter), sowie Yvette Etiévant, Julien Lacroix.

Produktion: Ciné France. Produzent: Pierre Jolly. Schwarzweiß. Länge: 101 Minuten.
UA: 20. 5. 1949

Inhalt: »Unser Drehbuch wurde vor Ort geschrieben und die natürlichen Dekors wurden oft ausgesucht, bevor die Szenen, die sich dort abspielen sollten, vollständig verfaßt waren.« (Louis Daquin)
Sujet ist das alltägliche Leben von Angehörigen unterschiedlicher sozialer Schichten, die in den Kohlebergwerken des Nordens arbeiten. Nach Claude Roy kann man die drei Hauptdarsteller folgendermaßen beschreiben: »Der Ingenieur ist ein großes Baby aus den besseren Vierteln, der gutherzig tastende Versuche macht. Der delegierte Grubenarbeiter ist das Bild eines dieser neuen Männer, ein Held unserer Zeit. Links wie die Unschuld, häßlich wie die Arbeit, zart wie die Güte, schön wie die Reinheit...
Gedämpfte Sequenzen: Das Erwachen der Bergarbeitersiedlungen in der Morgendämmerung; die Umkleidekabine der Minenarbeiter; der Abstieg in die Schächte; eine Idylle zwischen einem jungen Mädchen und einem Bergabeiter im Schatten der Schutthalden; der Konflikt des jungen Ingenieurs und des alten; eine melancholische Kirmes; die Erinnerung an vergangene Streiks.

Zum Film: Wegen schlechten Vertriebs erreichte dieser ausgezeichnete Film nicht das breite Publikum und konnte nicht der Beginn des Tages des französischen Neorealismus werden.« (Dictionnaire des Films von Georges Sadoul).

Le parfum de la dame noir
Das Parfüm der Dame in Schwarz
Regie: Louis Daquin. Drehbuch: Vladimir Pozner, Jean Ferry, Louis Daquin, nach dem gleichnamigen Roman von Gaston Leroux. Regieassistent: Stellio Lorenzi. Kamera: André Bac. Schnitt: Claude Nicole. Musik: Jean Wiener.
Darsteller: Hélène Perdrière (Mathilde Stangerson), Serge Reggiani (Rouletabille), Jean-Pierre Grenier (Croizy), Pierre Renoir (Professor Stangerson), Marcel Herrand (Larsan), Lucien Nat (Darzac), Gaston Modot (Matthieu), Arthur Devère (Pater Jacques), Mona Dol (Mme. Baptiste), MICHEL PICCOLI (Lebel), Pierre Latour (der Brigadier), Loleh Bellon (Dienstmädchen), Jean Mercure (der Untersuchungsrichter), Frédéric O'Brady (Max), Fernard-René (Clochard), sowie Roger Pigaut, Oliver Hussenot, René Raymond, Francois Thierry, Guy Pascal.
Produktion: Alcina. Produzent: Louis Wipf. Schwarzweiß. Länge: 100 Minuten.
UA: 5. 10. 1949

Inhalt: Die schwungvolle Dame in Schwarz lebt voller Unruhe in einem Schloß versteckt. Sie fürchtet die Rückkehr des Kriminellen Larsan. Der junge Reporter ist wegen Mordes an Mathildes Verlobtem angeklagt. Als er flieht, gelingt es ihm, eine Horde junger, verrückter Krimineller in Larsans Diensten auszuschalten. Larsan wird dabei getötet.

Zum Film: Vladimir Pozner, der Romancier und Essayist russischer Abstammung, soll in diesen kleinen Film von Louis Daquin, übrigens dem zweiten Remake eines Stummfilms von 1914, sehr viel von sich selbst eingebracht haben.

1950

Sans laisser d'adresse
Ohne Angabe der Adresse
Frankreich
Regie: Jean-Paul Le Chanois. Drehbuch: Jean-Paul Le Chanois, Alex
Joffé. Regieassistenten: Guy Lefranc, Pierre Granier-Deferre. Kamera: Marc Fossard. Schnitt: Emma Le Chanois. Musik: Joseph Kosma.
Ausstattung: Max Douy, Serge Piménoff.
Darsteller: Danièle Delorme (Thérèse), Arlette Marchal (Mme Forestier), Bernard Blier (Emile Forestier), Sophie Leclair (Raymonde),
Yvette Etiévant (Mme Gauthier), Colette Régis (Dame im Taxi),
Julienne Paroli (Concièrge), Germaine Stainval (eine Dame in der
Oper), Gilberte Géniat (Kundin des Propheten), Claire Olivier (Dactylo), Huguette Faget (Krankenwärterin), Geneviève Morel (die
Nachbarin), Madeleine Barbulée (Spielzeughändlerin), Georgette
Anys (Concièrge bei Forestier), Julien Carette (Tapezierer), Pierre
Trabaud (Gaston), Gerard Oury/René Hell/ (Jacques Synam/Gustave
Gallet, Journalisten), Pierre Mondy (Freund von Forestier), France
Roche (Cathérine), Paul Villé (Victor), Louis de Funès/Albert-Michel/Jean Sylvère/Michel Etcheverry (die zukünftigen Väter), Albert
Maibert (Concierge des HLM), Henri Couttet (Typograph), Jean
Berton (ein Agent), Paul Faivre (Delegierter der Gewerkschaft),
Léon Larive/Sylvain/Eugène Yvernès (Taxikunden), Maurice Marceau (Kontolleur), Marcel Magnat (ein anderer Agent), Jean Paul le
Chanois/Hubert de Lapparent (Krankenwärter), Christian Lude
(Zahnarzt), Simone Signoret (eine Journalistin), Juliette Gréco (sie
selbst), MICHEL PICCOLI (er selbst), sowie Roger Rafal, Julien Lacroix, Pierre Ferval, René Clermont, René Marjac, Max Tréjean,
Frédéric Valmain, Thérèse Aspar, Christiane Mayo.
Produktion: Hoch-Silver, Corena. Produzent: Raoul Ploquin.
Schwarzweiß. Länge: 90 Minuten.
UA: 17. 1. 1951 Paris

Kritik: Ro. in Filmdienst 14/1952

Inhalt: Rührende Geschichte von einem Mädchen aus Chambéry, das
in Paris seinen Verlobten und Vater des unehelichen Kindes sucht und
plötzlich, nach langem Herumirren, vor der Frau des Gesuchten steht.
Ein gutmütiger Taxifahrer und seine Familie bewahren die Enttäuschte nach vielen Irrfahrten vor dem Ärgsten.

Zum Film: Neben den brillanten Hauptdarstellern Bernard Blier und Danièle Delorme standen eine Reihe später bedeutender Schauspieler und großer Stars wie Simone Signoret und Louis de Funès vor der Kamera, und auch Michel Piccoli ist in einer Gastrolle zu sehen.

Terreur en Oklahoma
Frankreich
Regie: Paul Paviot. Drehbuch: Louis Sapin, Albert Vidalie. Kamera: André Bac. Musik: St. Gollmann.
Darsteller: Jacques Hilling, Edmond Tamiz, Sylvie Pelayo, MICHEL PICCOLI.

1951

Chicago digest
Frankreich
Regie: Paul Paviot. Drehbuch: Louis Sapin, Albert Vidalie. Regieassistenten: D. Wronecki, Ralph Roncoroni. Kamera: Yvan Bourgoin. Schnitt: Charles Bretoneiche. Musik: G. Lognon, St. Gollmann. Ausstattung: Jacques Allan, Alexandre Trauner. Darsteller: Daniel Gélin, MICHEL PICCOLI, Anne Campion, Maria Riquelme.
Produktion: Les Films Marceau/Pavox Films. Kurzfilm. Schwarzweiß. Länge: 22 Minuten.

Kritik: Enno Patalas in Filmkritik 2/1961

1952

Torticola contre Frankensberg
Frankreich
Regie: Paul Paviot. Drehbuch: Louis Sapin, Albert Vidalie. Kamera: André Thomas. Schnitt: Charles Bretoneiche. Musik: Joseph Kosma. Ausstattung: Jacques Allan, Alexandre Trauner.
Darsteller: MICHEL PICCOLI (das Monster Torticola), Vera Norman (die rührende Lorelei), Roger Blin (der finstere Dr. Frankensberg), François Patrice (der unglückliche Eric von Meusenbert, Helena Manson (Gouvernante), Marc Boussac (Fürrespiegel), sowie Daniel Gélin, Pierre Brasseur.
Produktion: Les Films Marceau/Pavox Films. Kurzfilm. Schwarzweiß. Länge: 21 Minuten.

Saint-Tropez, devoir de vacances
Frankreich
Regie: Paul Paviot. Drehbuch: Boris Viant. Kamera: Ghislain Cloquet. Schnitt: Alain Resnais, Andrée Salignac. Musik: André Hodeir. Darsteller: Boris Viant (Boris), MICHEL PICCOLI (Gérard), Josée Doucet (Alice Dupont), Eleonore Hirt (Komtesse), Ursula Viant (Ursula).
Produktion: Pavox-Films. Kurzfilm. Schwarzweiß. Länge: 25 Minuten.

Kritik: V-r. in Filmbeobachter 236/1965; HRB in KR

Inhalt: Die Kurzfilme von Paul Paviot, in denen er den üblichen Genrefilm wie Western, Gangster- und Horrorfilm parodiert, liefen als Episodenfilm unter dem Titel Parodie Parade oder in der BRD als Film-Kabarett in Schwarz im Kino.

Zum Film: Paul Paviot kennt das Genre, das er parodiert, und es gelingt ihm immer wieder, im Genre – ob Western, Gangster- und Gruselfilm – richtig anzusetzen. Da findet der Goldsucher statt Goldstaub Dollarnoten, der charmante Gangsterboß Daniel Gélin kann nicht hingerichtet werden, weil der Elektrische Stuhl ausfällt, und der geheimnisvolle Dr. Frankensberg die Gehirne einer Katze und eines Menschen vertauscht hat. Zwar wirkt das Ganze ein wenig verstaubt, aber das gehört ja auch zum Milieu des schwarzen Kabaretts, und ein bißchen kann man Paviots Filme als eine Vorstufe der Genreparodien eines Mel Brooks sehen.
In allen drei Kurzfilmen ist Michel Piccoli – hier schon ein sehr präziser, eindrucksvoller Schauspieler – in einer charakteristischen Rolle zu sehen.

1953

Destinèes
Liebe, Frauen und Soldaten
Frankreich/Italien
Episode: Jeanne d'Arc
Regie: Jean Delannoy. Drehbuch: Jean Aurenche, Pierre Bost. Kamera: Robert Lefebvre. Schnitt: James Cuenet. Musik: Roman Vlad. Ausstattung: Serge Pimenoff.
Darsteller: Michèle Morgan (Johanna), Andrée Clément (die Mutter), Daniel Ivernel (Baretta), Robert Dalban (d'Aulon), Katherine Kath

(ein Mädchen), Gil Delamare (Neuroufle), Jacques Fabbri (Pierre d'Arc), Jim Gérald, (Soldat), MICHEL PICCOLI (Pasquerel), Gérard Buhr (Kennedy), sowie Dora Doll, Albert Michel, Anne Laurent.
Die anderen Episoden:
Elisabeth von Marcel Pagliero nach einem Drehbuch von Sergio Amedei, André-Paul Antoine, Vladimir Pozner und André Tabet, mit Claudette Colbert (Elisabeth Whitefield), Eleanore Rossi-Drago (Angela Ascari), Mirko Ellis (Anthony) und
Lysistrata von Christian-Jaque, nach einer Aristophanes-Bearbeitung von Jean Ferry, Henri Jeanson und Carlo Rim, mit Martine Carol (Lysistrata), Raf Vallone (Callias), Paolo Stoppa (Nicephore), Nerio Bernardi (Cratidès), Mario Cartenuto (Erostrate), Nita Dover (Aphrodée), Giuseppe Porelli (Gorgias), Aldo Silvani (Alter Athener). Kamera: Robert Lefébvre, Mario Craveri, Christian Matras. Schnitt: Laure Casseau, Jacques Desagneaux. Musik: Roman Vlad. Ausstattung: Elio Costanzi, Jean d'Eaubonne, Ottavio Scotti.
Produktion: Franco-London/Continental. Produzent: Henry Deutschmeister. Schwarzweiß. Länge: 102 Minuten.
UA: 27. 1. 1954 Paris. BRD: März 1955.

Kritik: Z. in Filmdienst 29/1954; Hans Jürgen Weber in Der neue Film, 21. März 1955.

Inhalt: Frankreich 1430. Seit der Niederlage von Paris ist Jeanne d'Arc am Ende. Sie verläßt mit ihren Getreuen den Hof des Königs. Auf dem Weg nach Compiègne stößt sie in einem Gutshof in der Nähe der Marne auf die Söldner eines piemontesischen Hauptmanns. Sie bittet ihn, mit ihr zu ziehen, doch er weigert sich. In der ärgsten Not und Verzweiflung findet Jeanne ihre Stimmen wieder, die ihr Zuversicht und Kraft geben, den letzten Weg zu gehen.

Zum Film: Michel Piccoli spielt in dieser eindringlichen Episode die Rolle eines Paters, der an Johanna glaubt.

1954

Interdit de séjour
Ich wurde zum Verräter
Frankreich
Regie: Maurice de Canonge. Drehbuch: Simone Sauvage, André Hélèna, nach einer Idee des Kommissar Belin, adaptiert von d'Albert Simonin, Jean Rossignol. Dialoge: André Tabet. Regieassistenten:

Michel Boisrond, Marcel Camus. Kamera: André Garmain. Schnitt: Maurice Serein. Musik: Louiguy. Ausstattung: Mauricre Colasson. Darsteller: Claude Laydu (Pierre Ménard), Joelle Bernard (Suzy), Daniel Cauchy (Paulo), MICHEL PICCOLI (Georges), Pierre Destailles (Jojo), Renaud Mary (Fernando), Paul Frankeur (Kommissar Bernard), Robert Dalban (Inspektor Chennier), Arlette Méry (Raymonde), Liliane Bert (Monique), Robert Le Béal (ein Advokat), sowie Henri Crémieux, Maika Ribowska, Paul Amiot, Yoko Tani, Danik Patisson.
Produktion: Les Films Marceau. Produzent: Edmond Ténoudji. Schwarzweiß. Länge: 83 Minuten.
UA: 26. 1. 1955 Paris. BRD: 30. 8. 1956.

Kritik: C. K. in Filmdienst 35/1956

Inhalt: Ein Angestellter in einem Juweliergeschäft wird nach einem Diebstahl irrtümlich verhaftet und zu Gefängnisstrafe und Aufenthaltsverbot in Paris verurteilt, findet nach der Entlassung Unterschlupf bei einem Mitgefangenen, um in der Nähe seiner Freundin zu bleiben. Als ihn die Polizei faßt, zwingt man ihn zu Spitzeldiensten, wobei er von seinen ehemaligen Freunden getötet wird.

Zum Film: Spannender, gut gespielter Kriminalfilm, dessen soziales Thema ein wenig an der Oberfläche bleibt.

Tout chante autour de moi
Chanson für Jeanne-Marie
Frankreich
Regie: Pierre Gout. Drehbuch: Maurice Juven. Dialoge: Maurice Beaufils, Jacques Celhay. Regieassistent: Roger Maxime. Kamera: Georges Delaunay. Schnitt: Claude Gros. Ausstattung: Louis Le Barbenchon.
Darsteller: Marcel Mouloudji (Georges), Christine Carére (Anne-Marie), Pierre Mondy (Paul Nollier), Florence Fouquet (Marthe Nollier), Marcel Marceau, MICHEL PICCOLI (Reverdier), sowie Annie Roudier, Lucien Raimbourg.
Produktion: Eole Productions. Produzent: Emile Darbel. Schwarzweiß. Länge: 87 Minuten.
UA: 1. 6. 1955 Paris.

Inhalt: Die Provinz und Paris 1954. Georges, in einer Drogerie in der Provinz angestellt, beschäftigt sich in der Freizeit als Texter und

Piccoli mit Daniel Cauchy, Renaud Mary in ›Ich wurde zum Verräter‹.

Sänger. Er ist in die junge, blinde Anne-Marie verliebt, die er mit nach Paris nimmt. Sie wohnen bei den Freunden Paul und Marthe Nollier. Reverdier, Impressario einer Kleinkunstbühne, gibt dem Mädchen eine Chance zu singen, ist von ihrer schönen Stimme begeistert und bringt sie groß heraus. Es wird ein Erfolg. Nach einem vorübergehenden Streit zwischen den beiden jungen Leuten hat auch Georges Erfolg mit der Musik. Anne-Marie kann wieder sehen, und nichts steht dem Glück der beiden Liebenden mehr im Weg.

Zum Film: Eine rechte Schnulze, die allein durch das überzeugende Spiel der durchwegs ausgezeichneten Darsteller erträglich ist.

Marie Antoinette

Der Liebesroman einer Königin
Frankreich/Italien
Regie: Jean Delannoy. Drehbuch: Bernard Zimmer, Jean Delannoy, unter Mitarbeit von Philippe Erlanger. Regieassitenten: Pierre Zimmer, Jean Bacqué. Kamera: Pierre Montazel. Schnitt: Henri Taverna. Musik: Jacques Simonot. Ausstattung: René Renoux. Darsteller: Michèle Morgan (Marie Antoinette), Richard Todd (Graf von Fersen), Jacques Morel (Ludwig XVI.), Aimé Clariond (Ludwig XV.), Georgette Abys (Unruhestifter), Jeanne Boitel (Mme Campan), Madeleine Rousset (Mme de Tourzel), Guy Tréjan (General La Fayette), Claudio Gora (Botschafter Baron Kreutz), Marina Berti (Prinzessin de Polignac), Paul Bonifas (Herman), Yves Brainville (Danton), Anne Carrére (Madame Dubarry), Suzy Carrier (Mme Elisabeth), Marcel Péres (Simon), Jacques Hilling (Herzog von Brunsville), Jean Claudio (Fouquier-Tinville, Jacques Marin (Zeitungsaufrufer), Georges Lannes (d'Avaray), Frédéric Valmain (Herzog Artois), Jane Marken (Mme Victoire), Madeleine Barbulée (Mme Sophie), Jacques Morlaine (Offizier), Jean-Jacques Lécot, Jim Gérald, Jacqueline Sandor, Edmond Beauchamp, Bergerac, Jacques Dufilho, Anne Doat, MICHEL PICCOLI.
Produktion: Gibé/Gaumont/Franco-London/Rizzoli, Rom. Produzenten: Joseph Bercholz, Henry Deutschmeister. Technicolor. Länge: 120 Minuten (BRD: 96 Minuten).
UA: 27. 4. 1956 Paris. BRD: 10. 56

Kritik: Filmdienst 43/1956; KstA, 17. 11. 56

Inhalt: In diesem historischen Abenteuerfilm geht es um die Liebesaffäre zwischen der Königin Marie Antoinette und dem schwedischen Grafen Axel von Fersen, der vergeblich versucht, die Geliebte vor der Guillotine zu retten.

Zum Film: Aufwendiges historisches Spektakel, bei dem von vornherein mehr Wert auf Ausstattung und (internationale) Stars gelegt wurde, als auf historische Sorgfalt oder Stimmigkeit der Geschichte. Michel Piccoli tritt in einer kleinen Nebenrolle auf.

1955

Les mauvaises rencontres
Frankreich
Regie: Alexandre Astruc. Drehbuch: Alexandre Astruc, Roland Laudenbach, nach dem Roman *Une Sacrée Salade* von Cécil Saint-Laurent. Regieassistent: Marcel Camus. Kamera: Robert Lefebvre. Schnitt: Maurice Serein. Musik: Maurice Leroux, Henri Crolla. Ausstattung: Max Douy.
Darsteller: Anouk Aimée (Cathérine Racan), Jean-Claude Pascal (Blaise Walter), Philippe Lemaire (Alain Bergère), Claude Dauphin (Dr. Jacques Daniéli), MICHEL PICCOLI (ein junger Inspektor), Gaby Sylvia (Hélène Ducouret), Giani Esposito (Pierre Jaeger), Yves Robert (Inspektor Forbin).
Produktion: Les Films Marceau. Produzent: Edmond Ténoudji. Schwarzweiß. Länge: 84 Minuten.
UA: 21. 10. 1955 Paris.

Inhalt: Als sie von der Polizei vernommen wird, läßt eine junge Journalistin ihr Leben Revue passieren: ein Zeitungsverleger, ein Provinzler, der versucht sich in Paris niederzulassen, ein Fotograf, ein wenig skrupelhafter Mediziner.

Zum Film: Eine intelligente und leidenschaftliche Verfilmung und Inszenierung, aber es war schwierig, mit dem Zeitungsroman von Cécil Saint-Laurent und der Adaptation des mittelmäßigen Roland Laudenbach eine neue »éducation sentimentale« zu schaffen. Die eigenwillige und persönliche Regie läßt den Film in gewisser Weise heute als originellen Vorläufer der Nouvelle Vague erscheinen.

Ernst Thälmann, Sohn seiner Klasse und Führer seiner Klasse
Spielfilm in 2 Teilen
DDR
Regie: Kurt Maetzig. Drehbuch: Willi Brendel, Michael Tschesno-

Zell, Kurt Maetzig. Regieassistent: Konrad Wolf. Kamera: Karl Plintzner, Horst Brandt. Schnitt: Lena Neumann. Ausstattung: Otto Erdmann, Willi Schiller. Musik: Wilhelm Neef.
Darsteller: Günther Simon (Ernst Thälmann), Hans-Peter Minetti (Fiete Jansen), Werner Peters (Quadde), Karla Runkehl (Änne Jansen), Paul R. Henker (Robert Dirhagen), Hans Wehrl (Wilhelm Pieck), Karl Brenk (Walter Ulbricht), Gerd Wehr (Wilhelm Florin), Walter Martin (Hermann Matern), Theo Schall (Marcel Cachin), Georges Stanecu (Georgi Dimitroff), Nikolai Krjutschkow (Sowjetischer Panzeroberst), Carla Hoffmann (Rosa Thälmann), Angela Brunner (Irma Thälmann), Erich Franz (Arthur Vierbreiter), Erika Dunkelmann (Martha Vierbreiter), Raimund Schelcher (Krischan Daik), Herbert Richter (Kruczinski), Gerhard Bienert (Otto Kramer), MICHEL PICCOLI (Roger), Wilhelm Koch-Hooge (Hauptmann Schröder), Paul Pfingst (Kulle), Kurt Wetzel (Göring), Hans-Peter Thielen (Hartrein), Hannes Fischer (Hauck jr.), Paul Paulsen (McFuller), Fred Kötteritzsch (Papen), Martin Flörchinger/Inge Huber/Gerry Wolff (Delegierte aus dem Saarland), Werner Senftleben (Jonny Scheer).
Produktion: DEFA. Orwocolor. Länge: 126 bzw. 130 Minuten.
UA: 9. 3. 1954 und 7. 10. 1955

Kritik: Die Welt, 20. 3. 54

Inhalt: Zweiteiliges Porträt des Arbeiterführers und Kommunisten Ernst Thälmann.

Zum Film: »Sagen Sie, Genosse Thälmann, wie haben Sie es fertiggebracht, in so kurzer Zeit Zehntausende von Arbeitern zu gewinnen?« fragt anerkennend Lenin im Film, und der Arbeiterführer sagt ehrfurchtsvoll: »Ich habe versucht, von Ihnen zu lernen, Genosse Lenin!« Wenn dieses Zitat aus dem zweiteiligen DEFA-Film von 1954/55 nicht authentisch ist, so ist es gut erfunden. Michel Piccoli spielt einen jungen französischen Kommunisten.
»Da war damals ein junger Franzose (Piccoli), der eine ungeheure schauspielerische Energie und ein großes Engagement für unsere Sache mitbrachte. Piccoli – das wußte man sofort – war ein ganz großes Talent. Conny (Konrad Wolf, Regieassistent) hat mir das auch gesagt, er war bei der Besetzung dabei und hatte mich ganz begeistert auf ihn aufmerksam gemacht – und das wollte bei Conny etwas sagen!« (Kurt Maetzig, 1989)

French Cancan

French Can Can

Frankreich/Italien

Regie/Drehbuch: Jean Renoir, nach einer Idee von André-Paul Antoine. Regieassistenten: Pierre Kast, Serge Vallin. Kamera: Michel Kelber. Musik: Georges van Parys. Ausstattung: Max Douy. Darsteller: Jean Gabin (Danglard), Françoise Arnoul (Nini), Maria Félix (la

Szene aus Renoirs ›French Can Can‹.

belle Abbesse), Jean Roger Caussimon (Baron Adrien Walter), Max Dalban (Armand, Chef der ›Weißen Königin‹), Dora Doll (la Génisse), Gaston Modot (Diener), Gianni Esposito (Fürst Alexander), Jean Parédès (Coudrier), Lydia Johnson (Guibole), Philippe Clay (Casimir), MICHEL PICCOLI (Valorgueil), Valentine Tessier (Mme Olympe), Michèle Philippe (Eléonore), Franco Pastrorino (Paolo), Anna Amendola (Esther Georges), France Roche (Madeleine), Annik Morice (Thérèse), Jacques Jouanneau (Bidon), Michèle Nadal (Bigoudi), Sylvine Delannoy (Titine), Anne-Marie Mersen (Paquita), Albert Rémy (Barjolin), Patachou (Yvette Guilbert), André Claveau (Paul Delmet), Edith Piaf (Eugénie Buffet), Jean Raymond (Paulus), Jean-Marc Tennberg (Savate), Pierre Olaf (Pierrot), Léo Campion (Kommandant), Gaston Gabaroche (Oscar, der Pianist), Hubert Dechamps (Amédée, Kellner im Café), Claude Berri (junger Mann bei der Einweihung).

Produktion: Franco-London Film /Jolly Film. Technicolor. Länge: 105 Minuten.

UA: 7. 4. 1955 Paris. BRD: 9. 4. 1955

Kritik: W.Ba. in Filmdienst 16/1955; MR in FAZ, 12. 4. 1955; At in NZZ, 4. 10. 1955; D-ck in Der neue Film, 21. 4. 1955; Wd (ist Kurt Weinhold) in KstA, 12. 4. 1955; Rainer Hartmann in KstA, 23. 5. 1970.

Inhalt: Paris zur Zeit der Belle Époque. Der geschäftstüchtige und unternehmungslustige Monsieur Danglard (Jean Gabin) will mit dem Tanzlokal »Moulin Rouge« ein Unterhaltungsetablissement schaffen, das sich die »kleinen Leute« leisten können.

Zum Film: »Eine Lebenskunst, eine Dichtkunst, eng miteinander vermischt, dasselbe, was schon in *The River* und *La Carozza* war, ist auch in *French Can Can*, dasselbe, bloß hinter verschiedenen Masken, sind diese doch nur das intime Theater, die höchste Komödie, die Renoir sich selbst vorspielt«, schrieb Jacques Rivette über Jean Renoirs Film.

Dieser anekdotenhafte, lässige. manchmal auch nachlässige Unterhaltungsfilm zeigt trotz seiner Flächigkeit immer wieder verblüffend die Handschrift des Regisseur-Malers: Wie die Bilder (in faszinierenden Technicolor-Farben von Michel Kelber) vom Tanz, von der Musik und ihrer Leichtigkeit geschaffen sind, die Farben so viel mehr genutzt werden als das üblicher Weise der Fall ist: da sind die Bilder von der Einweihung des Moulin Rouge mit Staatsbesuch und obligatorischer Nationalhymne exakt auf das Blau-Weiß-Rot abgestimmt, und wenn der Prinz einen Selbstmordversuch unternimmt, färbt sich die Leinwand giftig grün. Michel Piccoli in einer kleinen Rolle.

1956

La mort en ce jardin
Pesthauch des Dschungels/Der Tod in diesem Garten
Frankreich/Mexiko
Regie: Luis Buñuel. Drehbuch: Luis Buñuel, Luis Alcoriza, Raymond Queneau, nach einer Erzählung von Jose-Andre Lacour. Dialoge: Raymond Queneau, Gabriel Arout. Regieassistenten: Dossia Mage, Ignacio Villarreal. Kamera: Jorge Stahl jr. Schnitt: Marguerite Renoir, Denise Charvein. Musik: Paul Misraki. Ausstattung: Edward Fitzgerald.

Piccoli mit Charles Vanel in Luis Buñuels ›Der Tod in diesem Garten‹.

Piccoli mit Simone Signoret (liegend) in Louis Buñuels ›Der Tod in diesem Garten‹.

Darsteller: Simone Signoret (Gin), Georges Marchal (Chark), MI-CHEL PICCOLI (Pater Lisardi), Michèle Girardon (Maria, die Taub-stumme), Charles Vanel (Castin), Tito Junco (Chenko), Luis Aceves Castadenas (Alberto), Jorge Martinez de Hoyos (Hauptmann Ferre-ro), Manuel Donde (Funker), Raul Ramirez (Alvaro), Alberto Pédret (Lautnant), Stefani (erster Arbeiter), Marc Lambert (zweiter Arbei-ter), Alicia del Lago.

Produktion: Dismage, Paris – Producciones Tepeyac, Mexiko. East-mancolor. Länge: 145 Minuten (BRD: 97, später: 104 Minuten). UA: 21. 9. 1956 Paris. BRD: 21. 3. 1958

Kritik: Enno Patalas in Filmkritik 5/58; J-t in Filmdienst 14/1958; Klaus Bresser in KstA, 12. 7. 1958; W. T. in Der neue Film, 17. 4. 1958; SZ, 19. 4. 1958.

Inhalt: Buñuels Geschichte spielt in einem Dorf in Lateinamerika. Fünf Menschen auf der Flucht: ein Bankräuber, ein Rebell und Aufständischer, ein Priester, eine Prostituierte und ein junges Mäd-chen. Nur zwei entkommen der Dschungelhölle, der Bandit und das Mädchen. Auf einem Schlauchboot retten sie sich in die Freiheit, können endlich nach den Urwaldstrapazen ihre Sehnsucht nach Europa erfüllen.

Zum Film: Doch die Handlung ist nur die Oberfläche. Buñuel ging es um mehr: Mit bösem Sarkasmus wird in diesem mexikanischen Film vieles an Werten in Frage gestellt: die Revolution am Anfang zeigt sich als Bilderbuchfolklore, der Priester benutzt die Bibel zum Feueranzünden, die sorgsam gehütete Ansichtskarte von Paris mit Champs Élysées und Arc de Triomphe erwacht für einen Moment zum Leben. Typisch Buñuelsche Mystik wird sichtbar, wenn die kleine Gruppe auf ihrer Urwald-Odyssee das Flugzeugwrack findet: die Begegnung mit der Zivilisation bringt auch diese alten, tradierten Verhaltensmuster zurück.

Buñuel war mit der Arbeit und den Arbeitsbedingungen sehr unzu-frieden und beklagte sich über die vielen Pannen bei dem Projekt, aber dann schrieb er:

»Dafür bin ich bei *La mort en ce jardin* einem Mann begegnet, der einer meiner besten Freunde wurde: Michel Piccoli. Wir haben fünf oder sechs Filme zusammen gemacht. Ich mag seinen Humor, seine unauffällige Großzügigkeit, seine leichte Verrücktheit und den Re-spekt, den er mir nie entgegenbringt.« (Luis Buñuel, Mein letzter Seufzer, 1983)

Les sorcières de Salem
Hexenjagd
Frankreich/DDR
Regie: Raymond Rouleau. Drehbuch: Jean-Paul Sartre, nach Arthur Millers The Crucible. Regieassistent: Gérard Renateau. Kamera:

Claude Renoir. Schnitt: Marguérite Renoir. Musik: Hanns Eisler, Georges Auric. Ausstattung: René Moulaert.
Darsteller: Yves Montand (John Proctor), Simone Signoret (Elisabeth, seine Frau), Mylène Demongeot (Hausmädchen Abigail), Jean Debucourt (sein Onkel, Pastor Parris), Raymond Rouleau (Gouverneur Danforth), François Lugagne (Jane Putnam), Pierre Larquey (Francis Nurse), Jeanne Fusier Gir (Martha Corey), Yves Brainville (Révèrend Hale), M. Darling (Tituba), Chantal Gozzi (Fancy Proctor), Alexandre Rignault (Willard), Jean Gaven (Peter Corey), Alfred Adam (Thomas Putnam), Mary Warren, Pascale Petit (Mary Warren), MICHEL PICCOLI (James Putnam), François Joux (ein Richter), Gérard Darrieu (der Mann, der Elisabeth verhaftete), sowie Lucien Guervil, Christian Lude.
Produktion: Pathé Cinéma/DEFA. Produzent: Charles Borderie. Schwarzweiß. Länge: 155 Minuten (Großbritannien: 145 Minuten, BRD: 134 Minuten).
UA: 26. 4. 1957 Paris. BRD: 26. 5. 1958

Kritik: Paul Schallück in Filmforum *7/1957;* Enno Patalas in Filmkritik 6/58; M:PL in Filmdienst 22/1958; Franziska Violet in SZ, 16. 5. 58; H. J. W. (ist Hans Jürgen Weber) in Der neue Film, 26. 5. 58; Kurt Weinhold in KstA, 7. 6. 58; Friedrich A. Wagner in FAZ, 21. 7. 1958; A. H. (ist Armin Halstenberg) in KstA, 9. 7. 1966.

Inhalt: »Sommer 1692 – Pastor Parris, der Geistliche von Salem, einem Dorf in Massachusetts, hält eine Höllenpredigt. Anlaß ist der Ehebruch John Proctors mit der Magd Abigal. Die puritanisch – theokratischen Prinzipien des Staates sind gefährdet. Der Gouverneur befiehlt ein peinliches Gerichtsverfahren. Der religiöse Fanatismus triumphiert: Proctor und zwei andere Männer werden als Hexenmeister hingerichtet. Dann endlich rebellieren die Einwohner Salems: Auch hier geht das Mittelalter zu Ende.« (A. H.)

Zum Film: Arthur Millers Stück Hexenjagd war auch eine Projektion der Hexenjagd des Senators McCarthy gegen »unamerikanische Umtriebe« in Hollywood. In der Filmversion allerdings verändert sich die Stoßrichtung: Die Drehbuch-Bearbeitung durch Jean-Paul Sartre machen das Ganze zu einem Angriff auf den Kapitalismus. Sartre führt seinen Aufstand gegen »Thron und Altar«, gegen die geistliche und weltliche Obrigkeit. Abigail ist bei ihm ein reines Triebwesen, von Gier und Berechnung geleitet. Sie inszeniert den Hexenrummel, um an den Mann heranzukommen, auf den sie scharf ist. Das geht über Arthur Miller hinaus oder – wenn man so will – an ihm vorbei. Inszeniert ist das kraftvoll und explosiv: Claude Renoirs Kamera findet malerische Schwarzweiß-Bilder, Hanns Eislers Musik setzt starke Akzente. Die prominente Besetzung mit Yves Montand als John Proctor und Simone Signoret als Elisabeth, sowie Jean Debucourt als Pfarrer Parris macht das Ganze zu einem Erlebnis. Mylène Demongeot entspricht zwar in der Anlage Sartres Abigail, doch sie ist zu sehr das blaße Blondchen ohne die intensive Ausstrahlung. Michel Piccoli spielt eine präzise, kleine Rolle.

1957

Nathali
Natali
Frankreich/Italien
Regie: Christian-Jaque. Drehbuch: Pierre Apestéguy, Jean Ferry, Jacques Emmanuel, Christian-Jaque, nach dem Roman Nathalie Princesse von Frank Marchal. Dialoge: Henri Jeanson. Regieassistent: Raymond Villette. Kamera: Robert Lefebvre. Schnitt: Jacques Desagneaux. Musik: Georges van Parys, Gaston Muller. Ausstattung: Robert Gys.
Darsteller: Martine Carol (Mannequin Natalie), Philippe Clay (Coco), Lisa Delamare (Gräfin Lancy), Mischa Auer (Cyril Boran, Chef der Bande), MICHEL PICCOLI (Inspektor Frank Marchal), Louis Seigner (sein Chef, Kommissar Pippart), Aimé Clariond (Graf Auguste Claude Superbe de Lancy), Armande Navarre (Pivoine), Jess Hahn (Sam), Jacques Dufilho (Simon, Majordomus der Gräfin), Frédéric O'Brady (Mann mit dem Klumpfuß), Jacques Mauclair (Emile Truffaut), Hubert Noël (Serge Lambert, Sekretär der Gräfin).
Produktion: S. F. C./ – F. I. F. – S. N. E. Gaumont/Electra Compania cinematografica. Schwarzweiß. Länge: 95 Minuten.
UA: 4. 12. 1957. BRD: 21. 3. 1958

Kritik: M:PL in Filmdienst 14/1958

Inhalt: Das flotte Starmannequin Natalie, das in einem Pariser Modehaus arbeitet, muß sich rehabilitieren, als einer reichen Gräfin ein Brillanten-Clip gestohlen wird. Da ihr die Polizei nicht glaubt, recherchiert Natalie auf eigene Faust, was ihr bei ihren Reizen, die sie effektsicher an den Mann bringt, und ihrer Schlagfertigkeit auch nicht schwer fällt. Sie stößt auf eine ruppige Bande, die wiederum

Piccoli mit Martine Carol in ›Natalie‹.

die doch nicht ehrenwerte Gräfin nebst Liebhaber über die Klinge springen läßt. Damit allerdings ist für Natalie noch längst nicht alles ausgestanden.

Mit halsbrecherischer Geschicklichkeit laviert sie sich zwischen Polizei und Gangstern durch, wobei sie am Schluß einen Polizei-inspektor vor einer Kugel des Oberganoven bewahrt.

Zum Film: Michel Piccoli nach Buñuels *Tod in diesem Garten* zum ersten Mal wieder in einer größeren Rolle als junger Polizeiinspektor, der nur beinahe in die Falle der attraktiven Nathalie geht.

»Mit Piccoli zu arbeiten war vom ersten Moment an ein Vergnügen. Er begreift ganz schnell, hat Einfälle, ohne damit gleich hausieren zu gehen, ist sicher und ausgezeichnet im Team.« (Christian Jaque in einem Gespräch im Juli 1958).

Tabarin
Tabarin
Frankreich/Italien
Regie: Richard Pottier. Drehbuch: Jean Ferry, nach einer Vorlage von
H. André Legrand. Regieassistent: Robert Mazoyer. Kamera: Lucien
Joulin. Schnitt: Maurice Serein. Musik: Francis Lopez. Ausstattung:

Piccoli in Christian Jacques ›Natalie‹.

Rino Mondellini. Choreographie: Lee Sherman. Darsteller: Sylvie Lopez (Florence), Annie Cordy (Mimi), Sonja Ziemann (Rosine Forestier), MICHEL PICCOLI (Jacques Forestier), Misha Auer (Boris), Jean-Pierre Kérrien (Larjac), Henri Vilbert (Gilbert Morelli), Jean Lefèbvre (Julien, der Chefmaschinist), Luisella Boni (Simone), Enrico Glori (Truffaut), Germaine Damar (Brigitte), Nicole Vattier (Mme Leroux), Angelo Dessy (Paoli), Alice & Ellen Kessler (les Jumelles), sowie die Blue Bell Girls vom Lido, Le French Cancan des Moulin Rouge.
Produktion: Société Technique et Financière de Cinématographie – Florida Films – Jeannic Films (Paris) – Nepi Films (Rom). Eastmancolor. Länge: 102 Minuten.
UA: 21. 5. 1958 Paris. BRD: 5. 1958

Kritik: M. in Filmdienst 25/1958

Inhalt: Forestier (Piccoli) ist ein ehrgeiziger Geschäftsmann. Er hat das »Tabarin« zu dem Nachtkabarett von Paris gemacht – und schon wieder hat er neue Ideen im Kopf. Er entläßt den Star seiner Revue, weil sie ihm nicht gut genug ist, und entdeckt auf der Suche nach einer Attraktion per Zufall Florence, mit der er vor seiner Hochzeit mit Rosine ein Verhältnis hatte. Angespornt von seiner Frau, engagiert er – gegen seine Zweifel – Florence, und sie erweist sich als Offenbarung. Doch sie ist heimtückisch und böse, will Forestier zurückerobern und das »Tabarin« beherrschen. Es gelingt ihr für eine Weile, doch das Publikum erkennt bald, daß dem »Tabarin« ohne Forestier die Seele fehlt...

Zum Film: Michel Piccoli in einer ersten großen Rolle. Leider ist der Film klischeehaft angelegt, doch Jean Ferrys Drehbuch ist nicht schlecht, und das distanziert präzise Spiel von Piccoli setzt sich über alles Plakative hinweg.

Rafles sur la ville
Nacht über Paris/Montmartre null Uhr dreißig
Frankreich
Regie: Pierre Chenal. Drehbuch: Jean Ferry, Pierre Chenal, Paul Andreota, nach dem gleichnamigen Roman von Auguste Le Breton. Dialoge: Paul Andreota, Pierre Vial Lesou. Regieassistent: Tony Aboyantz. Kamera: Marcel Grignon. Schnitt: Suzanne Randeau. Musik: Michel Legrand. Ausstattung: Lucien Aguettand.

Piccoli mit Danik Patisson in Pierre Chenals ›Nacht über Paris‹.

Darsteller: Charles Vanel (Léone Pozzi »Le Fondu«, Gangster), Bella Darvi (Cri-Cri, die Mätresse), Danik Patisson (Lucie Barot), MICHEL PICCOLI (Inspektor Paul Vardier), François Guérin (Inspektor Gilbert Barot), Marcel Mouloudji (Jeanotte Donati »le Niçois«, Zuhälter), Albert Rémy (Gus), Marcel Lupovici (Dédé), Jean Brochard (Kommissar René Brévet), Monique Tanguy (Lucienne Véron »Loulou«), Georges Vitray (Inspektor Taillis), Albert Dinan (Emile), Georges Douking (der Narr), Paul Bonifas (Renaud).
Produktion: Metzger & Woog. Produzent: Robert Woog. Schwarz-weiß. Länge: 86 Minuten.
UA: 15. 1. 1958 Paris. BRD: 24. 3. 1958

Kritik: Filmforum 7/1958; M: PL in Filmdienst 10/1958; fv (ist Franziska Violet) in SZ, 22. 2. 1958; K. B. (ist Klaus Bresser) in KstA, 22. 2. 1958; GAH in Der neue Film, 24. März 1958.

Inhalt: Nach dem guten Bullen bei Christian-Jaque in Natalie nun ein skrupelloses Gegenstück, wieder von Piccoli gespielt. Brutal erpreßt Vardier Geständnisse, geht äußerst rüde mit seinen kleinen Ganoven um und versucht, seinem Kollegen die Frau auszuspannen. Als ihm das nicht gelingt und diese nach einem kleinen Abenteuer genug hat, setzt Vardier ihren Mann den gefährlichsten Situationen aus. Doch dann wird er plötzlich und unmotiviert wieder gut und rettet mit seinem Opfertod das Leben vieler Menschen.

Zum Film: Piccoli spielt diesen Finsterling eiskalt und berechnend, ein energiegeladenes Ekel, voller Abgründe, mit einem – nicht nachvollziehbarem – »positiven« Knick am Ende.

1959

La bête à l'affût
Das Weib und der Verdammte
Frankreich
Regie: Pierre Chenal. Drehbuch: Michel Audiard, R. M. Arlaud, Georges Tabet, Pierre Chenal, nach Day Keenes Roman Forests of the Night. Dialoge: Michel Audiard, André Tabet. Regieassistenten: Tony Aboyantz, Jean Léon. Kamera: Christian Matras. Schnitt: Suzanne Rondeau. Musik: Maurice Jarre. Ausstattung: René Petit.
Darsteller: Françoise Arnoul (Liliane), Henri Vidal (Morane, der Ganove), MICHEL PICCOLI (Kommissar Jacques Guimard), Gaby Sylvia (Gilberte), Agnès Laury (Agnès Le Guen), Madeleine Barbulée (Maria), Jean Brochard (Kommissar François), Albert Dinan (Yves Le Guen, Gefängniswärter), Georges Douking (Leuchtturmwärter), Philippe Mareuil (Alain de Beauvier), Pierre Sergeol (Inspektor Beauvais), Gabriel Gobin (Hotelier), Harry Max (M Darcet, Notar), Jacques Ary (Inspektor), Jacques Marin (Lesquet), Lucien Barjon (Fernand), Colette Régis (Freundin von Elisabeth), Jacqueline Marbaux (Mme Dumas), Paul Mercey, Hubert de Lapparent (Käufer), Nane Germon (Dame im Restaurant), sowie Jean-François Rémi, Adriane Lancelli, Philippe Dumat, Nicole Hanriot.
Produktion: Le Trident/Hoche. Schwarzweiß. Länge: 88 Minuten.
UA: 17. 6. 1959 Paris. BRD: 17. 6. 1959

Kritik: C. K. in Filmdienst 27/1959

Inhalt: Ein Gangster verschanzt sich wochenlang im Landschloß einer wohlhabenden Witwe, bis er gefaßt wird.

Zum Film: Die Klischees häufen sich, zumindest in der deutschen Fassung gibt es eine Reihe von Gedankensprüngen, und am Ende greift der Kommissar ein und sorgt für Gerechtigkeit. Michel Piccoli hier wieder als Polizeiinspektor ohne Durchblick.

La dragée haute
Reporter, Mord und Mannequins.
Frankreich
Regie: Jean Kerchner. Drehbuch: Jean Kerchner, J. R. Ruttinger. Regieassistent: Roger Dallier. Kamera: Marcel Combes. Schnitt: Armand Psenny. Musik: Marcel Landowski. Ausstattung: Jean Frottier.
Darsteller: MICHEL PICCOLI (Hugo Barsac), Odile Versois (Evelyne Barsac), Dany Saval (Corinne Page), Yves Vincent (De Marchelier), Rolande Ségur (Barbara Kers), Alain Bouvette (Paul Amiot, der Fotograf), sowie René Clermont.
Produktion: Peyrou/Sirius. Produzent: Jean Kerchner. Schwarzweiß. Länge: 85 Minuten.
UA: 27. 7. 1960 Paris. BRD: 29. 11. 1960

Kritik: Sa. in Filmdienst 5/1961

Inhalt: Hugo ist ein kleiner Reporter eines Provinzblattes. Vergeblich hofft er auf die große Story. Eines Tages scheint es soweit zu sein: Ein Mannequin wird tot aufgefunden, und die Kollegin macht die verblüffende Aussage, daß ein einflußreicher Bürger der Stadt Blut an seinen Händen habe. Hugo recherchiert und – wird fündig. Doch sein Chef lehnt den Aufmacher ab, Hugo rebelliert, wird entlassen, sucht weiter und geht jetzt über Leichen.

Zum Film: Nach dem sympathischen Inspektor nun ein »Reporter des Satans«, wie Kirk Douglas ihn bei Billy Wilder spielte. Leider hat Kerchner das Ganze wenig einfühlsam in Szene gesetzt, auch wenn Michel Piccoli und Odile Versois hervorragend spielen.

1960

Le bal des espions
Die Spur führt nach Caracas
Frankreich
Regie: Michel Clement. Drehbuch: Daniel Boulanger, Michel Clement, nach dem Roman *Documents à vendre* von Jean Bruce. Kame-

Piccoli mit François Arnoul in ›Die Spur führt nach Caracas‹.

ra: Pierre Montazel. Musik: Camille Sauvage. Ausstattung: Daniel Gaeret. Darsteller: Françoise Arnoul (Olivia), MICHEL PICCOLI (Brian Cannon), François Patrice (F. Lamy), Charles Régnier (Schenker), Rossano Schiaffino (Flora), Claude Cerval (Zarkho), Daniel Emilfork (Oleg), Victor Gilles (Gallici), François Maistre.(»4 + 3«), Guy Neyrand (Donatello).
Produktion: Sociéte Générale. Schwarzweiß. Länge: 96 Minuten.

Kritik: C.M. in Filmdienst 43/1960; Filmbeobachter.
BRD: 27. 9. 1960

Inhalt: Ehemaliger Geheimagent sucht für zweifelhaftes Dokument einen Käufer, wird aber ermordet.

Zum Film: Wenig glaubwürdig und ohne innere Dramatik.

Les vierges de Rome – Virgini di Roma
Die Jungfrauen von Rom
Frankreich/Italien
Regie: Vittorio Cottafavi, Carlo Bragaglia. Drehbuch: Luigi Emmanuelle, Léo Joannon, Pierre O'Connell, nach einer Novelle von Luigi Emmanuelle und Gaetano Loffredo. 2nd Unit-Regie: Giorgio Capitani, Giorgio Cristallini. Kamera: Marc Fossard. Schnitt: Michel Leroy, René de Henaff. Musik: Marcel Landowski. Ausstattung: Jean d'Eaubonne, Raymond Gabutti.
Darsteller: Louis Jourdan (Drusco), Nicole Courcel (Lucilla), Sylvia Syms (Clelia), MICHEL PICCOLI (Publico), Paola Falchi (Servia), Conrado Pani (Musius), Maria Luisa Rolando (Aurelia), Jean Chevrier (Porsenna), Ettore Mani (Coetes), Jacques Dufilho (Apollodore), Renaud Mary (Stavros), Nicolas Vogel (Rasnal).
Produktion: Regina/Criterion/Cine Italia. Länge: 88 Minuten.
BRD: 22. 8. 1961

Kritik: C.M. in Filmdienst 38/1961

Inhalt: Römische Amazonen tragen dazu bei, daß der Krieg zwischen den Etruskern und den Römern im 6. Jahrundert nach Christus schnell zu Ende geht.

Zum Film: Man spürt es dem Historienabenteuer an, daß der Meister des italienischen Trivialfilms, Vittorio Cottafavi, den Film nicht alleine inszeniert hatte, denn er ist – trotz guter Besetzung – uneinheitlich und ohne durchgängigen Spannungsbogen.

La chevelure

Regie/Drehbuch: Ado Kyrou, nach einer Novelle von Guy de Maupassant. Kamera: Oleg Tourjansky. Schnitt: Silvie Blanc. Musik: L'Homme-Orchester.

Darsteller: MICHEL PICCOLI

Produktion: Elyssees Relations Cinématographiques. Kurzfilm. Schwarzweiß. Länge: 19 Minuten.

Der in Athen gebürtige eigenwillige Kritiker und Filmhistoriker Ado Kyrou (Jahrgang 1923), bekannt durch sein Werk *Der Surrealismus im Film*, hat außer einer Reihe sehr persönlicher, poetisch stilisierter, zum Teil surrealistischer Kurzfilme einen Spielfilm über eine Auflehnung gegen die Militärjunta (Blockade, 1966) gedreht.

1961

Le rendez-vous

Hinter fremden Fenstern

Frankreich/Italien

Regie: Jean Delannoy. Drehbuch: Jean Aurenche, Pierre Bost, Jean Delannoy nach dem Roman *The Man With Two Wives* von Patrick Quentin. Kamera: Robert Juillard. Schnitt: Henri Taverna. Musik: Paul Misraki. Ausstattung: Lucien Aguettand.

Darsteller: Annie Girardot (Madeleine Robert), Jean-Claude Pascal (ihr Ex-Ehemann Pierre Larivière), Odile Versois (Edith Larivière, Pierres neue Frau), Philippe Noiret (Inspektor Maillart), MICHEL PICCOLI (Paul, Sekretär von Kellermann und Daphnes Geliebter), Andréa Parisy (Daphné Kellerman, Ediths Schwester), Jean-François Poron (Daniel Marchand, Liebhaber von Daphne und Madeleine), George Sanders (Vater John Kellermann), Robert Dalban (Patron des Restaurants), Patrice Habans (Bob), Helsa Moltzer (Ellen), Lisa Ellina (Sophie), Marie-Claude Breton (Catherine Kellerman).

Produktion: Silver Films/Cinétel, Paris/Incei Films, Rom. Schwarzweiß. Länge: 95 Minuten.

UA: 4. 10. 1961 Paris. BRD: 3. 4. 1962

Kritik: Martin Ripkens in Filmkritik 5/10 1962; K.B. in Filmdienst 16/1962; Ws (ist Kurt Weinhold) in KstA, 24. 4. 1962.

Inhalt: »Ein Mann mittleren Alters, in zweiter Ehe mit der Tochter eines Milliardärs verheiratet, trifft nach fünf Jahren seine geschiedene Frau in einem Bistro wieder. Die Zuneigung ist nicht ganz verschüttet, Mitleid mit der Frau, der es schlecht zu gehen scheint, kommt hinzu. So versucht er ihr ein bißchen zu helfen. Seine Frau braucht das nicht zu wissen. Auch glückliche Ehen vertragen das nicht immer.«

Zum Film: Was so harmlos beginnt, entwickelt sich in den eineinhalb Kinostunden zu einem verworrenen Thriller, in dem es um die Leiche eines Fotoreporters, ein tyrannisches Familienoberhaupt und viele prickelnde Geheimnisse geht.« (Kurt Weinhold)
Zum ersten Mal stehen die beiden großen Charakterdarsteller der achtziger Jahre Philippe Noiret und Michel Piccoli gemeinsam vor der Kamera.

Climats
Die Nacht und die Versuchung
Frankreich
Regie: Stellio Lorenzi. Drehbuch: R. M. Arlaud, René Cortade, Alain Decaux, Stellio Lorenzi, Michèle O'Glor, nach dem Roman *Wandlungen der Liebe* von André Maurois. Kamera: Sacha Vierny, Philippe Brun. Schnitt: Gilbert Natot. Musik: Giovanni Fusco, Jean Lemaire. Darsteller: Marina Vlady (Odile, Philippes erste Frau), Emmanuèlle Riva (Isabelle, Philippes zweite Frau), Jean-Pierre Marielle (Philippe), Alexandra Stewart (seine Mätresse Misa), MICHEL PICCOLI (François, Odiles Geliebter), Gabrielle Dorziat (Mme Cheverny), Jean Marchat (Didier Laurent), Renée Devillers (Mme Marcenat), Lucien Nat (M. Marcenat), Raymond Loyer (Misas Mann). Produktion: Filmel. Dyaliscope. Schwarzweiß. Länge: 103 Minuten. EA: 18. 7. 1963

Kritik: Ulrich Gregor in Filmkritik 9/63; FJW in Filmdienst 37/1963

Inhalt: »Held der Story ist der Pariser Kunstdruckfabrikant Philippe Marcenat, Typ des Beau mit leicht amerikanischem Einschlag: schwerreicher Manager mit distinguierten Manieren, kulturvoll und mit künstlerischen Interessen (im Roman von Maurois ist er dagegen nur Papierfabrikant)... Seine Frau Odile... flirtet mit dem umschwärmten Reiseschriftsteller François, was die rasende Eifersucht ihres Ehemanns herausfordert. Der Scheidung ist nicht mehr auszuweichen. Philippe ehelicht... die Mitarbeiterin Isabelle, aber auch bei ihr... kann er das Glück nicht finden. Dazu kommt noch, daß sich Odile bald nach der Scheidung das Leben nimmt.«

Zum Film: »Die fünf Drehbuchautoren haben den Roman nicht nur gründlich umgearbeitet… sie haben auch jede psychologische Interpretation der Handlung auf ein Mindestmaß beschränkt und alle zum Verständnis der Action nicht erforderlichen Umwege begradigt.« (beide Zitate: Ulrich Gregor)

Le rendez-vous de Noël
Kurzfilm von André Michel

1962

Le doulos
Der Teufel mit der weißen Weste
Frankreich/Italien
Regie/Drehbuch: Jean-Pierre Melville, nach einem Roman von Pierre Lesou. Regieassistenten: Volker Schlöndorff, Charles Bitsch. Kamera: Nicolas Hayer. Schnitt: Monique Bonnot, Michèle Boehm. Musik: Paul Misraki. Ausstattung: Daniel Guéret.
Darsteller: Jean-Paul Belmondo (Silien), Serge Reggiani (Maurice Faugel), Jean Desailly (Kommissar Clein), Fabienne Dali (Fabienne), MICHEL PICCOLI (Nuttheccio), René Lefèvre (Gilbert), Marcel Cuvelier/Jack Léonard (Detektive), Aimé de March (Jean), Monique Hennessy (Thérèse), Karl Studer (Kern), Christian Lude (Arzt), Jacques de Lon (Armand), Paulette Breil (Anita), Philippe Nahon (Rémy), Charles Bayard (alter Mann), Daniel Crohem (Inspektor Salignari), Charles Bouillaud/Georges Sellier (Barmänner), Andrès (Hotelier).
Produktion: Rom-Paris Films/Compagnia Cinematografica Champion, Rom. Produzenten: Carlo Ponti, Georges de Beauregard. Schwarzweiß. Originallänge: 108 Minuten (BRD: 96 Minuten).
UA: 8. 2. 1963 Paris. BRD: 20. 9. 1963

Kritik: Filmdienst 1963/12414; Hans Stempel in Filmkritik 1/1964.

Inhalt: Nuttheccio/Piccoli ist ein zwielichtiger Geschäftsmann, ein Barbesitzer mit krimineller Vergangenheit, der aber – so gut es geht – sauber bleiben will.
Ein Gangster erschießt – ganz nebenbei – seinen Geschäftsfreund, weil der die Geliebte eines Freundes, der im Gefängnis saß, umgebracht hat. Er, Faugel, findet in Silien rasch einen treuen Freund. Doch ihre Beziehung scheitert ausgerechnet an Gefühlen, Gefühlen

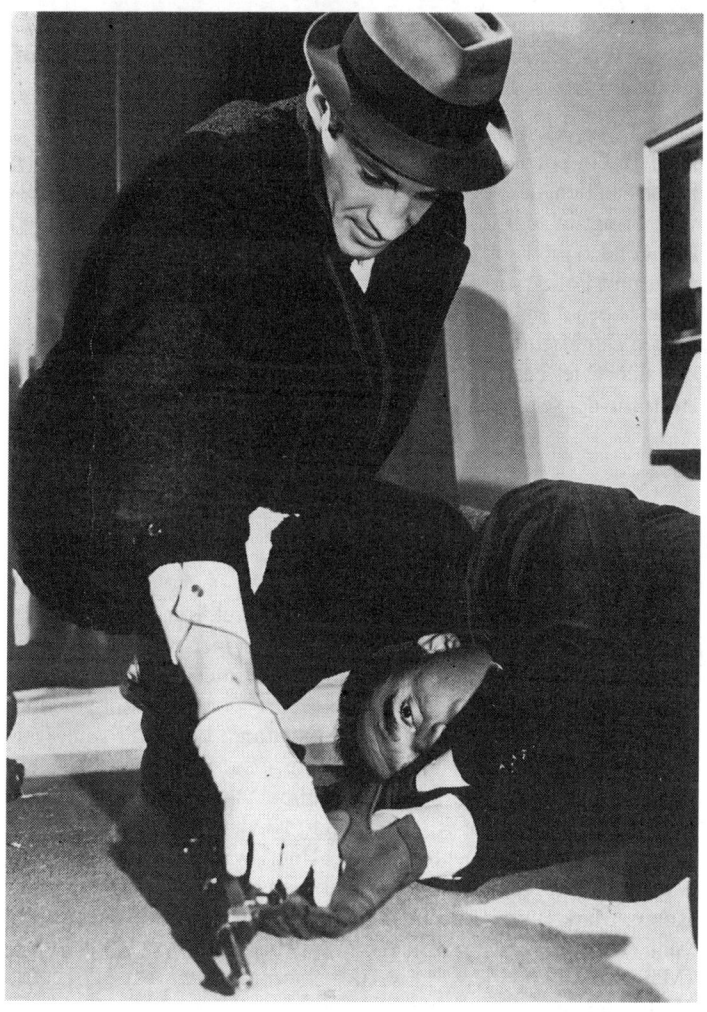

Piccoli mit Jean Paul Belmondo in Jean Pierre Melvilles ›Der Teufel mit der weißen Weste‹.

die trügerisch sind. Silien wird als Spitzel verdächtigt, Faugel glaubt, er sei ihm auf den Leim gegangen, und deshalb kommt es zur Katastrophe, bevor alle Irrtümer aufgeklärt sind. Denn Faugel hat im Knast einen Killer auf Silien angesetzt und kann diesen, als er alles durchschaut hat, nicht mehr stoppen: Zwar kommt er vor Silien in dessen Versteck an, wird aber verwechselt und selbst abgeknallt, und auch der Freund, den er retten wollte, geht in die Falle.

Zum Film: Auch hier ist Michel Piccoli nicht die Nummer eins, sondern ein präzise charakterisierter Dunkelmann, ein Mann ohne Eigenschaften, der aber mit seiner kühlen Noblesse imponiert. Melville bringt in seine Geschichte keine Moral ein. Im fahlen, kalten Licht enden die Konflikte zwischen Gut und Böse, zwischen Gangstern und Polizisten. Recht oder Unrecht. Gesetz und Verbrechen, beide haben die gleichen Methoden, es geht darum, wer cleverer ist. Neben *Der eiskalte Engel* bzw. *Le samourai* und *Der zweite Atem* ist das sicher der beste Film von Melville und einer der besten Gangsterfilme der sechziger Jahre überhaupt.

1962

Le jour et l'heure
Nacht der Erfüllung
Frankreich/Italien
Regie: René Clément. Drehbuch: André Barret, René Clément, Roger Vailland, Clement Biddle Wood, nach einer Story von André Barret. Dialoge: Roger Vailland. Regieassistenten: Claude Pinoteau, Constantin Costa-Gavras. Kamera: Henri Decae. Schnitt: Fedora Zincone. Musik: Claude Bolling. Ausstattung: Bernard Evein. Darsteller: Simone Signoret (Thérèse Dutheil), Stuart Whitman (Captain Alan Morley), Geneviève Page (Agathe), MICHEL PICCOLI (Antoine), Billy Kearns (Pat Riley), Reggie Nalder (deutscher Polizist), Marcel Bozzufi (Inspektor Lerat), Henri Virlogeux (Apotheker), Maurice Garrel (Milizsoldat), Hubert de Lapparent (Kläger), Roger Kemp, Mark Burns, Edward Meek (britische Piloten), Yvette Etievant (Kassierer), Henia Suchar (Mädchen in Blau), Carl Studer (Major Gordon), Pierre Dux (Inspektor Marboz), sowie Jacques Herlin, Jean-Claude Michel, Colette Castel, Clara Gansard, Antony Stuart.
Produktion: Terra/Cirmoran/Artistiques/Mondiale/Monica. Produzent: Jacques Bar. Schwarzweiß. Franscope. Länge: 113 Minuten. UA: 5. 4. 1963 Paris. BRD: 1. 11. 1963

Kritik: Enno Patalas in Filmkritik 12/1963; V.R./Z. in Filmdienst 46/1963; jo in NZZ, 7. 5. 1963; Rolf Nießner in Die Furche, Wien,

21. 5. 1963; hdr (ist Hans Dieter Roos in SZ, 3. 11. 1963; R. W. (ist Rolf Wiest) in KstA, 16. 11. 1963; hnf (ist Klaus Honnef) in Aachener Nachrichten, 16. 11. 1963; ei in Schwäbische Landeszeitung 16. 11. 1963.

Inhalt: »Die Widerstandskämpferin Thérèse nimmt einen abgeschossenen amerikanischen Piloten bei sich auf. Daraus entwickelt sich eine Liebesaffäre, beladen mit Problemen, die allerdings nicht von den beteiligten Personen, sondern mehr von den Umständen in halbwegs vernünftige Bahnen gelenkt werden.« (Rolf Wiest)

Zum Film: Simone Signorets Thérèse steht im Mittelpunkt. Krieg, Besatzung, Gestapo, Résistance und der graue, quälende und hoffnungslose Alltag haben sie abgestumpft, ihr Inneres ist tot und leer, bis sie gezwungen wird, einem fremden Menschen zu helfen. Sie entwickelt eine heftige Liebe zu diesem Fremden, und diese Liebe setzt eine verloren geglaubte Lebensgier in ihr frei. Das alles wird glänzend erzählt, bleibt aber doch nur ein Einzelschicksal, denn die Normen und Gewichte der Ordnung bleiben unbeachtet. Die Liebe vermag gigantische Gefühle auszulösen, die ewige Ordnung vermag sie nicht ungestraft zu stören. Die Zeit, und wie sie die Menschen damals erlebten und erlitten, wird unerhört eindrucksvoll dargestellt.« (Rolf Nießner)
Unter den Darstellern ragen neben Simone Signoret Stuart Whitman als Captain Alan Morley, Geneviève Page als Agathe und Michel Piccoli als Antoine heraus.

Fumée, histoire et fantasie
Kurzfilm von François Villiers, Edouard Berne

1963

Le mépris – Il disprezzo
Die Verachtung
Frankreich/Italien
Regie/Drehbuch: Jean-Luc Godard, nach dem Roman *Il Disprezzo* von Alberto Moravia. Regieassistent: Charles Bitsch. Kamera: Raoul Coutard. Schnitt: Agnès Guillemot, Lila Lakshmanan. Musik: Georges Delerue (französische Version), Piero Piccioni (italienische Version).
Darsteller: MICHEL PICCOLI (Paul Javal), Brigitte Bardot (Camille

Piccoli mit Brigitte Bardot, Jack Palance, Fritz Lang... in Jean Luc Godards ›Le mepris‹.

Javal), Walter Jack Palance (Jeremy Prokosch), Fritz Lang (er selbst), Giorgia Moll (Francesca Vanini), Jean-Luc Godard (Regieassistent von Fritz Lang), Linda Veras (eine Sirene).
Produktion: Rome-Paris Films/Films/Concordia (Paris)/Compagnia Cinematografica Champion (Rom). Produzenten: Georges de Beauregard, Carlo Ponti, Joseph E. Levine. Eingeladen zum Festival nach Venedig, von Produzent Levine kurzfristig zurückgezogen. Technicolor/Franscope. Länge: 103 Minuten (USA), 100 Minuten (Frankreich), 95 Minuten (BRD), 84 Minuten (Italien).
UA: 27. 12. 1963 Paris. BRD: 22. 1. 1965

Kritik: Jean de Baroncelli in Le Monde, 23. 12. 1963; Robert Benayoun in France Observateur, 24. 12. 63; Jean Louis Bory in Arts, 25. 12. 63; Georges Sadoul in Lettres francaises, 26. 12. 63; Samuel Lachize in L'Humanité; Andrew Sarris in Village Voice, 28. 1. 65;

Piccoli mit Brigitte Bardot in Godards ›Le mepris‹.

Tom Milne in Sight and Sound, Sommer 70; Philip Strick in MFB, 7/70; Jean Narboni in Cahiers du Cinéma 152, 64; thü (ist Ulrich von Thüna) in FILM 6, 2/3, 64; Martin Schlappner in Filmstudio 44, 64; François Bondy in Die Welt, 11. 1. 64; Helmut Färber in Filmkritik 3/65; Franz Everschor in Filmdienst 1965/13279; ho. + wo. in Filmbeobachter 54/11965; Peter M. Ladiges in FILM 2, 65; Uwe Nettelbeck in Die Zeit, 29. 1. 65; Karl Korn in FAZ, 1. 2. 65; Wolfgang Vogel in FR, 1. 2. 65; Urs Jenny in SZ, 2. 2. 65; Eugen Weltin in KstA, 13. 3. 65; Hans C. Blumenberg in Die Zeit, 31. 3. 78; Thomas Hesterberg in KstA, 8. 4. 78; Brigitte Jeremias in FAZ, 13. 5. 78.

Piccoli mit Brigitte Bardot in Godards ›Le mepris‹.

Inhalt: Ein Bühnenautor soll das Drehbuch für den Monumentalfilm *Odyssee* umschreiben, den Fritz Lang dreht. Der Autor gerät in eine Krise als seine Frau plötzlich aufhört, ihn zu lieben: »Ich verachte dich, weil du mich nicht zu rühren vermagst«, ist ihr Argument. Godard vergleicht diese Ehe mit der von Odysseus und Penelope.

Zum Film: Fritz Lang sagt im Film: »Ein Filmregisseur ist eine Art Mensch, ohne die ich gut auskommen könnte.«
»Der Film ist eine Erfindung ohne Zukunft« hatte Louis Lumière gesagt, Godard hat diese These widerlegt – hier ist sie sogar an der Wand zu lesen. *Le mépris* wurde wie *Pierrot le fou* zu einem Kultfilm, – für Fritz Lang ein Lebewohl, für Michel Piccoli eine wichtige Station in seinem Schaffen. Ein Film der Zitate ist *Le mépris*, Zitate von Howard Hawks, Vincente Minnelli, Roberto Rossellini. Es geht um einen Regisseur – Fritz Lang spielt ihn –, der seinen Traum realisieren will, gegen den Produzenten, gemeinsam mit dem Autor, doch der – Piccoli – spielt ihn, – kämpft gegen die Verachtung seiner Frau.

Paparazzi
Frankreich
Regie/Drehbuch/Schnitt: Jacques Rozier. Kamera: Maurice Perrimond. Musik: Antoine Duhamel. Darsteller: Brigitte Bardot, Jean-Luc Godard, MICHEL PICCOLI (in eigener Person). Kommentare: MICHEL PICCOLI, Jean Lescot, David Tonelli.
Produktion: Les Films du Colissée. Länge: 22 Minuten.

Zum Film: Dokumentarfilm zu Godards *Le mépris*.

1963/1964

Le journal d'une femme de chambre
Tagebuch einer Kammerzofe
Frankreich/Italien
Regie: Luis Buñuel. Drehbuch: Luis Buñuel, Jean-Claude Carrière, nach dem gleichnamigen Roman von Octave Mirbeau. Kamera: Roger Fellous. Schnitt: Louisette Hautecaeur, Luis Buñuel. Ausstattung: Georges Wakhevitch.
Darsteller: Jeanne Moreau (Céléstine), MICHEL PICCOLI (M. Monteil), Georges Géret (Joseph), Françoise Lugagne (Mme Monteil), Daniel Ivernel (Hauptmann Mauger), Jean Ozenne (Gutsbesitzer

Rabour), Gilberte Gèniat (Rose, Haushälterin beim Hauptmann),
Bernard Musson (Küster), Jean-Claude Carrière (Pfarrer), Muni
(Marianne), Claude Jaeger (Richter), Dominique Sauvage (Claire),
Dominique Zardi (Gendarm), sowie Madeleine Damien, Geymond
Vital, Jean Franval, Marcel Rouze, Jeanne Perez, Andrée Tainsy,
Françoise Bertin, Pierre Collet, Aline Bertrand, Joelle Bernard, Mi-
chelle Daquin, Marcel Le Floch, Marc Eyraud, Gabriel Gobin.
Produktion: Speva Films, Paris/Ciné Alliance/Filmsonor, Paris/Dear
Film, Rom. Produzenten: Serge Silberman, Michel Safra. Franscope.
Schwarzweiß. Länge: 97 Minuten.
UA: 13. 10. 1966 Paris. BRD: 14. 8. 1964

Kritik: Robert Benayoun in France Observateur, 5. 3. 64; Georges
Sadoul in Lettres Francaises, 5. 3. 64; Jean Louis Bory in Arts, 11. 3.
64; Jean de Baroncelli in Le Monde, 7. 3. 64; Claude Mauriac in
Figaro Littéraire, 11. 3. 64; Denis Marion in Le Soir Bruxelles,
25. 3. 64; M. M. (ist Marcel Martin) in Cinéma 64, 85, 64; Ado Kyrou
in Positif 60, 64; MFB 380, 9/65; Raymond Durgnat in Films and
Filming, 1. 10. 65; H. M. (ist Hanspeter Manz) in NZZ, 8. 5. 64; M
(ist Hanspeter Manz) in Die Tat 15. 5. 64; Martin Ripkens in Filmkritik 9/64 + Frieda Grafe in 10/64; ejW (ist Edgar J. Wettstein) in
Filmdienst 35/64; Lbv. in Filmbeobachter 416/64; Urs Jenny in SZ,
17. 8. 64; Hans Hellmut Kirst in MM, 17. 8. 64; Hilmar Hoffmann
in Christ und Welt, 4. 9. 64; Wolf Dresp in Die Zeit, 25. 9. 64; Rainer
Fabian in Rheinischer Merkur, 25. 9. 64; Brigitte Jeremias in FAZ,
28. 9. 64; Karena Niehoff in Der Tagesspiegel, 1. 11. 64; Heinz
Ungureit in FR, 25. 9. 64; Reiner Hartmann in FNP, 25. 9. 64; Eugen
Weltin in KstA, 28. 9. 64; H. A. in Düsseldorfer Nachrichten, 28. 9.
64; alpha in Der Bund, 3. 12. 65; HRB in SZ, 23. 2. 70; PWJ (Peter
W. Jansen) in Die Zeit, 26. 3. 71

Inhalt: Das Hausmädchen Célestine, aus gesundheitlichen Gründen
von Paris in die Normandie übergesiedelt, gerät in eine Atmosphäre
höchster Perversität. Eine frigide Frau und ihr lüsterner Ehemann
sowie der fetischistische Großvater sind ihre Herrschaft, und der
ebenso abwegige wie kraftvolle Hausdiener Joseph paßt in diese
Umgebung. Célestine geht mit ihm ins Stroh, obwohl sie ahnt, daß
er es war, der kurz zuvor ein Kind vergewaltigt und getötet hat. Nach
der Liebesnacht zeigt sie ihn an und heiratet einen Offizier, der sie
zur verwöhnten Dame macht, während Joseph, dessen Schuld nicht
erwiesen ist, Caféhausbesitzer wird.

Zum Film: Als Vorlage für diesen Film nahm Luis Buñuel eine Episode aus dem umfangreichen Roman von Octave Mirbeau. Jean Renoir hatte den gleichen Stoff 1945 in Amerika mit Paulette Goddard als Céléstine und Burgess Meredith als Joseph verfilmt – an der Unmöglichkeit eines Vergleiches läßt sich Buñuels Souveränität messen.

Von Anfang an merkt man, daß Céléstine aus dem gleichen Holz geschnitzt ist wie die übrige Brut. Bei Buñuel sind die Armen nicht besser als die Reichen: Die Berührung mit dem Bösen macht sie alle schlecht. Der Schluß des Films ist von einem seltsamen Symbolismus, wenn sich in groben Überblendungen der Zug der Rechtsextremisten in den Gassen entfernt und am Himmel düstere Wolken aufziehen und zuckendes Wetterleuchten erscheint: Eine Epoche geht zu Ende. Bosheit, Verbrechen, Abwegigkeit sind mit kühler Selbstverständlichkeit ins Bild gebracht. Buñuels Film ist nicht das sozialkritische Porträt einer Dienstbotin, der politische Hintergrund und das Historische sind nur Staffage, um die Ungebundenheit der Protagonisten zu verdeutlichen: Joseph jubelt am Ende mit der gleichen Selbstverständlichkeit den Rechtsradikalen zu, mit der er zu Anfang sozialistische Flugblätter verteilt hat.

1964

De l'amour – La calde pelle
De l'Amour
Frankreich/Italien
Regie:Jean Aurel. Drehbuch: Cécil Saint-Laurent, Jean Aurel, nach dem gleichnamigen Roman von Stendhal. Kamera: Edmond Richard. Schnitt: Agnes Guillemont, Geneviève Vaury. Musik: André Hodeir. Ausstattung: Eric Simon. Darsteller: Anna Karina (Helene), Elsa Martinelli (Mathilde), MICHEL PICCOLI (Raoul), Joanna Shimkus (Sophie), Philippe Avron (Serge), Bernard Garnier (Werther), Cecil Saint-Laurent (der Mann, der Stendhal liest), Isabelle Lunghini. Produktion: Pierre Braunberger für Films de la Pléiade/Cocinor/Marceau/Cinesecolo. Schwarzweiß. Länge: 84 Minuten.
EA: 26. 3. 65

Kritik: Uwe Nettelbeck in Filmkritik 5/65; Ev (ist Franz Everschor) in Filmdienst 14/65; A. W. in Filmbeobachter 117/65; Eugen Weltin in KStA, 13. 3. 65; -ger in Die Welt, 27. 3. 65; Günther Engels in KR, 27. 3. 65; ebenda: 10. 4. 85; Hans-Dieter Roos in SZ, 31. 3. 65.

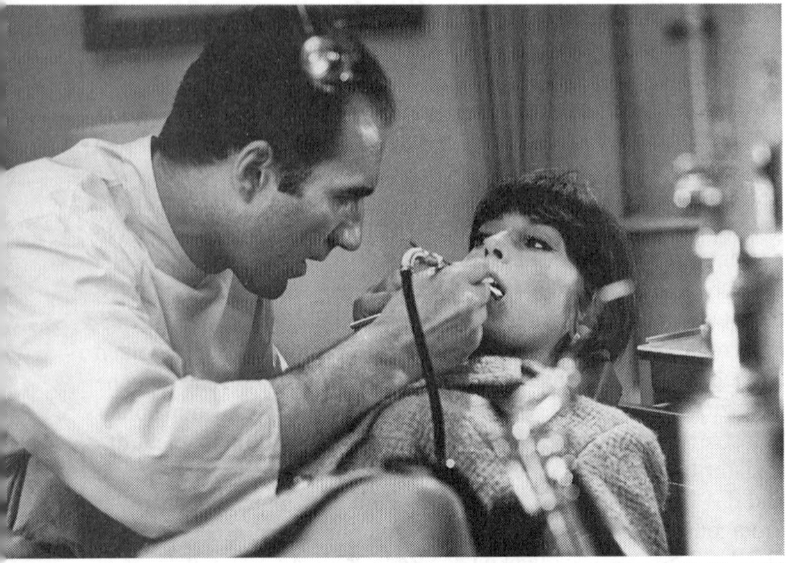

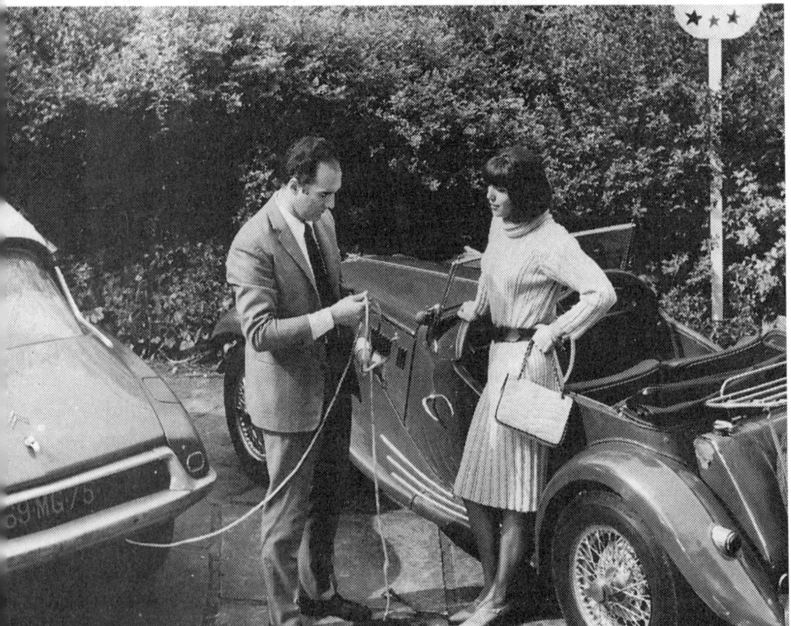

Piccoli mit… in Jean Aurels ›De l'amour‹.

Inhalt: »Im Sprechzimmer eines Zahnarztes, dessen Praxis freilich über die ›Zahn‹-Behandlung in engerem Wortsinn durchaus hinausgreift: Er stellt den ewigen Don Juan vor, der es versteht, mit Frauen umzugehen.«

Zum Film: »Ein schneller Flirt zwischen Philippe Avron und Anna Karina ... nach den Regeln des Boxsports kommentiert...
Michel Piccoli, dieser ausgezeichnete, viel zu wenig bekannte Schauspieler, spielt die Rolle des Raoul sehr lässig charmant, gleichsam immer mit einem kleinen Augenzwinkern. Ihm und seinen Partnerinnen, der reizvoll-ironischen Joanna Shimkus und der aggressiven Elsa Martinelli, verdankt der Film denn auch vor allem seine amüsante Unterhaltsamkeit... ein ganz und gar kulinarischer Film, nicht sehr schwerwiegend, aber gewiß auch niemandem schädlich. Ein hübscher Exkurs über das Vergnügen an der Liebe.« (Zitate: H. D. Roos)

La chance et l'amour
Schräger Charme und tolle Chancen
Frankreich
Episode: Lucky la chance
Regie/Drehbuchautor: Charles Bitch. Kamera: Alain Levent. Musik: Antoine Duhamel. Darsteller: MICHEL PICCOLI, Sofia Torkeli, Sophie Desmarets, Raffaela Carra.
Die anderen Episoden: Regie: Claude Berri, Bertrand Tavernier, Eric Schlumberger. Darsteller: Francis Blanche, Michel Auclair, Stefania Sandrelli, Hubert Deschamps, Bernard Blier, Jacques Perrier.
Produktion: Rom-Paris Films/Mondiale. Länge: 97 Minuten.
BRD: 30. 10. 1964

Kritik: M.G. (ist Wilhelm Mogge) in Filmdienst 47/64

Inhalt: Ein Journalist beteiligt sich unter dem Namen seiner Freundin an einem Preisausschreiben seines Verlages und gewinnt prompt den 1. Preis. Mit Hilfe der Chefredakteurin kommt er doch noch zu der Reise, die ihm eigentlich nicht zusteht.

Zum Film: Eine schwache Episode aus einem Episodenfilm, der unter dem Titel *La chance et la'amour* diverse Debütantenversuche ins Kino brachte. Kommentiert werden sie von Maurice Chevalier. Selbst für die Schauspieler brachte die Geschichtensammlung nicht viel: Michel Piccoli entledigt sich routiniert seiner Aufgabe.

Masquerade

Agenten lassen bitten

Großbritannien

Regie: Basil Dearden. Drehbuch: Michael Relph, William Goldman, nach dem Roman *Castle Minerva* von Victor Canning. Kamera: Otto Heller. Schnitt: John D. Guthridge. Musik: Philip Green. Ausstattung: Jack Stephens.

Darsteller: Cliff Robertson (David Frazer), Jack Hawkins (Colonel Drexel), Marisa Mell (Sophie), MICHEL PICCOLI (Sarrasin), Bill Fraser (Dunwoody), Christopher Witty ((Prinz Jamil), Tutte Lemkow (Paviot), Keith Pyott (Gustave), José Burgos (El Mono), Charles Gray (Benson), John Le Mesurier (Sir Robert), Roger Delgado (Achmed Ben Fa'id),Jerold Wells (Brindle),Felix Aylmer (Henrickson), Denis Bernard (König Achmed), Ernest Clark (Minister), David Nettheim (Fotograf), Anthony Singleton (sein Assistent), Norman Fisher (Bischof), Eric Blyth (General), James Mossman (er selbst).

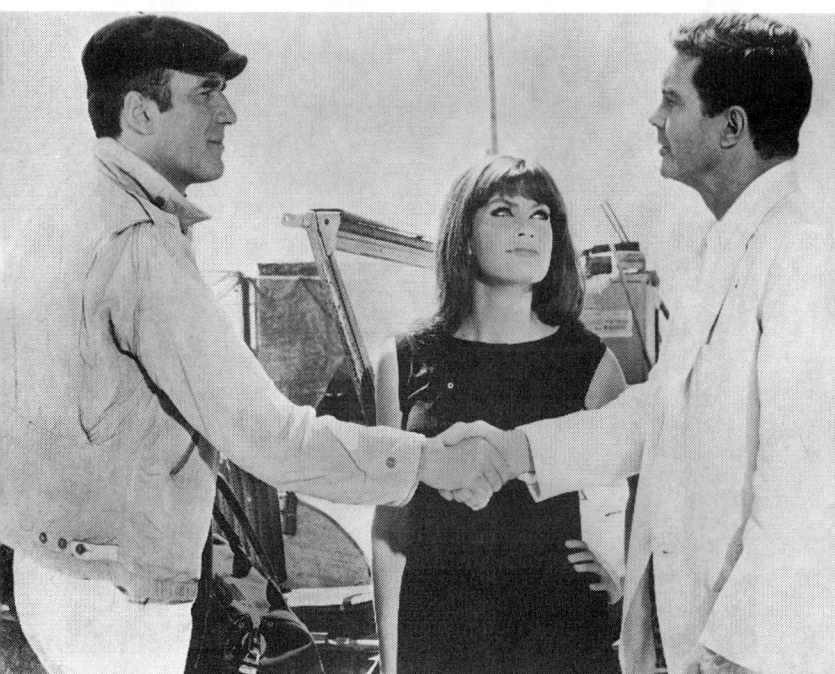

›Agenten lassen bitten‹ mit Piccoli, Marisa Mell und Cliff Robertson.

Produktion: Novus. Michael Relph & Basil Dearden. Eastmancolor.
Länge: 102 Minuten.
EA: 31. 8. 1965

Kritik: bsb in Filmdienst 37/1965; wo in Filmbeobachter 346/65

Inhalt: In einem Land wie aus Tausendundeinernacht wird der kleine
Thronfolger vom englischen Geheimdienst entführt. Doch an dem

*Piccoli mit Keith Pyott, José Burgos, Jack Hawkins in ›Agenten lassen
bitten‹.*

Deal der Briten sind auch die Amerikaner beteiligt, ohne die auch in Europa nichts läuft. Es geht nicht um Krieg oder Macht, sondern ganz einfach ums Öl: Der Onkel, der die Amtsgeschäfte des minderjährigen Regenten führt, hat der »Intermedium Oil Company« die Konzession aufgekündigt, sein Schützling allerdings ist da ganz anderer Meinung. So können die Briten vorgeben, moralisch zu handeln, schützen sie doch den Prinzen vor seinen eigenen Verwandten. Colonel Drexel hat ebenfalls für die Interessen seiner Auftraggeber nicht viel übrig, versucht aber, für sich selbst Kapital rauszuschlagen, während sein amerikanischer Kollege Frazer sich eine Weile solidarisch verhält. Doch nicht ganz: Er gerät in die Fänge der verführerischen Sophie, die von ihrem Gangsterfreund Sarrasin auf die Geheimagenten angesetzt wurde.

Zum Film: Diesen Sarrasin spielt Michel Piccoli sehr geschäftstüchtig, undurchsichtig und kühl.

Marie Soleil
Frankreich
Regie/Drehbuch: Antoine Bourseiller. Regieassitent: Yves Boisset. Kamera: Claude Beausoleil. Schnitt: Sylvie Blane. Musik: Francis Seyrig. Ausstattung: Bernard Daydé. Darsteller: Danièle Delorme (Marie Soleil), MICHEL PICCOLI (Raoul), Jacques Charrier (Axel), Roger Blin (Kark), Chantal Darget (Kafka), Daine Levrier (Elise), Geneviève Brunet (Putzfrau), sowie Christian Barbier, Michel Hulard, Brigitte Bardot.
Produktion: De la Gueville. Schwarzweiß. Länge: 95 Minuten.
UA: März 1966

Inhalt: Eine Liebesgeschichte zwischen einem 25jährigen Mann und einer 35jährigen Frau. Er ist ein junger Ingenieur, sie ist bildschön und skrupellos, eine Reinkarnation des *Blauen Engel.* Danièle Delorme trägt das Kostüm und raucht die Zigarette wie Marlene Dietrich, doch trotz der Erinnerungen – die femme fatale gab es nur zu Zeiten von Opas Kino.

Zum Film: Danièle Delorme zeigt eine ganze Menge Talent, aber – abgesehen von einem flüchtigen Auftritt von Michel Piccoli – war sie auch die einzige wirkliche Schauspielerin in Bourseillers Film.

Café-tabac
Kurzfilm von Claude Guillemot.

Le coup de grâce

Frankreich/Kanada

Regie/Drehbuch: Jean Cayrol, Claude Durand. Kamera: J. M. Boussaguet. Musik: Jean Ferrat. Darsteller: Danielle Darrieux (Hélène), MICHEL PICCOLI (Capri/Bruno), Emmanuèlle Riva (Sophie), Jean-Jacques Legarde (Jean), Olivier Hussenot, Alain Saury.

Produktion: Sofracima, Soquema. Schwarzweiß. Länge: 90 Min.

UA: Mai 1965 (Privatvorführung)

Inhalt: Während der deutschen Besetzung Frankreichs hat Bruno, genannt Capri, viele Mitglieder der Resistance denunziert, unter anderem den Mann von Yolande. Zwanzig Jahre später kehrt Bruno nach einer Gesichtsoperation zurück. Nicht einmal Yolande erkennt ihn. Eines Tages aber identifiziert sie Capri doch auf einem Foto an seinen Augen. Capri wird gejagt und stirbt: Niedergemacht wie ein toller Hund findet man ihn auf einem Abfallhaufen.

Zum Film: Dieser Film ist eine Art *Der dritte Mann* auf französisch… Vielleicht soll das äußerst brutale Showdown gleichermaßen Verbrechen und Rache darstellen. Was den Film auszeichnet, ist eine hervorragende Besetzung.

1965

Lady L.

Lady L.

USA

Regie/Drehbuch: Peter Ustinov, nach dem gleichnamigen Roman von Romain Gary. Kamera: Henri Alekan. Schnitt: Roger Dwyre. Musik: Jean Francaix. Ausstattung: Jean d'Eaubonne, Auguste Capelier. Darsteller: Sophia Loren (Lady L.), Paul Newman (Armand), David Niven (Lord Lendale), Cecil Parker (Sir Percy), Jean Wiener (Krajewski), Claude Dauphin (Polizeiinspektor Mercier), MICHEL PICCOLI (Lecoeur), Philippe Noiret (Ambroise Gerome), Marcel Dalio (Satter), Peter Ustinov (Prinz Otto), Catherine Allégret (Pantoufle), Jacques Dufilho (Beala), Daniel Emilfork (Kobeleff), Eugene Deckers (Koenigstein), Tanya Lopert (Agneau), Jacques Dufilho (Beale), Hella Petri (Madame), Sacha Pitoeff (bombenwerfender Revolutionär), Arthur Howard (Butler), Joseph Dassin, Jean Rupert, Roger Trapp, Jacques Legras, Mario Feliciani, Dorothy Reynolds, Hazel Hughes, Jacques Ciron.

Produktion: Concordia/ Champion. Produzenten: Carlo Ponti, Peter Ustinov für MGM. Eastmancolor. Panavision. Länge: 124 Minuten bzw. 117 Minuten (BRD, später gekürzt auf 105 Minuten).
BRD: 17. 12. 1965. Frankreich: 22. 12. 1965

Kritik: Bas. in Filmdienst 2/1965

Inhalt: Eine alte Dame erzählt aus ihrem bewegten Leben, das vor der Kamera in schillernden Farben und prunkvollen Kostümen vorbei rauscht. Von der armen, kleinen Wäscherin, die unschuldig in einem Bordell aufwächst, über die große Liebe, zur Lady L., an der Seite eines reichen Lords.

Zum Film: Mit der Geschicklichkeit eines Handballprofis fängt Peter Ustinov selbst in der Rolle des Prinzen Otto die für ihn gedachte Bombe des Anarchisten Newman auf, doch die adlige Anarchistenbraut hatte das gefährliche Spielzeug vorsichtshalber schon entschärft. Der kuriose Politblödsinn ist leider so wenig explosiv wie die Bombenattrappe.

Peter Ustinov hat den Roman von Romain Gary harmlos heiter in turbulente, schöne Bilder umgesetzt und erweist sich dabei als ausgezeichneter Schauspielführer und Szenenarrangeur.

»Ich habe nur einmal bei *Lady L.* mit Piccoli gearbeitet, aber er ist ein äußerst angenehmer, liebenswerter Mensch, ein Schauspieler, der mit kleinen Nuancen und einer ungeheuren Präzision Wirkungen erzielt, die meist über das hinausgehen, was die Rolle an sich zu bieten hat.«
(Peter Ustinov, 1991)

Compartiment tueurs
Mord im Fahrpreis inbegriffen
Frankreich
Regie/Drehbuch: Constantin Costa-Gavras, nach einem Roman von Sébastien Japrisot Jean-Baptiste Rossi. Kamera: Jean Tournier. Schnitt: Christian Gaudin. Musik: Michel Magne. Ausstattung: Rino Mondelli. Darsteller: Simone Signoret (Eliane Darés), Yves Montand (Inspektor Grazziani), Pierre Mondy (Kommissar Tarquin), Catherine Allégret (Bambi), MICHEL PICCOLI (Cabourg), Jacques Perrin (Daniel), Pascale Roberts (Georgette Thomas), Jean-Louis Trintignant (Eric), Charles Denner (Bob), Claude Mann (Jean-Lou), Nadine Alari (Mme Rivolani), sowie Georges Géret, Daniel Gélin, Claude Dauphin, Françoise Arnoul, André Valmy, Jean Lefèbvre, Jean-Pierre

Périer, Tanya Lopert, Bernadette Lafont, Serge Rousseau, Paul Pavel, Albert Michel, Jenny Orléans, Marcel Bozzufi.
Produktion: Productions et Editions Cinématographiques francaise/Marianne, Produzent: Julien Derode. C. E. F. /Marianne. Schwarzweiß. Franscope. Länge: 92 Minuten.
UA: 17. 11. 1965 Paris. BRD: 2. 9. 1966

Kritik: Louis Chavet in Le Figaro, 18. 11. 65; André Paris in Le Soir Bruxelles, 2. 12. 65; he in FR 17. 9. 66; FNP, 17. 9. 66; K. H. (ist Klaus Hebecker) in KR, 9. 10. 66; Der Tagesspiegel, 9. 10. 66; Kurier, 9.. 10. 66; alpha in Der Bund, Bern 16. 10. 66; U. J. (ist Urs Jenny) in SZ, 16. 10. 69; HRB in FR, 14. 8. 76; Ev. (ist Franz Everschor) in Filmdienst 40/1966

Inhalt: Im Fernzug Marseilles – Paris wird eine Parfümvertreterin ermordet. Kein allzu schwieriger Fall, so hoffen Inspektor Grazziani

Piccoli in Costa Gavras ›Mord im Fahrpreis inbegriffen‹.

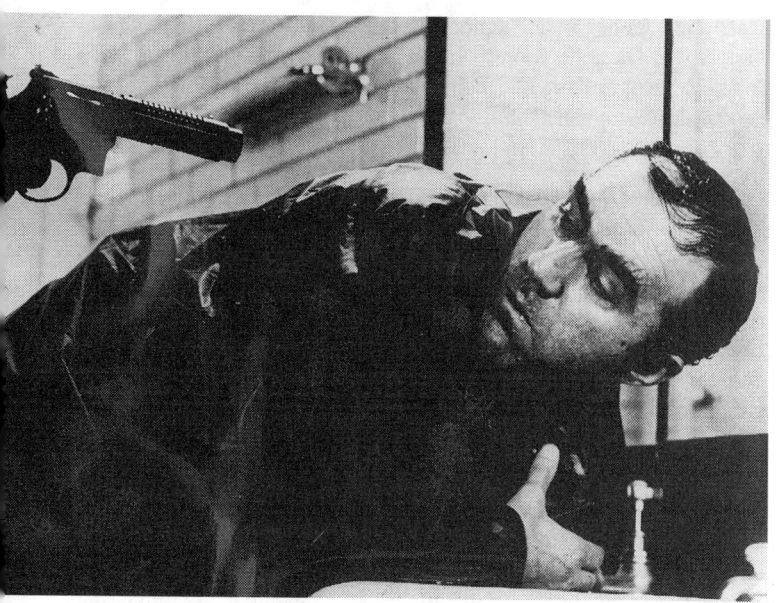

Piccoli in Costa Gavras ›Mord im Fahrpreis inbegriffen‹.

und sein Assistent Jean-Lou, die Eifersucht als Tatmotiv annehmen. Doch auf der Suche nach den übrigen Mitreisenden aus dem Abteil der Ermordeten erhalten sie ungewöhnliche Konkurrenz: den Mörder, der offenbar alle umbringen will, die mit dem Opfer im Abteil waren. Da sind das junge Pärchen – Bambi und der flüchtige Jesuitenzögling Daniel –, das Polizistentrio Tarquin, Grazziani und Garbet und der gefährliche Mörder, der immer wieder ein Opfer findet: erst die Parfümvertreterin im Schlafwagenabteil, dann den schüchternen Vertreter Cabourgh, die Schauspielerin Eliane und einen Chauffeur.

Zum Film: Michel Piccoli spielt in dem spannend und logisch konstruierten Regie-Debüt von Costa-Gavras den schüchternen Handelsvertreter. Hervorragend inszeniert und gespielt.

Les ruses du diable
Die Teufelstränke
Frankreich
Regie: Paul Vecchiali. Drehbuch: Paul Vecchiali, Denis Epstein. Kamera: Georges Lendi. Musik: Louis Bessière.

Darsteller: Geneviève Thenier (Ginette), Jean-Claude Drouot (Daniel), sowie Danielle Ajoret, Nicole Courcel, MICHEL PICCOLI, Marc Johannès, Roger Blin, Germaine de France.
Produktion: Stephane Films.

Kritik: Enno Patalas in Filmkritik 11/66

Inhalt: »Eines Tages bekommt Ginette, die in einem kleinen Pariser Modesalon arbeitet, einen Hundert-Franc-Schein zugeschickt – sie ahnt nicht, von wem. Das wiederholt sich am folgenden Tag und an vielen weiteren. Ginettes Midinettenphantasie beginnt zu arbeiten und produziert alle möglichen Vermutungen, denen sie nachgeht. Etwa, wie wenn ihr Vater gar nicht ihr Vater wäre und sie von dem Schloßherrn in dem heimatlichen Nest abstammte? Ginette hat vergnügliche und befremdliche Erlebnisse, erhält aber keine Aufklärung.«

Zum Film: »Der erste Spielfilm des einstigen Kritikers und Kurzfilmers gehört in die Nähe der Filme von Agnes Varda und Jacques Demy und der *Bonnes femmes* von Claude Chabrol. Er beschreibt ein Leben und eine Welt, der die Lüge zum Prinzip geworden ist. Die Schwierigkeiten, die der Film hatte, rühren daher, daß er ›Lüge‹ und ›Wirklichkeit‹ nicht trennt, weder einen schönen Schein als abgelöst von der Realität kultiviert, noch auch eine höhere Wahrheit ins Spiel bringt, sondern die Lüge als Wirklichkeit behandelt, sie fotografiert: ein Musical, wie von einem Leacock gefilmt.«
(beide Zitate: Enno Patalas)

Les Creatures
Die Geschöpfe
Frankreich/Schweden
Regie/Drehbuch: Agnes Varda. Kamera: Willy Kurant. Schnitt: Janine Verneau. Musik: Pierre Barbaud, gespielt vom Ensemble Instrumental Contemporain de Paris unter Leitung von Konstantin Simonovitsch; Solist: Jean-Claude Bernede. Ausstattung: Claude Pignot.
Darsteller: Catherine Deneuve (Milène), MICHEL PICCOLI (Edgar), Eva Dahlbeck (Michèle Quellec), Britta Pettersson (Lucie de Montyon), Marie-France Mignal (Viviane Quellec), Ursula Kubler (die Vellini), Jeanne Allard (Händlerin), Joëlle Gozzi (ihre Tochter Suzon), Bernard Lajarrige (Dr. Etienne Desteau), Lucien Bodard (M. Ducasse), Jacques Charrier (René de Montyon), Nino Castelnuovo (Elektriker Jean Modet), Louis Falavigna (Pierre Roland), Pierre

Danny (Max Picot), Roger Dax (Vater Quellec), Robert Ganachaud (Simon), Marie-Thérèse Gervier (Danny). Produktion: Parc/Madeleine/Sandrews.Franscope. Eastmancolor/Schwarzweiß. Länge: 91 Minuten.
BRD: 3. 3. 1967

Kritik: Enno Patalas + Frieda Grafe in Filmkritik 10/66 + 2/67 + 4/67ö P.F.G. (ist Peter F. Gallasch) in Filmdienst 25/67; A. W. in Filmbeobachter 226/67; Wilfried Reichert in KstA, 16. 6. 67.

Inhalt: Der Science-Fiction-Autor Edgar lebt mit seiner Frau Milène auf der Insel Noirmoutier. Milène hatte nach einem Autounfall einen Schock und kann seither nicht mehr sprechen. Während sie ein Kind erwartet, lebt sich Edgar immer mehr in seinen neuen Roman hinein. Er hat sich so sehr in die Welt seiner Fiktion begeben, daß er seine Umwelt als Reflektion des dichterischen Werkes erlebt.

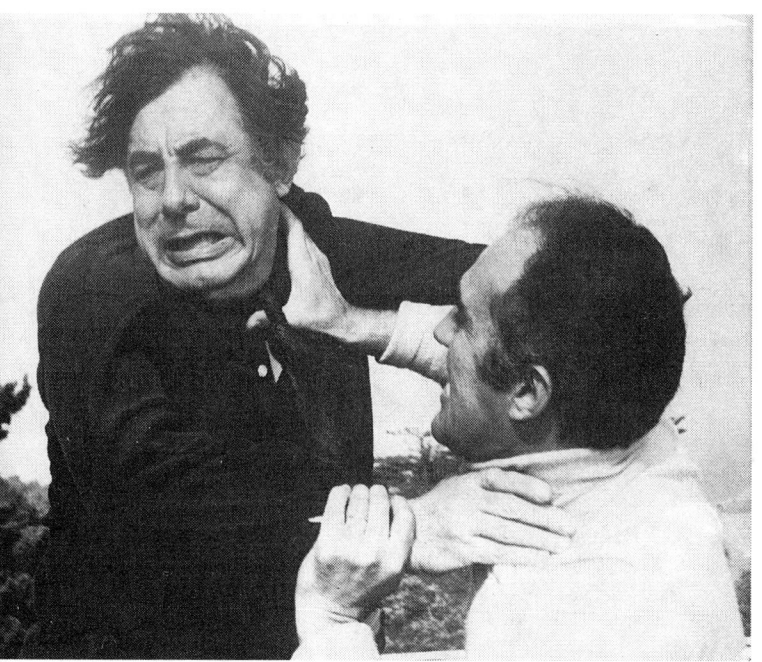

Piccoli mit Lucien Bodard in Agnes Vardas Film ›Les Creatures – Die Geschöpfe‹.

123

Zum Film: Für den Zuschauer bedeutet das Abenteuer und Verwirrung zugleich, denn er wird ständig mit dem Realen und Irrealen konfrontiert.

»Das ist die doppelte Geschichte von Agnes Vardas drittem Spielfilm: die Beziehungen zweier Menschen zueinander und die Entstehung eines Romans« (Wilfried Reichart)

Für Piccoli ist der Edgar eine sehr interessante Rolle: Edgar träumt sich in eine Story hinein, die ihn letzendlich enttäuscht, weil Realität und Fiktion sich nicht verbinden lassen. Er lebt in einer Hoffnung, die aber enttäuscht wird: er schlägt seine Traumwelt zu Bruch und die Realität ist stärker: ein Kind kommt zur Welt, Milène findet die Sprache wieder, das Leben geht weiter. Doch es ist kein Happy-end, sehr deutlich macht Agnes Varda das Ganze als naives Märchen kenntlich.

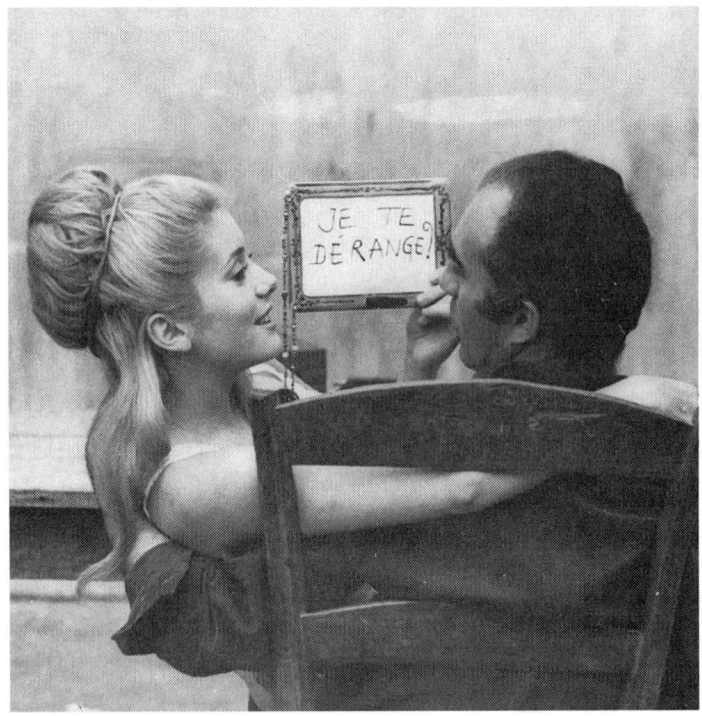

Piccoli mit Catherine Deneuve in Agnes Vardas ›Les Creatures – Die Geschöpfe‹.

Ein Roman steht zwischen Edgar/Piccoli und Milene/Deneuve.

La curée
Die Beute
Frankreich/Italien
Regie: Roger Vadim. Drehbuch: Jean Cau, Roger Vadim, Bernard Frechtman, nach dem gleichnamigen Roman von Emile Zola. Kamera: Claude Renoir. Schnitt: Victoria Mercanton. Musik: Jean-Pierre Boutayre, Jean Bouchety. Ausstattung: Jean André. Darsteller: Jane Fonda (Renée Saccard), MICHEL PICCOLI (Alexandre Saccard), Peter McEnery (Maxime Saccard), Tina Marquand (Anne Sernet), Jacques Monod (Mr. Sernet, Annes Vater), Simone Valère (Annes Mutter), Ham Chau Luong (chinesischer Lehrer), Germaine Montero (Gast), Howard Vernon (Rechtsanwalt), Douglas Read (Hotelchef).
Produktion: Mega/ Marceau/Cocinor. Panavison. Technicolor. Länge: 98 Minuten.
BRD: 12. 8. 1966

Piccoli mit Jane Fonda in Roger Vadims ›Die Beute‹.

Kritik: Frieda Grafe in Filmkritik 10/66; T. M. (ist Tom Milne) in MFB 8/67; USE in Filmdienst 6/66; Wilhelm Roth in KstA vom 10. 9. 66

Inhalt: Das unausgefüllte, eintönige Leben an der Seite des vielbeschäftigten, zynischen Manager-Ehemanns ändert sich für dessen hübsche junge Frau Renée, als Maxime, Alexandres Sohn aus erster Ehe, ins Haus des Vaters kommt. Aus der Freundschaft des gleichaltrigen Jungen zu ihr erwächst nach und nach eine leidenschaftliche Liebe.

Zum Film: Vadim verdichtet das in einer Folge sich steigernder Bildimpressionen, die allein durch optisch-musikalische Stilmittel eine starke poetische Stimmung schaffen, die den ganzen Film beherrscht.
Im zweiten Teil nimmt Alexandre, der – von der Reise zurückgekommen – per Zufall die Wahrheit erkennt, an seiner jungen Frau bittere Rache.

Michel Piccoli spielt den Part des Ehemanns mit kühler Noblesse, ein undurchsichtiger Zeitgenosse, der seine zynische Bitterkeit lange verbergen kann.

1966

La voleuse
Schornstein Nr. 4
Frankreich/BRD
Regie/Drehbuch: Jean Chapot, nach einer Originalidee von Alain Fatou und Jean Chapot. Dialoge: Marguerite Duras. Regieassistenz: Peter Fleischmann. Kamera: Jean Bernard Penzer. Schnitt: Gimette Boudet. Musik: Antoine Duhamel. Ausstattung: W. Schatz. Darstel-

Piccoli mit Peter McEnery in Roger Vadims ›Die Beute‹.

ler: Romy Schneider (Julia Kreuz), MICHEL PICCOLI (Werner Kreuz),
Hans Christian Blech (Kostrowitz), Sonja Schwarz (Frau Kostro-
witz), Mario Huth (der kleine Carlo).
Produktion: Claude Jäger,Chronos Films Procinex Paris – Hans
Oppenheimer Film Berlin.Produzent: Ulrich Pickardt. Franscope,
schwarzweiß. Länge: 90 Minuten.
BRD: 26. 8. 1966

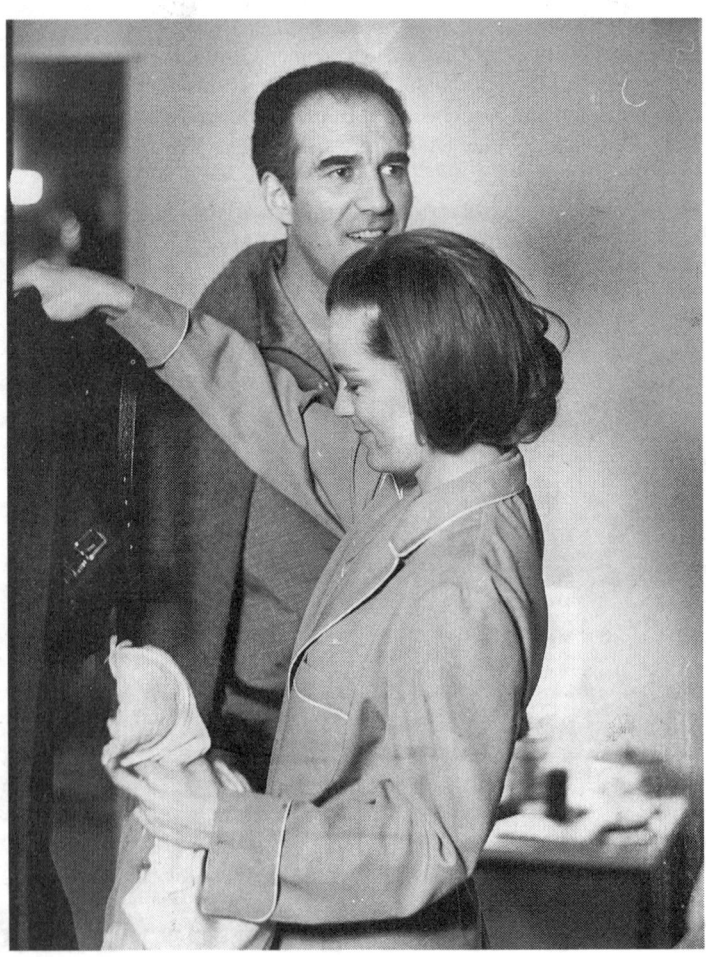

Piccoli mit Romy Schneider in ›Schornstein Nummer vier‹.

Piccoli mit Romy Schneider in ›Schornstein Nummer vier‹.

Kritik: W.B. (ist Wilhelm Bettecken) in Filmdienst 36/66; Armin Biergan in KR, 27. 8. 66; Helmuth de Haas in Die Welt, 29. 8. 66; K. K. (ist Karl Korn) in FAZ, 11. 11. 66; vt in KstA, 25. 2. 67

Inhalt: »Der Hubschrauber umschwirrt einen Schornstein, auf dessen Umlaufband ein Arbeiter das Heil seiner Familie in spektakulärer Erpressung sucht. Er will sich in den Fabrikhof stürzen, wenn er sein Pflegekind Carlo nicht bis sechs Uhr morgens zurückbekommt. Scheinwerfer umstreichen ihn, das Fernsehen berichtet stündlich, die Öffentlichkeit ist parteiisches Publikum im Zweikampf, der mit dem Paukenschlag dieser Selbstmorddrohung auf den Höhepunkt gejagt wird.« (Helmuth de Haas)

Zum Film: Kaum ein Film wurde von der Kritik so widersprüchlich aufgenommen wie diese Ruhrgebietsgeschichte eines Franzosen. Romy Schneider in der tragischen Mutterrolle wurde überall gelobt (getadelt allerdings die fremde Synchronstimme!), nicht so die Dialoge der Marguerite Duras, die Karl Korn als vorzüglich bezeichnete, die meisten anderen Kritiker aber negativ beurteilten. Karl Korn gefällt »wie Michel Piccoli den älteren, reiferen zwischen erotischer Bindung und Abscheu hin- und hergerissenen Mann mit diskreten Mitteln spielt«, für Helmuth de Haas bringt er »Befremdung mit«, für den Kölner Stadtanzeiger »spielt (er) geradezu gegen seinen Typ«, und Armin Biergan meint, er könne sich »noch so sehr anstrengen, eine Tragödie wird nicht daraus«.

La guerre est finie
Der Krieg ist vorbei
Frankreich/Schweden
Regie: Alain Resnais. Drehbuch und Dialoge: Jorge Semprun. Kamera: Sacha Vierny. Schnitt: Eric Olner. Musik: Giovanni Fusco. Ausstattung: Jacques Saulniers.
Darsteller: Yves Montand (Diego), Ingrid Thulin (Marianne, seine Geliebte), Geneviève Bujold (Nadine, eine junge Terroristin), Jean Bouise (Ramon), Jean Dasté (der Verantwortliche), Anouk Ferjac (Mme Jude), Paul Crauchet (Roberto), MICHEL PICCOLI (Zollinspektor), sowie Jean-Pierre Kerien, Dominique Rozan, Jean-François Rémi, Marie Mergey, Jacques Wallet, Roland Monod, Bernard Fresson, Antoine Bourseiller, Claire Duhamel, Yvette Etiévant, Catherine de Seynes, Jacques Rispal, Roger Pelletier.
Produktion: Sofracima, Paris/Europa Films, Stockholm. Schwarzweiß. Länge: 121 Minuten.
UA: 11. 5. 1966 Paris. BRD: 17. 3. 1967.

Kritik: Ulrich Gregor + Theodor Kotulla in Filmkritik 7/66 + 3/67; ejW (ist E. J. Wettstein) in Filmdienst 13/67; A. W. in Filmbeobachter 110/67; Der Spiegel, 3. 4. 67; Rolf Wiest in KstA, 16. 6. 67 + hcb (ist Hans Christoph Blumenberg), 9. 11. 79; Sigrid Schmitt in AN, 16. 6. 67; Frieda Grafe in Die Zeit, 3. 3. 67; Jörg Federspiel in Die Weltwoche, 3. 2. 67; Karl Korn in FAZ, 12. 6. 67, Peter H. Schröder in Die Welt, 11. 6. 66.

Inhalt: Um Heimat und Heimweh, um Leben und politische Isolation in der Fremde geht es in Resnais Film.

Zum Film: Yves Montand als tragische Figur, als exilierter Franco-Gegner, ein eigenwilliger, spröder und doch poetisch schöner Film aus der Frühzeit der Nouvelle vague.
Wie bei Buñuel spielt Piccoli auch bei Resnais eine kleine, filigrane Rolle: ein Zollinspektor.

Paris brûle-t-il?

Brennt Paris?
Frankreich/USA

Regie: René Clément. Drehbuch: Gore Vidal, Francis Ford Coppola, nach dem gleichnamigen Roman von Dominique Lapierre und Larry Collins. Dialoge: Marcel Moussy (französisch), Beate von Molo (deutsch). Regieassistenten: Yves Boisset, Michel Wyn. Kamera: Marcel Grignon, Jean Tournier. Schnitt: Denis Chardin, Robert Lawrence. Musik: Maurice Jarre. Second Unit-Regie: Andre Smagghe. Ausstattung: Willy Holt.

Darsteller: Charles Boyer (Doktor Monod), Leslie Caron (Françoise Labe), Jean-Paul Belmondo (Pierrelot/Morandat), Simone Signoret (Bistro-Chefin), Alain Delon (Chaban-Delmas), Marie Versini (Claire Morandat), Jean-Pierre Cassel (Lt. Karcher), George Chakiris (G. I.), Bruno Cremer (Col. Rol), Claude Dauphin (Col. Lebel), Kirk Douglas (General Patton), Pierre Dux (Cerat/Parodi), Glenn Ford

Regisseur René Clement (links vorne) am Set des Invasions-Epos ›Brennt Paris?‹.

Die Prefecture ist gefallen. Piccoli spielt eine kleine Rolle in dem Clements oberflächlich epischem Kriegsfilm.

(General Bradley), Billy Frick (Hitler), Gert Froebe (General von Choltitz), Daniel Gélin (Yves Bayet), Georges Géret (Bäcker), Joachim Hansen (Gefängniskommandant), Roger Lumont (G. I.), Felix Marten (Landrieux), Hannes Messemer (General Jodl), Harry Meyen (Von Arnim), Yves Montand (Serg. Bizien), Anthony Perkins (Serg. Warren), MICHEL PICCOLI (Edgard Pisani), Sacha Pitoeff (Joliot-Curie), Wolfgang Preiss (Ebernach), Albert Remy (Gendarm), Claude Rich (General Leclerc), Robert Stack (General Silbert), Jean-Louis Trintignant (Serge), Pierre Vaneck (Gallois), Skip Ward (G. I.), Orson Welles (Nordling), sowie Bernard Fresson, Michel Etcheverry, Otto Stern.

Produktion: Marianne Films, Paris/Transcontinental Films, USA/Paramount, USA. Produzent: Paul Graetz. Panavision. Schwarzweiß. Länge: 176 Minuten (BRD: 168 Minuten).

UA: 13. 10. 1966 Paris. BRD: 28. 10. 1966

Kritik: Peter W. Jansen in Filmkritik 12/66; lz in Filmdienst 46/66.

Inhalt: Der Kampf um Paris im August 1944. Der deutsche Stadtkommandant von Choltitz widersetzt sich dem Hitler-Befehl, die Stadt zu zerstören.

Zum Film: Außer einem guten Dutzend internationaler Stars haben Produzent Paul Graetz und Regisseur René Clement in Frankreich alles aufgeboten, was in Fernsehen, Film und Theater einen Namen hat. Auch Michel Piccoli spielt eine kleine Rolle. Doch leider war das anspruchsvolle Projekt, die Erinnerung an die Rettung der französischen Metropole nur Vorwand für einen oberflächlichen drei-Stunden-Action-Film , obwohl neben Gore Vidal auch Francis Ford Coppola Co-Autor war.

Les Demoiselles de Rochefort
Die Mädchen von Rochefort
Frankreich
Regie/Drehbuch: Jacques Demy. 2nd Unit Regie: Charles Chieusse. Regieassistenten: Michel Romanoff, Alain Franchet, Jacques Barratier, Claude Miller, Bernard Gilson. Kamera: Ghislain Cloquet. Spezialeffekte: Louis Seuret. Schnitt: Jean Hamon. Musik: Michel Legrand. Choreographie: Norman Maen. Ausstattung: Bernard Evain.
Darsteller: Catherine Deneuve (Delphine Garnier), Françoise Dorléac (Solange Garnier), Danielle Darrieux (Madame Yvonne), Georges Chakiris (Etienne), Gene Kelly (Andy Miller), MICHEL PICCOLI (Simon Dame), Jacques Perrin (Maxence), Grover Dale (Bill), Henri Crémieux (Dutrouz), Jacques Riberolles (Guillaume Lancien), Geneviève Thénier (Josette), Pamela Hart (Judith), Leslie North (Esther), Patrick Jeanet (Boubou), René Bazart (Pépé), Dorothé Blanck (Passantin), Agnès Varda (Nonne), Daniel Mocquay (Seemann), Bernard Fradet (2. Agent), Véronique Duval (eine Frau), Jacques Barratier (2. Mann), Daniel Gall (2. Seemann), Rémy Brozek (3. Agent), Pierre Caden (1. Mann), Alain Franchet (1. Agent), Pierre Durussy (Fabrikant). Tänzer: Peter Ardran, Sarah Butler, Jane Darling, Lindsay Dolan, Keith Drummond, Taira Fernando, Johnny Greenland, David Hepburn, Alix Kirsta.
Produktion: Parc Film – Madeleine Films/Comacico. Produzenten: Mag Bodard, Gilbert de Goldschmidt. Franscope 70 m/m. Eastmancolor. Länge: 126 Minuten.

Choreographie, Tanz und Musik – Piccoli hier im Mittelpunkt neben
Catherine Deneuve (links) und Gene Kelly/Françoise Dorleac (rechts).

UA: 8. 3. 1967. BRD: 1. 9. 1970
Preis: Prix Max Ophuls 1967

Kritik: MFB 8/67; ejW (ist Edgar J. Wettstein) in Filmdienst 1970/16911

Inhalt: »Der Traum zweier hübscher Zwillingsschwestern von der großen Liebe. Nach den *Regenschirmen von Cherbourg* der zweite Versuch einer französischen Variante des filmischen Musicals.«

Zum Film: »Ein kleiner Liebesreigen, locker verbunden durch den Schauplatz und die Personen, gibt Demy die Anlässe für Farbspielereien, musikalische Figuren und tänzerische Rhythmen, die unter seiner Hand zu Stimmungen verschmelzen... Durch die dünne pastellfarbene Oberfläche hindurch wird bisweilen spürbar, wie gering die Substanz ist, über der Demy seinen Illusionszauber entfaltet.«
(Beide Zitate: E. J. Wettstein).

Un homme de trop – Il 13. uomo
Ein Mann zuviel
Frankreich/Italien
Regie/Drehbuch: Constantin Costa-Gavras, nach dem Roman *Un homme de trop* von Jean-Pierre Chabrol. Kamera: Jean Tournier. Schnitt: Christian Gaudin. Musik: Michel Magne. Ausstattung: Maurice Colasson.
Darsteller: Charles Vanel (Passevin), Jean-Claude Brialy (Jean), Grard Blain (Thomas), MICHEL PICCOLI (der Mann zuviel), Bruno Cremer (Cazal), François Pérrier (Moujon), Françoise Pavy (Suzanne), Claude Brasseur (Groubac), Paolo Fratini (Philippe), Claude Brosset (Ouf), Jacques Perrin (Kerk), Pierre Clementi (Lucien), Michel Creton (Solin), Nino Segurini (Paco), Med Hondo (Lecocq), Julie Dassin (Mädchen), sowie Marc Porel, Patrick Préjean.
Produktion: Terra/Artistes Associes /Montero Sol. Techniscope. Technicolor. Länge: 115 Minuten.
EA: 24. 11. 1967.

Kritik: Jean de Baroncelli in Le Monde; André Paris in Le Soir Bruxelles; P.F.G. (ist Peter F. Gallasch) in Filmdienst 50/1967; WR (ist Wilhelm Roth) in SZ, 1. 12. 67; K. H. (ist Klaus Hellwig) in FR, 15. 12. 67; hmn in StZ, 15. 12. 67; hü (ist Maria Hüllenkremer in AN,

135

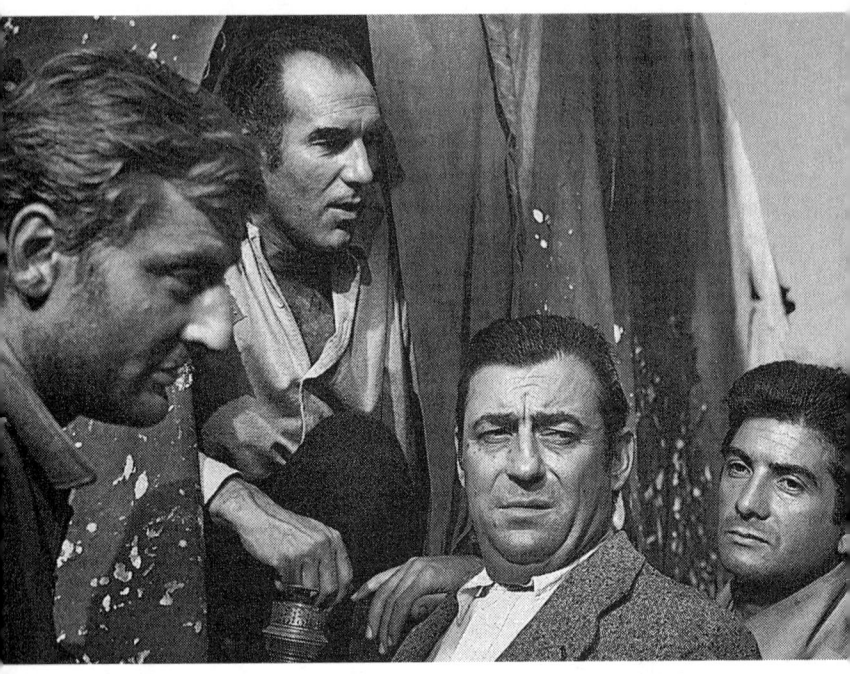

Piccoli mit Bruno Cremer, François Perrier, Jean Claude Brialy in Costa Gavras ›Ein Mann zuviel‹.

17. 12. 67; JEK in Salzburger Nachrichten, 17. 2. 1968; A. D. Budde in Die andere Zeitung, 16. 12. 67.

Inhalt: Zuerst erleben wir die tollkühne Befreiung von zwölf zum Tode verurteilten Anhänger des Marquis. Während der Flucht aber stellt man zur großen Überraschung fest, daß sich unter den Geretteten ein völlig unbekannter Dreizehnter befindet. Seine bloße Gegenwart und die Ungewißheit, ob es sich um einen Spion oder zum Verräter geneigten Kriminellen handelt, droht die moralische und kämpferische Einheit der zur Ausrottung des Feindes Verschworenen zu unterminieren.

Zum Film: »Michel Piccoli, der Mann zuviel, weiß die Rätselhaftigkeit seiner Gestalt überzeugend wiederzugeben.« (Maria Hüllenkremer)

»Viele westliche Widerstandsfilme... waren billigster Kintop. In diesem Film... geht es um weitaus mehr... eine komplizierte militä-

136

Piccoli in Costa Gavras ›Ein Mann zuviel‹.

rische Operation der französischen Résistance gegen die SS… den aufopferungsvollen Kampf jedes einzelnen Mitglieds dieser Gruppen, die Problematik ihres Tuns und die vielfältigen Konflikte, mit denen sie konfrontiert wurden. Die Dialoge um die Problematik der Gewalt und die Berechtigung und Pflicht gewaltsamen Widerstandes sind in diesem Film niemals oberflächlich.« (H. D. Budde)
»Schon die erste Sequenz enthüllt die Methode des Films, Ungereimtheiten in der Handlung und in der Psychologie der Personen durch eine äußerst bewegliche Kameraarbeit und eine spannungssteigernde Schnittechnik zu überspielen. Das Ergebnis ist recht zwiespältig.« (Wilhelm Roth)

Mon amour, mon amour
Frankreich
Regie/Drehbuch: Nadine Trintignant. Kamera: Willy Kurant. Musik: Francis Lai.

137

Darsteller: Valérie Lagrange (Agathe), Jean-Louis Trintignant (Vincent), sowie Annie Fargue, Tina Marquand, MICHEL PICCOLI, Jean-Pierre Kalfon, Jacques Prévert (als Gast).
Produktion: Les Films Marceau Cocinor/Les Films la Boetie. Eastmancolor.

Kritik: Filmkritik 6/67 (Klaus Hellwig).

Inhalt: »Jean-Louis Trintignant spielt in dem Film seiner Frau Nadine den Architekten Vincent, der sich in Nizza in das Mädchen Agathe verliebt. Agathe erwartet ein Kind und bangt um den Bestand der schwerelosen Liebe. Deshalb erfährt Vincent nichts von dem Baby, das es dann auch nicht gibt. Später trifft man sich erneut: die Liebe währet immerdar.«

Zum Film: »Die Ode an das positive Leben, die sich im Untertitel als *Un poéme d'amour* ausgibt, wurde von Willy Kurant in wohlgefälligen Modefarben und extremen Brennweiten fotografiert. Der Sinn der Regisseurin stand deutlich danach, alle Menschen, die diesen Film sehen werden, glücklich zu machen.« (Klaus Hellwig)

1966/1967

Belle de jour
Die Schöne des Tages
Frankreich/Italien
Regie: Luis Buñuel. Drehbuch: Luis Buñuel, Jean-Claude Carrière, nach dem gleichnamigen Roman von Joseph Kessel. Regieassistenten: Pierre Lary, Jacques Fraenkel. Kamera: Sacha Vierny. Schnitt: Louisette Hautecoeur, Walter Spohr. Ausstattung: Robert Clavel.
Darsteller: Catherine Deneuve (Séverine Serizy), Jean Sorel (Pierre Serizy), MICHEL PICCOLI (Henri Husson), Macha Méril (Renée Fevret), Pierre Clementi (Marcel), Geneviève Page (Madame Anais), Francisco Rabal (Hyppolite), Georges Marchal (Herzog), Françoise Fabian (Charlotte), Maria Latour (Mathilde), Francis Blanche (M. Adolphe), François Maistre (Professor), Bernard Fresson (der Pockennarbige), Muni (Pallas, Dienstmädchen), Dominique Dandrieux (Catherine), Brigitte Parmentier (Séverine als Kind), Iska Khan (asiatischer Kunde), Marcel Charvey (Professor Henri), Marc Eyraud (Barmann), Pierre Marcay (Doktor), Bernard Musson (Butler), Michel Charrel (Diener), D. de Roseville (Kutscher), Adélaide Blasquez (Dienstmädchen), sowie Claude Cerval, Luis Buñuel (trinkt Kaffee im Kurgarten).

Produktion: Paris-Film, Paris/Five Films, Rom. Eastmancolor, Breitwand. Länge: 100 Minuten.
UA: 24. 5. 1967 Paris. BRD: 15. 9. 1967

Kritik: Jean de Baroncelli in Le Monde, 28. 5. 67; Louis Chauvet in Le Figaro, 26. 5. 67; Georges Sadoul in Lettres Francais, 1. 6. 67; Louis Seguin/Robert Benayoun in Positif 87, 9/67; Marcel Martin in Cinéma 67, 118, 7/8. 67; J. A. D. (ist Jan Dawson) in MFB 12/67; Gordon Gow in Films and Filming, 15, 1, 10/68; Hans Stempel in Filmkritik 10/67 + Frieda Grafe 11/67; Leo Schönecker in Filmdienst 1967/15004; Der Spiegel 30/67; Peter H. Schröter in Die Welt, 10. 6. 67 + FR, 17. 6. 67; Karl Korn in FAZ, 7. 9. 67; Klaus Helbig in FR, 9. 9. 67; Wilhelm Roth in AN, 12. 9. 67; Enno Patalas in Konkret 10/67; Joachim von Mengershausen in FILM 67, 11; Michael Föster in WAZ, 16. 9. 67; Else Goelz in StZ, 16. 9. 67; Gisela Bartunek in

Piccoli mit Catherine Deneuve in Luis Buñuels ›Belle de jour‹.

KR, 7. 10. 67; Volker Baer in Der Tagesspiegel, 19. 11. 67; André Müller in DVZ, 13. 1. 68; Sigrid Schmitt in Recklinghäuser Zeitung 3. 4. 68; Hans Winge in Die Presse (Wien), 2. 3. 68; ms (ist Martin Schlappner) in NZZ, 2. 3. 68; vgn in Der Bund, Bern, 16. 3. 68.

Inhalt: Séverine führt ein Doppelleben. Die kühle Ehefrau des Chirurgen Pierre geht im Salon der Madame Anais einem zweifelhaften Gewerbe nach.

Zum Film: Luis Buñuel verfilmte einen Roman von Joseph Kessel, der ihn gerade wegen der Verlogenheit gereizt hatte. Aus der oberflächlichen Kolportage um Frigidität, Alpträume und Doppelleben machte er eine bissige Satire auf die bürgerliche Gesellschaft. Catherine Deneuve und Jean Sorel spielen das Ehepaar, während Michel Piccoli in der Rolle eines Freundes auftritt, der Séverine hinter die Schliche kommt.

Piccoli mit Catherine Deneuve in Luis Buñuels ›Schöne des Tages‹.

Piccoli und Mario Donen in Mario Bavas ›Gefahr: Diabolik‹.

1967

Danger: Diabolik
Gefahr: Diabolik
Italien/Frankreich
Regie: Mario Bava. Drehbuch: Dino Maiuri, Mario Bava, Brian
Degas, Adriano Baracco, Tudor Gates, nach den Comics von Angela
und Luciana Giussani. Regieassistent: Lamberto Bava. Kamera:
Antonio Rinaldi. Schnitt: Romana Fortini. Musik: Ennio Morricone.
Ausstattung: Flavio Mogherini.
Darsteller: Marisa Mell (Eva Kent), MICHEL PICCOLI (Inspektor
Ginko), John Philip Law (Diabolik), Adolfo Celi (Ralph Valmont),
Claudio Gora (Polizeichef), Caterina Boratto (Lady Clark), Giulio
Donnini (Dr. Vernier), Annie Gorassini (Rose), Renzo Palmer (Assi-
stent des Ministers), Mario Donen (Sergant Danek), Terry-Thomas
(Finanzminister), Edward Febo Kelleng (Sir Harold Clark), Andrea
Bosic (Bankmanager), Lucia Modugno (Prostituierte), Giorgio Gen-

141

nari (Rudi), Giorgio Sciolette (Doktor), Carlo Croccolo (Lastwagen-fahrer), Giuseppe Fazio (Tony), Linia Biondi (Polizistin), Wolfgang Hillinger (Valmonts Henker), sowie Isarco Ravaioli, Federico Boito, Tiberio Mitri.

Produktion: Dino de Laurentiis/Marianne. Scope. Technicolor. 103 Minuten. (Kurzfassung: 88 Minuten).

BRD: 25. 4. 1968

Kritik: Dietrich Kuhlbrodt in Filmkritik 6/68; MFB 2/69; A.P. (ist Alfred Paffenholz) in Filmdienst 19/68; erl in Filmbeobachter 208/68.

Inhalt: Die Story ist spannend, intelligent und nicht ohne Ironie: Aus der erfolgreichen Comic-strip-Figur hat Bava eine Kreuzung aus Robin Hood und Edelgangster gemacht, der gegen einen Verbrecher-könig alter Schule (Adolfo Celi) kämpft und von einem Kriminalin-spektor (Michel Piccoli) gejagt wird, der als einziger vernünftiger Mensch in einer dekadenten, degenerierten Gesellschaft lebt.

Zum Film: Der Lyriker des Horrorfilms, Mario Bava, hatte seinen ersten und einzigen Science-fiction-Film als Auftakt für eine Serie gedacht und gedreht, doch die kam dann nie zustande, obwohl der originelle Film kein Flop war.

Die geistige Dimension dieser Zukunftswelt bleibt Rahmen, die spannende Story wird durch keinen Gedankenballast überfrachtet. Die scheinbare Oberflächlichkeit darf jedoch nicht täuschen: Auch in diesem Genre hat der Regisseur des subtil hintergründigen Hor-ror-Films *Die Stunde, wenn Dracula kommt* seine klare Einschätzung der Welt zum Ausdruck gebracht.

Diabolik und seine Gefährtin Eva schweben als romantisches Lie-bespaar durch ihre synthetisch-kristallene und klinische Unterwelt mit rotierendem Liebeslager, kühlem Schwimmbad und allen tech-nischen Finessen, die so futuristisch nicht wirken. Den Menschen dieser Zeit hat der Fortschritt die Notwendigkeit zu denken abgenom-men; Diabolik kann sich ihnen gegenüber behaupten, weil er außer-halb bestimmter Denkschemata handelt. Inspektor Ginka hingegen ist deshalb am erfolgreichsten im Kampf gegen Diabolik, weil er sich nicht auf die Gehirne von Robotern verläßt.

So gesehen erweist sich Mario Bavas ironisches Zukunftsbild über die vordergründigen Spannungsreize hinweg als intellektuelles Ver-gnügen, und Michel Piccoli hat für die Rolle des Inspektor Ginka reichhaltige Möglichkeiten, seine Spielfreude auszuleben.

142

Benjamin ou les mémoires d'un puceau
Benjamin – Aus dem Tagebuch einer männlichen Jungfrau
Frankreich
Regie: Michel Deville. Drehbuch: Michel Deville, Nina Companeez.
Regieassistent: Jean Lefévre. Dialoge/Schnitt: Nina Companeez.
Kamera: Ghislain Cloquet. Musik: Boccherini,Haydn, Mozart, Ra-
meau, Jean Wiener. Ausstattung: Claude Pignol. Choreographie:
Reno Adipietro.
Darsteller: Michèle Morgan (Gräfin de Valandry), MICHEL PICCOLI
(Graf Philippe de Saint-Germain), Catherine Deneuve (Anne de
Boissy), Pierre Clementi (Benjamin), Francine Bergé (Marion), An-
na Gaël (Célestine), Odile Versois (Beraterin), Catherine Rouvel
(Victorine), Jacques Dufilho (Camille), Simone Bach (Madame La
Tour), Jean Lefévre (Azay), Madeleine Damien (alte Dame), Tania
Torrens (Mme de Chartres), Angelo Bardi (Basile), Sacha Briquet

Pierre Clementi, Michel Piccoli, Catherine Deneuve in ›Benjamin‹.

Catherine Deneuve, Michel Piccoli in ›Benjamin‹.

(Célestin), Brigitte Delfrance (Pascaline), Jacques Filh (Adrien), Danièle Gérard (Lisette), Cécile Vassort (Aline), René Bazart (M. de Plessis), Eve Cloquet (Fanchon), Lyne Chardonnet (Jacotte).
Produktion: Parc Films/Mag Bodard/Marianne. Eastmancolor. Länge: 104 Minuten.
UA: 20. 2. 1968 Paris. BRD: 13. 9. 1968
Prix Louis Delluc 1968.

Kritik: Jean-Louis Bory in Nouvelle Observateur Nr. 168; Peter W. Jansen in Filmkritik 4/68; MFB 2/69; A. P. (ist Alfred Paffenholz) in Filmdienst 40/1968

Inhalt: »Benjamin, wie Parzival absichtsvoll fern und fremd der Welt erzogen, lernt die Liebe kennen. Es ist eine éducation sentimentale: schöne, erfahrene Frauen, Gräfinnen und Dienerinnen, wollen seine

Lehrmeisterinnen sein, Mätressen im wahren Doppelsinn des Wortes aber der Puceau wird durch die Launen des Zufalls und immer wieder im letzten Augenblick aufgespart für eine Pucelle, der Knabe für die Jungfrau, die freilich entschlossen ist, den routinierten Baron zu heiraten, die prima nox aber Benjamin gewährt... « (Peter W. Jansen)

Zum Film: Da lacht, flirrt und hascht es durch den zartgrünen Wald, da kichern wohlgeformte Zofen, und hold werbend lockt die edle Dame den zarten Benjamin vom Pferd herab: Alle haben sich in ihn vergafft, jede von ihnen, ob Dame oder Dämlein, würde gerne die erste sein, ihn in der Kunst der Liebe einzuweisen. Stilvoll, in delikate Farben gehüllt, ein Nichts in Goldstaub gehüllt. Gefällige Unterhaltung.

1968

La chamade
Herzklopfen
Frankreich/Italien
Regie/Drehbuch: Alain Cavalier, nach einem Roman von Françoise Sagan. Kamera: Pierre L'hoMme Schnitt: Pierre Gillette. Musik: Le Roux. Ausstattung: Jacques Duigied.
Darsteller: Catherine Deneuve (Lucile), MICHEL PICCOLI (Charles), Roger van Hool (Antoine), Irène Tunc (Diane), Jacques Sereys (Johnny), Amidou (Etienne), Philippine Pascal (Clair), Monique Lejeune.
Produktion: Ariane/Artistes Associés/P. E. A. Länge: 102 Minuten.
BRD: 16. 3. 1969

Kritik: Klaus Bädekerl in Filmkritik 6/69; Filmdienst Jahrbuch

Inhalt: Lucile (Catherine Deneuve) ist die Geliebte des reifen Charles (Michel Piccoli), der sie mit Eleganz und großer Welt verwöhnt. Doch bald ist Lucile den goldenen Käfig leid, sie flieht mit dem armen, aber lieben und jungen Antoine, und der Knabe seinerseits sagt sich von der reifen, verheirateten Diane los. Lucile lernt nun den harten Lebenskampf kennen und muß arbeiten.Die Liebe versiegt, ihre alte Welt lockt und – natürlich kehrt sie am Ende zurück ins goldene Nest.

Zum Film: Edelschnulze nach Françoise Sagan, brillant gespielt und routiniert inszeniert.

La voie lactée
Die Milchstraße
Frankreich/Italien
Regie: Luis Buñuel. Drehbuch: Luis Buñuel, Jean-Claude Carrière.
Kamera: Christian Matras. Schnitt: Louisette Hautecoeur. Musik:
Luis Buñuel. Regieassistenten: Pierre Lary, Patrick Saglio. Ausstattung: Pierre Guffroy.
Darsteller: Laurent Terzieff (Jean), Pierre Frankeur (Pierre), Delphine Seyrig (Prostituierte), Edith Scob (Jungfrau Maria), Bernard Verley (Jesus), Georges Marchal (Jesuit), Jean Piat (ein Graf Jansenist), Jean-Claude Carrière (Priscillian), Julien Guiomar (spanischer Priester), Marcel Pérès (der Posadero), MICHEL PICCOLI (Marquis de Sade), Alain Cuny (Mann mit Umhang), Pierre Clementi (Todesengel), Michel Etcheverry (Präsident-Richter-Inquisitor), Julien Bertheau (M. Richard, Oberkellner), François Maistre (französischer Priester), Claudio Brook (Bischof), Claude Cerval (Brigadier im Autobahnrestaurant), Denis Manuel (Rodolphe, protestantischer Student), Daniel Pilon (François, sein Freund), Ellen Bahl (Mme Garnier), Augusta Carrière (Schwester Françoise), Agnès Capri (Schulleiterin), Muni (Oberin), Jean-Daniel Ehrmann (Verdammter), Pierre Lary (junger Mönch), Bernard Musson (Barmann), Michel Daquin (M. Garnier), Gabriel Gobin (Vater), Pierre Maguélon (Corporal der Civil Garde), Marius Laurey (Blinder), Jean Clarieux (Apostel Peter), Christian Van Cau (Apostel Andrew), Claudine Berg (Mutter), Christine Simon (Thérèse).
Produktion: Greenwich Film Production S. A., Paris/Medusa, Fraia Film, Rom. Produzent: Serge Silberman. Eastmancolor. Länge: 101 Minuten.
UA: 15. 3. 1969 Paris. EA: 6. 10. 1970

Kritik: Jean Louis Bory in Nouvel Oservateur, 10. 3. 69; Jean de Baroncelli in Le Monde, 17. 3. 69; Louis Chauvet in Le Figaro, 16. 3. 69; Günther Metken in FAZ, 12. 4. 69; François Chevassu in La Revue de Cinéma; Imgae et Son 228, Mai 69; Marcel Martin in Cinéma 69, 136, Mai 69; Louis Seguin in Positif 106, 6/69; Ian Leslie Christie in MFB 431, 12/69; Derek Malcolm in Sight and Sound 39,1, Winter 69/70; Frieda Grafe in Filmkritik 8/69; Time Magazin, 28.11. 69; Joseph Morgenstern in Newsweek, 28. 11. 69; ejW (ist Edgar J. Wettstein) in Filmdienst 70/16397; Klaus Hellbig in FR, 5. 4. 69; Der Spiegel, 7. 4. 69, 15; Günter Metken in FAZ, 12. 4. 69;

ms (ist Martin Schlappner) in NZZ, 26. 4. 69; Peter H. Schröder in Die Welt, 5. 5. 1969; Alf Brustellin in FILM 69, 8; WoS (ist Wolfram Schütte) in FR, 6. 10. 70; HRB in SZ, 6. 10. 70; WW (ist Wilfried Wiegand) in FAZ, 8. 10. 70; Siegfried Schober in SZ 8. 10. 70; Alf Brustellin in SZ 4. 10. 1971; Time Magazin, 28. 11. 69; Wolfgang Limmer in tv heute (ehemals FILM), 30. 10. 71; Wolf Donner in Die Zeit, 7. 1. 70; Armin Halstenberg in KstA, 8. 1. 72; Günther Engels in KR, 8. 1. 72; hcb (ist Hans Christoph Blumenberg) in KstA, 4. 4. 1973

UA: 15.3.1969 Paris. EA: 6.10.1970.

Inhalt: Zwei Männer, zerlumpte Wegelagerer, pilgern zu einem Wallfahrtsort in Spanien. Buñuel macht aus dieser Reise eine Fahrt durch die Jahrhunderte: christliche Fanatiker treten auf, die Inquisition tut ihre blutige Arbeit. Von mittelalterlichen Folterkammern über biblische Szenen bis zu einer Autobahn der Gegenwart, wo Christus als stigmatisierter Knabe auftritt, überall findet Buñuel durchschaubare Assoziationen.

Zum Film: Unmenschliches im Zeichen des Kreuzes. Unverbindliche Bekenntnisse zu Gott, Christentum und Katholizismus sind angeklagt. Antworten sie auf die Armut und das Unwissen mit Härte oder Barmherzigkeit?
Eine ganz kurze Episode mit Michel Piccoli als zynischem Marquis de Sade. Es geht um die Existenz Gottes: »Es gibt keinen Gott, alle Religionen gehen von einem falschen Prinzip aus!« sagt der Marquis zu dem von ihm geschundenen Mädchen Thérèse, das an einen Gott und Schöpfer glaubt.

Dillinger est mort
Dillinger ist tot
Italien
Regie: Marco Ferreri. Drehbuch: Marco Ferreri, Sergio Bazzini. Kamera: Mario Vulpiani. Schnitt: Mirella Mencio. Musik: Thoo Usuelli. Ausstattung: Nicola Tamburro.
Darsteller: MICHEL PICCOLI (Glauco), Anita Pallenberg (seine Frau), Annie Girardot (das Dienstmädchen), sowie Carlo Petrilli, Carole André, Adriano Apra, Mario Jannilli, Gigi Lavagetto.
Produktion: Alfred Levy, Ever Haggiag für Pegaso. Eastmancolor.
Länge: 95 Minuten.
BRD: 1.1. 1972 (West 3)

Eine Zeitungsmeldung, eine Pistole und das Spiel mit dem Zufall. Michel Piccoli in ›Dillinger ist tot‹ von Marco Ferreri.

Kritik: Filmdienst 1968; Jean de Baroncelli in Le Monde, 28. 3. 69; Marcel Vermeulen in Le Soir Bruxelles, 4. 4. 69; HRB in FR, 19. 1. 73; wor in SZ, 14. 10. 76

Inhalt: Am Ende eines Arbeitstages geht der Industriedesigner Glau-

co nach Hause zu seiner kranken Frau. Während er sein Abendessen zubereitet, entdeckt er einen Revolver, in eine alte Zeitung eingewickelt, in der der Tod des amerikanischen Gangsters John Dillinger angezeigt wird. Glauco ißt, denkt zurück an seine Spanienreise, ist immer mehr von der Waffe fasziniert. Er reinigt sie, malt sie mit roter Farbe und weißen Punkten an, schläft mit dem Dienstmädchen, erschießt seine Frau und am nächsten Morgen verläßt er mit Koffern

Essen, Spielen, Nachdenken über die Zukunft – vor der Entscheidung –
Michel Piccoli in ›Dillinger ist tot‹.

das bürgerliche Haus, tauscht es gegen eine Segeljacht ein, mit der
er nach Tahiti abreist.

Zum Film: Nicht nur die Tatsache, daß dieser Film von Marco Ferreri
formal und inhaltlich frappiert: Michel Piccoli als Glauco gibt eine
reife Charakterdarstellung ab, macht die innere Logik eines völlig
aberwitzigen Handelns deutlich. In der Selbstverständlichkeit des
Tuns sehe ich übrigens eine Parallele zu Peter Handkes *Die Angst des
Tormanns beim Elfmeter.*

Topaz
Topas
Großbritannien
Regie: Alfred Hitchcock. Drehbuch: Samuel Taylor, nach dem
gleichnamigen Roman von Léon Uris. Regieassistenten: Douglas
Green, James Westman. Kamera: Jack Hildyard. Schnitt: William H.

Ziegler. Spezialeffekte: Albert Whitlock. Musik: Maurice Jarre. Ausstattung: John Austin, Alexis Golitzen, Henri Bumstead. Darsteller: John Vernon (Rico Parra), Frederick Stafford (André Dévereaux), Dany Robin (Nicole Dévereaux), Karin Dor (Juanita de Cordoba), MICHEL PICCOLI (Jacques Granville), Philippe Noiret (Henri Jarré), Claude Jade (Michèle Picard), John Forsythe (Michaël Nordstrom), Roscoe Lee Browne (Philippe Dubois), Michel Subor (François

Dany Robin und Michel Piccoli in Hitchcocks ›Topas‹.

Picard), Per-Axel Arosenius (Boris Kusenov), Sonja Kolthoff (Mme Kusenov), Edmond Ryan (McKittrick), Don Randolph (Luis Uribe), Carlos Rivas (Hernandez), Tina Hedstrom (Tamara Kusenov), John Roper (Thomas), Rita Conde (Dolores), Anna Navarro (Carlotta Mendoza), Sandor Szabo (Agent), Roberto Contreras (Munoz), George Skaff (René d'Arcy), Lew Brown (Regierungsangestellter), John van Dreelen (Claude Martin), Roger Till (Chabrier).
Produzent: Alfred Hitchcock für Universal. Co-Produzent: Herbert Coleman. Technicolor. Länge: 125 Minuten.
UA: 1969. BRD: 1. 1. 1970

Kritik: Jürgen Ebert in Filmkritik 1/70; Wim Wenders/Enno Patalas/Klaus Bädekerl in Filmkritik 4/70; Enno Patalas in 5/70 + 8/70; MFB 12/69; ejW (ist E. J. Wettstein) in Filmdienst 50/70

Inhalt: Ein sowjetischer Offizier ist mit Frau und Kind bei einem Besuch in Kopenhagen geflohen. Er packt Informationen aus, aber die sind dem Abwehrdienst zu geringfügig. So setzt man den französischen Abwehrmann Dévereaux auf den Kubaner Ricco Para an. Dévereaux wird dank seiner intimen Beziehung zu Paras Lebensgefährtin Juanita fündig, als er selbst ins Reich des Fidel Castro geht.

Zum Film: Was dann passiert ist durchwegs spannend und von hintergründigem Humor. Über Klischees wie die glutäugige Juanita Karin Dors und die Hampelmänner um Castro muß man allerdings hinwegsehen. Piccoli und Noiret spielen im kurzen Pariser Teil des Films sehr präzise, kleine, strategisch wichtige Rollen.

1969

Gli invidati – La invitée
Italien/Frankreich
Regie: Vittorio de Seta. Drehbuch: Tonino Guerra, Lucille Laks, Monique Lange, Vittorio de Seta. Kamera: Luciano Tovoli. Musik: Georges Moustaki.
Darsteller: MICHEL PICCOLI (Laurent), Joanna Shimkus (Anne) sowie Jacques Perrin, Clotilde Joano, Lorna Heilborn.
Produktion: Fernand Rivèrs. Eastmancolor. Länge: 105 Minuten.
UA: November 1969

Inhalt: Die junge Zeichnerin Anna und der Biologe Laurent sind ein Ehepaar. Eines nachts bringt Laurent ein junges Mädchen mit, das er bei Anna unterbringen will und mit der er offensichtlich ein intimes

Verhältnis hat. Anna flieht, sie will nicht weiter leiden. In ihrem Büro trifft sie ihren Chef François, der ihr vorschlägt, sie mitzunehmen, mit ihm zu reisen. Laurent spürt, daß Anna mit den Nerven am Ende und kurz vor dem Selbstmord steht, er macht es sich zur Aufgabe, sie zu beschützen. Sie reisen weiter und verbringen eine Nacht zusammen, zuhause angekommen fühlt sich Anna gegenüber der Frau von François wie das junge Mädchen, das ihr Mann mitgebracht hatte. Zweifellos ist es nun an der Zeit, zu ihm zurückzukehren...

Zum Film: Der Film hält ein schönes Gleichgewicht zwischen Modernität und traditioneller Romantik. Wie bei Harald Pinter geht es um die Unmöglichkeit von Beziehungen, dabei bleibt die Erzählung offen, der Zuschauer kann sich seinen Schluß selbst ziehen.

Les choses de la vie
Die Dinge des Lebens
Frankreich/Italien
Regie: Claude Sautet. Drehbuch: Paul Guimard, Jean-Loup Dabadie, Claude Sautet, nach dem gleichnamigen Roman von Paul Guimard. Dialoge: Jean-Loup Dabadie. Regieassistenz: Claude Vital, Jean-Claude Sussfeld. Kamera: Jean Boffety. Schnitt: Jacqueline Thiédot. Musik: Philippe Sarde. Ausstattung: André Piltant. Darsteller: MICHEL PICCOLI (Pierre Berard), Romy Schneider (Hélène), Léa Massari (Catherine Berard), Gérard Latigau (Bertrand Berard), Jean Bouise (François), Boby Lapointe (LKW-Fahrer), Hervé Sand (Sattelschlepper-Fahrer), Henri Nassiet (Pierres Vater), Marcelle Arnold (Hélènes Mutter), Jean-Pierre Zola (Hélènes Vater), Betty Beckers (Anhalterin), Dominique Zardi (Anhalter), Gabrielle Doulcet (Guitte), Jerry Brouer (Klient Hélènes), Jacques Richard (Krankenpfleger), Max Amyl (Pfarrer), Jean Gras (Baustellenleiter), Claude Confortes (Arzt), M. Carmet (Paul, Catherines Freund), Gérard Streiff (Motard), Pierre Londiche (Assistenzarzt), Bertola (Chirurg), Isabelle Saroyan (Krankenschwester), Clement Bairam (Gendarm), Raoul Delpard (Ambulanzfahrer), Marie-Pierre Casey (Postbeamtin), Karine Jeantel (Telefonistin), Henri Coutet (Verkäufer), Beatrice Boffety (Anne), Lucien Fregis (ein Schaulustiger).
Produktion: Raymond Danon, Lira Films – Sonocam Paris – Fida Cinematografica Rom. Produzent: Ralph Baum. Eastmancolor. Länge: 89 Minuten.
UA: 13. 3. 1970 Paris. BRD: 18. 9. 1970

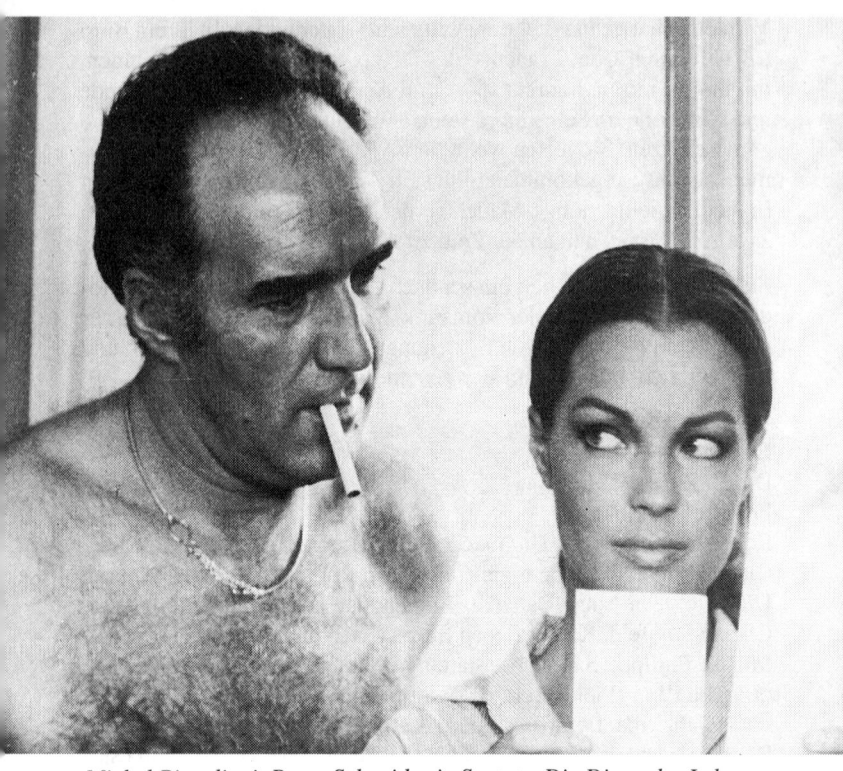

Michel Piccoli mit Romy Schneider in Sautets ›Die Dinge des Lebens‹.

Kritik: Siegfried Schober in Filmkritik 11/70; eh in Filmdienst 44/70; France Soir, 14. 3. 70; Paris Match März/70.

Inhalt: Ich sehe Dich an und könnte weinen, weil ich so müde bin, müde, Dich zu lieben. Ich bin auch müde. Immer Erklärungen, sprechen. Das muß aufhören. Ich kann Dich weder lieben, noch mit Dir sprechen. Ich kann Dich verlassen.
Pierre ist Architekt, ein eleganter Mann mit grauen Schläfen aus den besseren Kreisen. Seine Frau Cathérine hat er samt Sohn verlassen, mit der attraktiven Übersetzerin Hélène scheint es auch nicht mehr so recht zu klappen. Und nun ist er auf der Nationalstraße zwischen Paris und Rennes verunglückt. Er wird an den Folgen des Unfalls sterben.

Michel Piccoli hat den Wagen nicht mehr in der Gewalt – so ist es mit den Dingen des Lebens. Regie: Claude Sautet.

In den letzten Minuten seines Lebens ziehen noch einmal Erinnerungsfetzen aus der Vergangenheit vorbei, Pierre macht sich Gedanken über die Dinge des Lebens.

Zum Film: So banal der Titel des Films ist auch der Film, dessen formale Gestaltung perfekt, reißerisch aber unpersönlich ist. Zwar ist Claude Sautets Film noch allemal intelligenter und intellektueller und, wenn man so will, wahrer als die Kolportagen von Claude Lelouch, doch die Lebenslüge, das Nur-so-tun-als-ob haben sie gemeinsam, auch mit dem deutschen Lelouch-Epigonen Simmel.

Was den Erfolg und die Attraktivität von *Die Dinge des Lebens* ausmacht, ist der Umgang mit den künstlerischen Spielformen des Kinos: Hier zerlegt Sautet einen Autounfall in seine Bestandteile, läßt

155

›Die Dinge des Lebens‹ – kurz vor dem Ende noch einmal glücklich: Romy Schneider und Michel Piccoli.

ihn in Zeitlupe fast ständig gegenwärtig sein, baut ihn in Pierres Erinnerungen immer wieder effektvoll ein. Der Tod ist ständig anwesend, doch es bleibt ein üppig inszenierter Kino-Tod. Der wird zum kunstvoll arangierten Ballett und verliert so jeden Realitätsbezug.

Und den darf er ja nicht haben, will man doch das Publikum nicht wirklich schrecken, sondern nur in Erregung versetzen. Das Körnchen Wahrheit oder die Vielzahl an kleinen Wahrheiten über die Beziehungen von Männern zu Frauen, über die Liebe, Bequemlichkeit, Gewohnheit, über die Gedanken von Männern und die Gedanken von Frauen,läßt gelegentlich die Kolportage als Wirklichkeit erscheinen, weil es eine so gut arrangierte, prachtvoll ausgeleuchtete und aufs Stichwort funktionierende Wirklichkeit ist, eben eine Kinowirklichkeit.

L'invasion
Frankreich/Italien
Regie: Yves Allégret. Drehbuch: Fabio Carpi, Luigi Malerba. Kamera: Ennio Guarnieri. Musik: Riz Ortolani.
Darsteller: MICHEL PICCOLI (Marcello), Lisa Gastoni (seine Frau), sowie Enzo Ceruzico, Ruggero Miti, Mariangela Melato.
Produktion: Warner Brothers. Schwarzweiß. Länge: 91 Minuten.
UA: Oktober 1970 Paris.

Inhalt: Der Himmel ist grau, das Wochenende wird düster sein. Der Architektur-Professor Marcello lernt per Schallplatte die Sprache von Ghana. Dort wird er hingehen und eine neue Stadt für die Einheimischen errichten. Es ist Abend, seine hübsche junge Frau gähnt vor Langeweile und zieht sich zurück, um schlafen zu gehen. Dann ein später Telefonanruf: Studenten künden sich an, doch es ist kein friedlicher Besuch: es ist eine Gruppe von Umstürzlern. Der Professor ist eines ihrer Angriffsziele: er ist erfolgreich in seinem modernen Baustil, ein Nonkonformist zwar, aber mit Besitz. Er hat ein Haus, eine Ehefrau, ein Bankkonto, ein Dienstmädchen. Die Eindringlinge attackieren den Professor mit Worten und Taten, am Ende dieser einzigartigen Nacht ziehen sie sich aus dem verwüsteten Haus zurück. Ihr Denkzettel wird dem reichen, aber mittelmäßigen Paar eine Lektion erteilt haben.

Zum Film: Altregisseur Yves Allégret – es ist bestimmt der letzte Film des greisen Franzosen – erstaunt durch einen lebendigen, originellen Stil, in dem er mit der beachtlichen schauspielerischen Präsenz von Michel Piccoli dieses Psychodram erzählt. Allégret hat sich immer schon in seinen Filmen gegen das gedankenlose Wohlstandsbürgertum gestellt, innerhalb der Filme zu diesem Thema ist *L'invasion* einer der aufrichtigsten.
Die szenische Grausamkeit ist zweifellos notwendig, um das Gesagte glaubhaft zu machen.

1970

Max et les ferrailleurs
Das Mädchen und der Kommissar
Frankreich/Italien
Regie: Claude Sautet. Drehbuch: Claude Sautet und Claude Néron, nach dem Roman von Claude Néron. Dialoge: Jean-Loup Dabadie.

Regieassistent: Jean-Claude Sussfeld. Kamera: Rene Mathelin. Schnitt: Jacqueline Thiedot. Musik: Philippe Sarde. Ausstattung: Pierre Guffroy.

Darsteller: MICHEL PICCOLI (Max), Romy Schneider (Lily), Bernard Fresson (Abel), François Pérrier (Rosinsky), Georges Wilson (Kommissar), Boby Lapointe (P'tit Lu), Michel Creton (Robert Saidani), Henri-Jacques Huet (Dromadaire), Jacques Canselier (Jean), Alain Grellier (Guy), Maurice Auzel (Tony), Philippe Leotard (Inspektor Losfeld), Robert Favart (Loiselle), Lea Gray (Mme. Saidani), Dany Jacquet (Ida), Danielle Durou (Nicole), Betty Beckers (Maria), Dominique Zardi (Baraduch), Jacques Cottin (Napo), Muriel Deloumeaux (Nevette), Albert Augier (ein Kunde von Lily), Bernard Musson, Henri Coutet, Michel Dupleix, Jean-Paul Blondeau (Inspektoren). Produktion: Raymond Danon, Lira Films-Sonocam, Paris/Fida Cinematografica Rom. Eastmancolor. Länge: 110 Minuten. BRD: 18. 5. 1971

Piccoli und Romy Schneider in ›Das Mädchen und der Kommissar‹.

Michel Piccoli alias Max in ›Das Mädchen und der Kommissar‹.

Kritik: Dietrich Kuhlbrodt in Filmkritik 7/971; Filmdienst 17338/1971; HRB in FR, 5. 1. 1977,

Inhalt: Um Verbrecher auf frischer Tat zu ertappen und zu fassen,arrangiert der skrupellose Polizist Max mit Hilfe der schönen Prostituierten Lilly einen Bankeinbruch, bei dem ihm dann tatsächlich einige schwere Jungs ins Netz gehen. Max, der einmal Richter war, gelingt der Coup, indem er sich eines ehemaligen Kriegskameraden bedient, der auf Abwege geraten ist. Freilich entpuppt sich das Unternehmen letzten Endes als Fehlschlag, denn Max erschießt aus Liebe zu Lilly seinen Kollegen Rosinsky, der Lilly verhaften will.

Zum Film: Sautet inszeniert spannend und interessant und hat in Piccoli als Kommissar, Romy Schneider und Bernard Fresson als

Michel Piccoli und Michael York in ›Drei auf der Flucht‹ von Philippe de Broca.

Gangsterpärchen ausgezeichnete Schauspieler. Die zwielichtige Haltung des Kommissars wird jedoch nicht herausgearbeitet, es geht allein um Publikumswirksamkeit.

La poudre d'escampette
Drei auf der Flucht
Frankreich/Italien
Regie: Philippe de Broca. Drehbuch: Philippe de Broca, Jean-Loup Dabadie, nach dem Roman La route au soleil von Robert Beylen. Kamera: René Mathelin. Schnitt: Henri Lanoë. Musik: Michel Legrand.
Darsteller: MICHEL PICCOLI (Valentin), Marlène Jobert (Lorene), Michael York (Basil), Louis Velle (Paul Emile), Amidou (Ali), Didi Perego (Renata), Hans Verner (Major Becker), Umberto Orsini (Majore Bruzzolini), Luca Sportelli (Colombani), Salvatore Ricciardella (Ambrosio).

Produktion: Ariane/Columbia/ Vides. Eastmancolor. Länge: 116 Minuten.
BRD: 21. 7. 1972.

Kritik: Filmdienst 17934/1972; Hans C. Blumenberg in Die Zeit, 18. 8. 72; wrk in FR, 22. 7. 72; W.W. in FAZ, 22. 7. 72; Hans C. Blumenberg in KstA, 29. 7. 72; E.P. (ist Enno Patalas) in SZ, 6. 8. 72; W.S. in Der Tagesspiegel, 6. 8. 72.

Inhalt: »Frankreich, Juni 1940. Die Bevölkerung flieht vor dem Einmarsch der deutschen Armee. Auf einem Bauernhof wirft der Soldat Valentin wütend sein Fahrrad weg und zieht die Uniform aus. ›Wohin gehst du jetzt?‹, fragen Kinder den müden Krieger. Und Valentin sagt: ›In die Sonne!‹ – Kein Schlachtengemälde, sondern

Piccoli und Michael York in ›Drei auf der Flucht‹.

eine Farce. Nach der dramatischen Eröffnung verlegt der Regisseur... den Schauplatz der Handlung ins sonnige Nordafrika, wo sich Valentin inzwischen als erfolgreicher Schwarzhändler niedergelassen hat. Valentin kümmert sich nicht um den Krieg. In makellos weißem Anzug residiert er in einem Café, ein zynischer Einzelhändler und entschiedener Antiheld.« (Hans C. Blumenberg)

Zum Film: Einen »komödiantischen Nachfahren von Humphrey Bogart als Rick in dem legendären *Casablanca*« bezeichnet Blumenberg die von Piccoli gespielte Rolle.
Michel Piccoli zu seinem Film:
»Den Verführer spielen ist interessant, aber auf Dauer doch nicht ausreichend.«

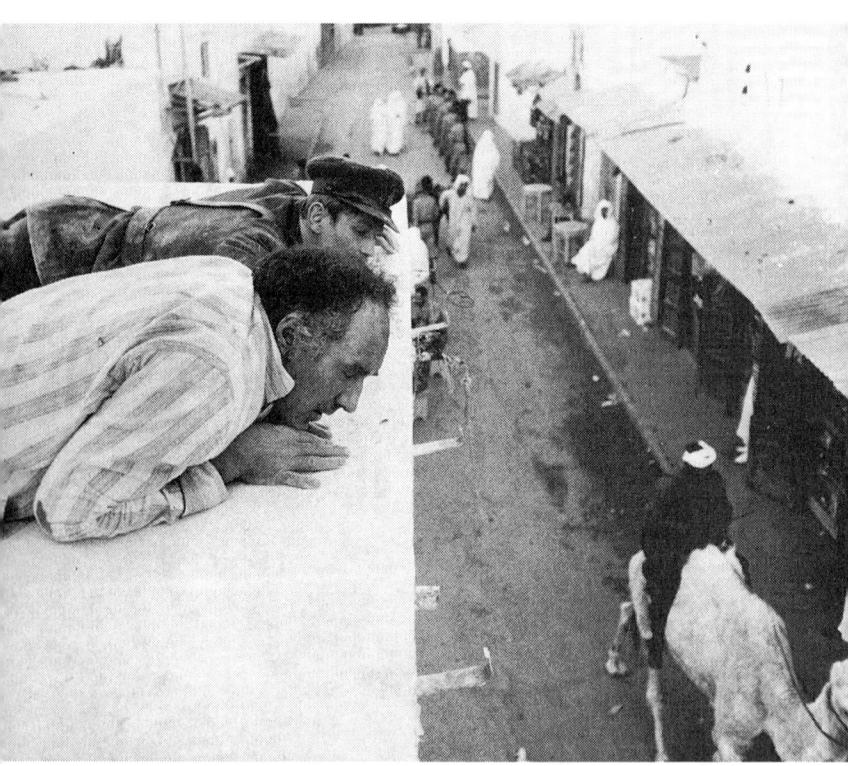

Piccoli und Michael York in ›Drei auf der Flucht‹.

L'udienza
Die Audienz
Italien

Regie: Marco Ferreri. Drehbuch: Marco Ferreri, Rafael Azcona, Dante Matelli. Kamera: Mario Vulpiani. Schnitt: Giuliana Trippa. Musik: Teo Usuelli. Ausstattung: Luciano Vedorelli Levi. Darsteller: Enzo Jannacci (Amedeo), Claudia Cardinale (Callgirl Aiché), Ugo Tognazzi (Kommissar Enseliano Diaz), MICHEL PICCOLI (französischer Jesuit Amerint), Vittorio Gassman (Gauner Alberto Donati), Alain Cuny (holländischer Theologe), Danièle Dublino (Pater Armbroglio), Sigfrido Rossi (Giovanni Rossi), Enrico Bergier (Don Muttro), Luigi Scarran, Murio Jannielli, Amilio Pullefatti (Priester), Irene Oberberg (Nonne), Dante Iteri, Giuseppe Ravennu, Enzo Mondino (Jesuiten), Bruno Berttocci (Polizist). Produktion: Vides Cinematografica. Produzent: Franco Cristaldi. Eastmancolor. Länge: 112 Minuten. UA: 4. 7. 1972 FIPRESCI-Preis, Berlinale 1972

Kritik: Positif 137 + 148, Robert Schär in Die Weltwoche, 5. 1. 72; Volker Baer in Der Tagesspiegel, 4. 7. 72; SZ, 5. 7. 72; Matthias Thönen in Zoom 13/1973: Hans C. Blumenberg in KstA, 5. 7. 1972; Louis Chauvet in Le Figero, 29. 7. 72; NZZ, 1. 9. 1973. UA: 4.7.1972

Inhalt: »Ferreri erzählt in seinem Film die Geschichte eines jungen Mannes, der zu einer Audienz beim Papst vorgelassen werden will. Seine Hartnäckigkeit erregt Verdacht, er gerät in die Mühlen der vatikanischen Bürokratie, wird immer weiter in einen ständig aberwitziger werdenden Ablauf gezogen, aus dem er sich schließlich nicht mehr befreien kann. Er trifft Callgirls, dekadente kirchliche Würdenträger, aufsässige holländische Priester, aber nie den Heiligen Vater, der von all dem natürlich nichts weiß.«

Zum Film: »Ein sehr sanfter, diskreter und doppelbödiger Film kein Pamphlet, eher ein bitter ironisches Lehrstück, das den Zuschauer nicht mit aufdringlichen Botschaften traktiert.«
(Beide Zitate: Hans Ch. Blumenberg)
Der staatliche Filmverleih »Italnoleggio« hatte die Aufführung des als antiklerikal bezeichneten Filmes auf Grund eines Protestes der Demokrazia Cristiana verweigert. Regisseur Marco Ferreri sagte

dazu: »Die Auswahlkommission der Italnoleggio hat meinen Film nicht aus Gründen mangelnder Qualität, sondern aus ideologischen Motiven zurückgewiesen. Die Regierung versucht auch den letzten Sektor der Massenmedien, in dem sich in Italien noch etwas tut, zum Schweigen zu bringen.« (Marco Ferreri)

La décade prodigieuse
Der zehnte Tag
Frankreich/Italien
Regie: Claude Chabrol. Drehbuch: Paul Gégauff, Eugène Archer, Paul Gardner, nach dem Roman *Ten Day's Wonder* von Ellery Queen. Regieassistenten: Patrick Saglio, Michael Dupoy. Kamera: Jean Rabier. Schnitt: Jacques Gaillard. Musik: Pierre Jansen. (Chanson: Dominique Zardi). Ausstattung: Guy Littaye. Kostümberatung: Karl Lagerfeld.
Darsteller: Orson Welles (Théo van Horn), Anthony Perkins (Charles van Horn), Marlène Jobert (Hélène van Horn), MICHEL PICCOLI (Paul Régis), Guido Alberti (Ludovic), Giovanni Sciuto (Geldverleiher), Tsilla Chelton (Charles' Mutter), Sylvana Blasi (Frau), Ermanno Casanova (alter Mann mit Augenklappe), Eric Frisdal (Charles als Knabe), Aline Montovani (Hélène als Mädchen), Vittorio Sanipoli (Polizeiinspektor), Mathilde Ceccarelli (Empfangsdame im Hotel), Corinne Koenigswarter (Hélène als älteres Kind), Fabienne Gaugloff (Kleines Mädchen im Zug).
Produktion: Films la Boétie, Paris/Euro International, Rom. Produzent: André Genovès. Eastmancolor. Länge: 108 Minuten.
UA: 1. 12. 1971. BRD: 14. 1. 1973, ARD

Kritik: MFB IX/1972; HCB (ist Hans Christoph Blumenberg) in Die Zeit, 12. 1. 1973; Filmdienst 18109/1973; Sigrid Schmitt in SZ, 13./14. 1. 1973; Jochen Leibel in Die Welt, 24. 5. 1982

Inhalt: Charles (Perkins) erwacht in einem Hotel. Er hat Blut an den Händen. Er wäscht es ab, aber es bleibt weder Wunde noch Narbe zurück. Er erinnert sich nicht, hat Angst, die Dimensionen erscheinen ihm verzerrt. Schweiß bricht aus, er torkelt, zuckt. Er erinnert sich an einen Freund und telefoniert. Dann erscheint Paul (Piccoli), sein Universitätslehrer. Charles glaubt von sich, für den anderen eine Bedrohung zu sein, für das Gehirn seines Lehrers, für die Objektivität des Wissenschaftlers. Er lädt Paul nach Hause, in das Elsaß, ein, um ihn zu beobachten. Doch hinter dem Ganzen steckt ein böses Spiel,

Piccoli und Marlene Jobert in Claude Chabrols ›Der zehnte Tag‹.

das Spiel eines eifersüchtigen Millionärs (Welles), der den eigenen Sohn auf Grund seines Liebesverhältnisses zur Stiefmutter (Jobert) zugrunde richtet.

Zum Film: La décade prodigeuse, 1971 entstanden, unterscheidet sich wesentlich von früheren Filmen Chabrols: der nach einem Kriminalroman von Ellery Queen entstandene Film ist »ein barockes Sittengemälde voll von biblischen Motiven, eine Art labyrinthischer Thriller, in dessen überaus kunstvoll verschlungenen Irrwegen aus religiösen Anspielungen und ironischen Kinozitaten sich der Zuschauer schnell lustvoll verliert.« (Hans C. Blumenberg)

Liza – Melampo
Allein mit Giorgio
Frankreich/Italien
Regie: Marco Ferreri. Drehbuch: Ennio Flaiano, Marco Ferreri, Jean-Claude Carrière, nach dem Roman *Malempus* von Ennio Flai-

Marcello Mastroianni und Piccoli in ›Allein mit Giorgio‹.

ano. Regieassistent: Philippe Lefebvre. Kamera: Mario Vulpiani.
Schnitt: Giuliana Trippa. Musik: Philip Sarde (Violonsolo: Stéphane
Grappelly). Ausstattung: Théo Meurisse, Luciano Vedorelli Levi.
Darsteller: Marcello Mastroianni (Giorgio), MICHEL PICCOLI (Gior-
gios Freund), Catherine Deneuve (Liza), Corinne Marchand (Gior-
gios Frau), Valérie Stroh (Giorgios Tochter), Pascal Laperrousaz
(Giorgios Sohn), Dominique Marcas (Hausgehilfin).
Produktion: Lira Films, Paris/Pegaso, Rom. Produzent: Raymond
Danon. Eastmancolor. Länge: 100 Minuten (BRD: 97 Minuten).
BRD: 12. 7. 1974

Kritik: Positif Nr. 139; Cahiers du Cinéma 167; Gerhard Rohde in
FAZ, 10. 8. 74; Rolf Wiest in KstA, 13. 7. 74; HRB in RP, 13. 7. 74;
Hanns Fischer in FR, 16. 7. 74; Hermann Riede in WAZ, 18. 7. 74;
Gottfried Knapp in SZ, 26. 7. 74; Filmdienst 18897/1984

Inhalt: Malempo ist der Name der Hündin, die der intellektuelle Maler Giorgio auf seine einsame Robinson-Insel mitgenommen hat. Hier lebt er, fernab der Zivilisation, sein Eremitendasein in einer modernen großen Wohnkuppel, karg, aber mit allem Komfort eingerichtet. Eines Tages entflieht Liza, eine kühl-schöne Blondine, ihren dekadenten Freunden und findet Zuflucht bei Giorgio. Nicht Liebe oder Leidenschaft, sondern die natürlichen Spannungen zwischen Mann und Frau bestimmen die Gemeinsamkeit. Eines Tages ertränkt Liza die störende Hündin, legt sich deren Halsband um und übernimmt wie selbstverständlich deren Position: Liza apportiert, spielt, knurrt und beißt.

Zum Film: Wie in seinen früheren Filmen zeigt Ferreri die totale Versklavung der Menschen. Auch Giorgio, der sich scheinbar von allen Zwängen freigemacht hat, lebt auf der Insel in einem Gefängnis. Er hat die Maßstäbe verloren, bastelt selbstvergessen an dem alten deutschen Militärflugzeug herum, mit dem er in die Freiheit fliehen möchte.

1972

Le charme discret de la bourgeoisie

Der diskrete Charme der Bourgeoisie
Frankreich/Italien/Spanien
Regie: Luis Buñuel. Drehbuch: Luis Buñuel, Jean-Claude Carriére. Regieassistenten: Pierre Lary, Arnie Gelbart. Kamera: Edmond Richard. Schnitt: Hélène Plemiannikov. Ausstattung: Pierre Guffroy. Darsteller: Fernando Rey (Rafaele Costa,Botschafter von Miranda), Delphine Seyrig (Simone Thévenot), Stéphane Audran (Alice Sénéchal), Jean-Pierre Cassel (Henri Sénéchal), Paul Frankeur (François Thévenot), Claude Piéplu (Colonel), Bulle Ogier (Florence), Julien Bertheau (Bischof), MICHEL PICCOLI (Innenminister), Muni (Bäuerin), Milena Vukotic (Inès), Georges Douking (der todkranke Gärtner), Pierre Maguelon (Polizei-Brigadier, »der blutige Kollege«), François Maistre (Kommissar Deplus), Mara Gabriella Maione (Terroristin), Bernard Musson (Kellner), Robert Le Béal (Schneider), Pierre Lamy, Diane Vernon.
Produktion: Greenwich Film, Paris/Jet Film, Barcelona/Dear Film, Rom. Produzent: Serge Silberman. Panavision. Eastmancolor. Länge: 105 Minuten (Exportfassung: 101 Minuten).
UA: 15. 9. 1972 in Paris. BRD: 20. 4. 1973

Kritik: Jürgen Ebert in Filmkritik 4/73; Zoom 2/73 + 24/72; MFB II/73.; Filmdienst 18221/73; Wolf Donner in Die Zeit, 4. 5. 73; Joachim Kaiser und Siegfried Schober in SZ, 12. 8. 73 + 5. 6. 73; Wolfram Schütte in FR, 27. 4. 73; Hans Peter Kochenrath in KstA, 16. 6. 73; Günther Engels in KR, 16. 6. 73; NRZ, 16. 6. 73.

Inhalt: Man ist bei Freunden zum Essen geladen, doch dort heißt es, man habe sich im Datum geirrt. Man weicht ins Gasthaus aus. Doch da liegt der tote Wirt aufgebahrt, und als schließlich eine saftige Hammelkeule auf dem Tisch dampft, kommen Terroristen und killen die ganze Gesellschaft. Buñuel hat einmal gesagt, Film erscheine ihm als eine unfreiwillige Nachahmung des Traums.

Der Mann am Telefon – Michel Piccoli in Luis Buñuels ›Der diskrete Charme der Bourgoisie‹.

Zum Film: In diesem 31. Film von Buñuel bieten sich alle seltsamen, unlogischen und fiktiven Geschehnisse so konsequent selbstverständlich dar, daß man sich nicht einmal mehr wundert, wenn längst Verstorbene durch die nächtlichen Straßen laufen.

L'attentat
Das Attentat
Frankreich/Italien/BRD
Regie: Yves Boisset. Drehbuch: Ben Barzman, Basilio Franchina, Jorge Semprun. Claude Othnin-Girard. Kamera: Richard Aronovitch. Schnitt: Albert Jurgenson. Musik: Ennio Morricone. Ausstattung: Max Desages
Darsteller: Jean-Louis Trintignant (Darien), MICHEL PICCOLI (Oufkir-Kassar), Gian Maria Volonté (El Mehdi Ben Barka-Sadiel), Jean Seberg (Edith), François Périer (Rouannet), Philippe Noiret (Pierre Garcin), Michel Bouquet (M. Lempereur), Daniel Ivernel (Antoine Acconetti), Bruno Cremer (Vigneau), Roy Scheider (Howard), Jean Bouise (Chef des Secret Service), Karin Schubert (Sabine), Denis Manuel (Azam), Georges Staquet (Fleury), Pierre Santini (Meulun), Nigel Davenport (CIA-Mann), Karl Otto Alberty, Roland Blanche.
Produktion: Transinter, Paris/Sancroziap/Terza, Rom/Corona, München/Two World Films/Cine Globe. Cinemascope. Eastmancolor. Länge: 125 Minuten (BRD: 120 Minuten).
UA: 10. 10. 1972 Paris. BRD: 5. 10. 1973, ZDF

Kritik: Der Spiegel Nr. 46/72; L'Express, 23. 10. 72; Zoom, 23/72; Philippe Herreman in Le Monde, 8. 10. 72; Jean de Baroncelli in Le Monde, 13. 10. 72; Louis Chauvet in Le Figaro, 12. 10. 72; Hugues Vehenne in Le Soir Brüssel, 19. 10. 972; MFB VII/73; Filmdienst Lexikon; WD (ist Wolf Donner) in Die Zeit, 4.10. 73; François Bondy in Die Weltwoche, 28. 2. 73; Sigrid Schmitt in FR, 5. 10. 73; hcb (ist Hans Ch. Blumenberg in KstA, 5. 10. 73; Christiane Schwalbe in RP, 5. 10. 73.

Inhalt: Ein Skandal aus dem Jahr 1965. Der marokkanische Oppositionsführer Mehdi Ben Barka war zur Vorbereitung eines sozialpolitischen Fernsehprojekts über sein Land nach Paris gekommen. In der Nähe des Flughafens wird er von zwei Polizisten in Zivil festgenommen. Vermutlich wurde Ben Barka damals ermordet.

Zum Film: Yves Boisset hat mit Jorge Semprun einen Politkrimi á la Z gedreht, der mehr sein sollte als nur eine Bestandsaufnahme des

Ben-Barka-Falls (die Namen sind verändert, die bekannten Fakten wurden durcheinandergewürfelt).

»Unsere Absicht geht viel weiter«, sagt Boisset bei der Uraufführung des Films in Moskau 1973, »Sie zielt darauf ab, die Gewalt als ein Mittel politischer Aktion zu analysieren. Es gibt nicht nur Ben Barka. Ich bin zwar offen ein Mann der Linken, aber ich bin auch sehr aufgebracht über die Entführung des Colonel Argoud.«

Boisset geht es, wie er sagt, darum, die Mittäterschaft der Regierung aufzudecken. Die Geschichte ist auch gut recherchiert, aber es fehlt ihr die innere Wahrhaftigkeit, der Popanz der aufgebaut wird, ist zu naiv und zu plump.

Das Drehbuch von Jorge Semprun, der Vorlagen für so unterschiedliche Filme wie Resnais' *Der Krieg ist vorbei* und Costa-Gavras *Das Geständnis* geschrieben hat, wandelt die Geschichte ab, verändert die Namen, versucht, die Vorlage als Reißer zu verkaufen. Politische Hintergründe, Ursachen und Ziele der algerischen Revolution bleiben ungenau. Im Film ist es ein Spiel der unterschiedlichen politischen Kräfte, vertreten durch distinguierte Männer,die Kenner ihres Metiers sind. Sie sind geprägt durch die Schauspieler Trintignant, Piccoli, Volonté, Périer, Noiret, Bouquet. Sie verkörpern jene, die Politik als schmutziges Handwerk betreiben.

La femme en bleu
Die unbekannte Schöne
Frankreich/Italien
Regie: Michel Deville. Drehbuch: Michel Deville, Leo L. Fuchs, François Boyer, nach einer Originalidee von Michel Deville. Regieassistenten: Regis Wargnier, Daniel Allary, Laurence Lemaire. Kamera: Claude Lecomte. Schnitt: Raymonde Guyot. Musik: Franz Schubert, Béla Bartók, André Girard.
Darsteller: Lea Massari (Aurélie), MICHEL PICCOLI (Pierre), Michel Aumont (Edmond), Simone Simon (Mme. de Meudon), Marie Lasas (die Frau in Blau), Amarande (Beatrice), Geneviève Fontanel (Ghislaine), Sabine Glaser (Katrina), Patricia Leusier (Sylvie), Claude Bolling (Organist), Henri Courseaux (Antoine), Alain Astruc (Kritiker Stanislas), Julien Verdier (Bedienung im Café), Ermanno Casanova, Robert Favart, France Girard, Renée Legrand, Max Valle.
Produktion: Film de la Boétie/Elefilm/Italian International. Produzent: Leo L. Fuchs. Eastmancolor. Länge: 95 Minuten.
BRD: 18. 4. 1975, ARD.

Lea Massari und Michel Piccoli in ›Die unbekannte Schöne‹ von Deville.

Kritik: Positif 144; Cahiers du Cinéma 236; Peter F. Gallasch in Filmdienst 19251/75.

Inhalt: »Die zuweilen plastisch werdenden Tagträume eines Musikers mit grauen Schläfen, der nach einer flüchtigen Begegnung mit einer schönen Unbekannten nicht mehr ruht, sie zu finden, mit einer Besessenheit, die ihn Beruf und Freundin vergessen läßt, die ihm den Appetit verschlägt und den Schlaf raubt. Kneipen und Kinos, Straßen und Parks von Paris werden zum Jagdrevier, Freundinnen und Freunde zu Helfern bei dem vergeblichen Kesseltreiben.«

Zum Film: »Die Pointe scheint in der Rollenbesetzung zu liegen: die Frau, mit der der Mann zusammenlebt, wird von derselben Schau-

171

spielerin dargestellt wie die Unbekannte... Devilles Rezept geht auf, weil die beiden Hauptrollen mit Darstellern von außergewöhnlicher Feinfühligkeit und Wandlungsfähigkeit besetzt sind: Michel Piccoli und Lea Massari, beide zwischen Empfindsamkeit und Zynismus, zwischen Liebe und Verachtung schwankend.« (Zitate: P. F. Gallasch)

Themroc
Themroc
Frankreich
Regie/Drehbuch: Claude Faraldo. Regieassistent; Robin Davis. Kamera: Jean-Marc Ripert. Schnitt: Noun Serra. Spezialeffekte: André Trielli. Keine Musik.
Darsteller: MICHEL PICCOLI (Themroc), Béatrice Romand (Schwe-

›Themroc‹, der Anarchist, Fensterputzer und Polizistenfresser.

ster), Marilu Tolo (Sperior Shapely Sekretary), Francesca Coluzzi (Nachbarsfrau), sowie Romana Goluzzi, Stéphane Bout, Dominique Dorel, Marie Kerusoe, Paul Barrault, Madeleine Damien, Mme. Herviale und ihre Theatertruppe »Café de la gare«, mit Patrick Dewaere, Miou Miou, Coluche, Catherine Mitry, Philippe Manesse. Produktion: Filmanthrope /F. D. L. Eastmancolor.
Länge: 110 Minuten.
BRD: 10. 1. 1974

Kritik: Peter Nau in Filmkritik 3/74; Zoom 9/75; MFB VI/73.; Filmdienst 18695/1974

Inhalt: Eines Tages hat der Pariser Anstreicher Themroc keine Lust mehr: er steigt einfach aus dem gewohnten Alltag aus. Der Anlaß ist rein zufällig: Durchs Bürofenster sieht er von außen, wie ein Angestellter der Sekretärin drinnen an die Bluse geht. Themroc brüllt kurz und kräftig auf und zieht sich in seine Wohnhöhle zurück. Er wirft die Möbel aus dem Fenster, betoniert die Türen zu und bricht die Fensterfront durch. Dann treibt er es mit dem lasziven Schwesterlein in aller Öffentlichkeit. Als die Polizei die Wohnung stürmen will, schnappt sich Themroc zwei Polizisten und brät sie am Spieß. Sein Beispiel macht Schule – aber nur für kurze Zeit, dann folgt nüchternes Erwachen.

Zum Film: »Trotz der rüden Zuspitzung ist *Themroc* ein zärtlicher, versponnener Film, den mehr mit Jacques Tati als mit Buñuel verbindet. Seine Kraft liegt darin, mit welcher Radikalität er die Normen unserer Gesellschaft in Frage stellt. *Themroc* ist ein Unterhaltungsfilm, der die Regeln seines Genres sprengt«. (Wilhelm Roth)
»Es ist ein Piccoli, der sein gepflegtes Image mit Füßen tritt, es karikiert und schauspielerisch in eine Dimension hineinwächst, die ihm manch einer wahrscheinlich nie zugetraut hätte.
Eine vergleichbare Befreiung aus seinem gewohnten Rollenklischee erlebt übrigens auch Jean-Pierre Léaud in Eustaches *La maman et la putain*. (Eckart Schmidt)
»Michel Piccoli grummelt, schreit, röhrt, grunzt, knurrt und grölt sich bewundernswert durch den sprachlosen Film und zerstört radikal sein Salon-Löwen-Image.« (Wolf Donner)

1973

Les noces rouges
Blutige Hochzeit
Frankreich/Italien
Regie/Drehbuch: Claude Chabrol. Regieassistenten: Michel Dupuy, Alain Wermus. Kamera: Jean Rabier. Schnitt: Jacques und Monique Gaillard. Musik: Pierre Jansen. Ausstattung: Guy Littaye. Kostüme: Karl Lagerfeld.
Darsteller: Stéphane Audran (Lucienne Delmare), MICHEL PICCOLI (Pierre Maury), Claude Piéplu (Paul Delamare), Clotilde Joano (Clotilde Maury), Eliana de Santis (Hélène), François Robert (Inspektor Auriol), Daniel Lecourtois (Präfekt), Henri Berger (Billardspieler), Ermanno Casanova (Stadtrat), Maurice Fourré (Dr. Bon), Pipo Me-

174

risi (Berthier), Philippe Fourré (Assistent des Präfekten), Mme Pellé (Clarisse), M. Mailley (Direktor der C.E.G.), Gilbert Servien (Football Coach), M. Torot (Postmann), Mme Meunier (Bibliothekarin). Produktion: Les Films La Boétie, Paris/Canaria Film/International Film, Rom. Eastmancolor. Breitwand.
Länge: 96 Minuten.

Gefesseltes Glück – ein Melodram über einen unschuldigen Ehebruch. ›Blutige Hochzeit‹ von Claude Chabrol mit Audran und Piccoli.

UA: 12. 4. 1973 Paris, IU: 23. 6. 1973 Berliner Filmfestspiele; TV: 10. 02. 1974. Kino BRD: September 1976

Kritik: Zoom 20/73; MFB XI/73; Filmdienst 18688/974; Momos in Die Zeit, 15. 2. 74; Brigitte Jeremias + Wilfried Wiegand in FAZ, 27. 6. 73 + 12. 2. 74; Friedrich Luft in Die Welt, 25. 6. 73; NZZ, 8. 7. 76; Franz Vossen in SZ, 7. 5. 73; Armin Halstenberg in KstA, 29. 6. 73 + 5. 7. 73.

Inhalt: Pierre ist mit der kränkelnden Clothilde verheiratet, liebt aber Lucienne,die Frau des Bürgermeisters und Abgeordneten Paul. Er selbst ist Stadtrat und Schloßverwalter. Heimlich im Walde treffen sich die beiden für kurze stürmische Momente, lieben sich mit Hingabe und Gier.

›Blutige Hochzeit‹ – *Ehemann Claude Piéplu, Ehefrau Stéphane Audran und der Geliebte Piccoli.*

»Es war alles sehr traurig und ruhig hier, Lieben hatte ich vergessen«, sagt die schöne Stéphane Audran zu dem heiter gelösten Michel Piccoli, und es wirkt ganz harmlos, wenn er seiner dahinleidenden Frau das Gift ins Glas mischt, um sie im Schlaf sterben zu lassen – ein wenig früher als es ohnehin geschehen wäre. Offiziell spielen er und Lucienne das Spiel weiter, mit kurzen unmerklichen Blicken, dem etwas betonteren Händedruck, der sie verraten könnte, es aber nicht tut. Lucienne hat ein sehr schönes Verhältnis zu ihrer Tochter Hélène, die ihr eine Komplizin zu sein scheint und die den Vater leicht ironisch »dein Ehemann« nennt.

Der Ehemann (Claude Piéplu) will das Verhältnis, das er bald durchschaut hat, für seine ehrgeizigen Pläne und fürs Geschäft nutzen. Er will Herrschaft über die beiden gewinnen, doch beider Haß ist zu groß: Sie bringen ihn gemeinsam um. Mord wird als »Befreiung« für Pierre und Lucienne dargestellt. Tatsächlich wäre die Flucht aus der Kleinstadt eine Lösung gewesen, doch die zwei können sich aus ihren Zwängen nicht mehr befreien.

Zum Film: Der Zuschauer ist es gewohnt, solche und ähnliche Fälle losgelöst von der Wirklichkeit zu betrachten. Doch bei Chabrol ist dies nicht möglich. Er wählt die radikale Lösung und zwingt den Zuschauer in die emotionale Geschichte hinein. Die Freiheit für Pierre und Lucienne liegt in der Verbundenheit durch die Handschellen, die die Liebenden in der Schlußeinstellung des Films aneinanderkettet. Chabrol hat von Film zu Film seinen Themenkatalog verengt: in der Form, der Gestaltung und in der Konzentration. Immer enger zieht sich um seine Hauptfiguren ein Netz von Verhängnissen, immer unerträglicher werden ihnen Gebundenheit und Gefangenheit in der bürgerlichen Welt: Jenseits dieser Klammern lockt eine Freiheit, die sich als Fata Morgana erweist. Die Frage der Schuld muß gestellt werden, »Das Urteil zu fällen ist schwierig!« heißt es in den zu Beginn des Films zitierten *Eumeniden* des Äschylos.

La grande bouffe
Das große Fressen
Frankreich/Italien
Regie: Marco Ferreri. Drehbuch: Marco Ferreri, Rafael Azcona. Dialoge: Francis Blanche. Regieassistent: Enrico Bergier. Kamera: Mario Vulpiani. Schnitt: Claudine Merlin. Musik: Philippe Sarde. Ausstattung: Michael de Broin, Claude Sune.

Vor dem ›großen Fressen‹: Mastroianni, Tognazzi, Noiret, Piccoli.

Darsteller: MICHEL PICCOLI (Michel), Philippe Noiret (Philippe), Marcello Mastroianni (Marcello), Ugo Tognazzi (Ugo), Andréa Ferréol (Andréa), Monique Chaumette (Madeleine), Michèle Alexandre (Nicole), Florence Giorgetti (Anne), Henri und Cordelia Piccoli (Hector und Barbara), Rita Scherrer (Anulka), Solange Blondeau (Danielle), Bernard Menez (Pierre), James Campbell (Zac). Patricia Milochevitch (Mini), Louis Navarre (Braguti), Mario Vulpiani (Co-Pilot), Gérard Boucaron (Fahrer), Guiseppe Maffioli (Chef), Margaret Honeywell (eine Hosteß), Annette Carducci (zweite Hosteß), Eva Simmonnet (Sekretärin).
Produktion: Lira/Mara, Paris/ FIDA/Capitolina, Rom, Films 66, Paris. Eastmancolor. Länge: GB: 133 Minuten; BRD: 129 Minuten; Frankreich: 125 Minuten; Italien; 123 Minuten.
UA: 17. 5. 1973 Paris; BRD: 27. 9. 1973.

Kritik: Jürgen Ebert in Filmkritik 12/1973; Der Spiegel, 24/73: Zoom 18/1973; Filmdienst 18476/73; Martin Schaub in Die Weltwoche, 5. 9. 73; Veit Möller in AZ, 26. 9. 73; Wolf Donner in Die Zeit, 5. 10. 73; Peter W. Jansen in FR, 25. 5. + 28. 9. 73; StZ, 27. 9. 73; Peter Steinhart in RP, 29. 9. 73; Ivika Ots in Der Tagesspiegel, 30. 9. 73; Die Welt, 1. 10. 73; Rainer Fabian in Deutsche Zeitung, 12. 10. 73; Brigitte Jeremias in FAZ, 26. 5. + 28. 9. 73; Frantz Vossen und Reinhard Baumgart in SZ, 14. 6. + 30. 9. 73

Inhalt: In dem zweistündigen satirischen Spektakel wird der Begriff »Friß Dich zu Tode! wörtlich genommen. Vier alte Freunde treffen sich im idyllischen Landhaus zur finalen Freßsorgie, und da es sich bei den Protagonisten um Marcello Mastroianni, Philippe Noiret, Michel Piccoli und Ugo Tognazzi handelt, ist makabres Vergnügen

Der Regisseur und sein Star: Marco Ferreri mit Piccoli.

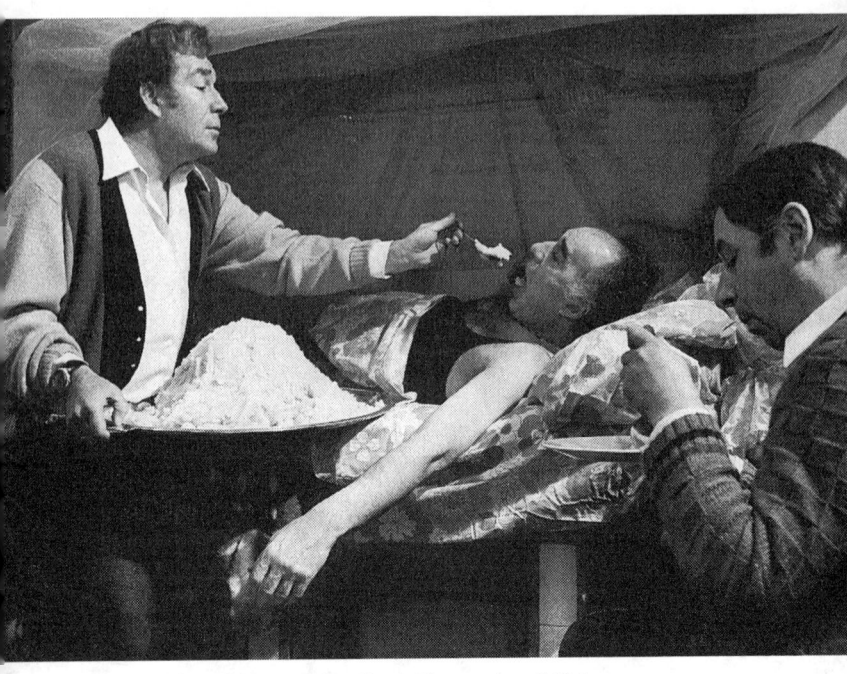

... zu Tode gefüttert – Piccoli mit Tognazzi und Noiret.

vorprogrammiert. Dabei beginnt das Ganze ausgesprochen vergnüglich: Die ehrenwerten Herren lassen ganze Wagenladungen mit kulinarischen Leckerbissen anliefern, ein paar attraktive junge Damen gesellen sich dazu, man beginnt genüßlich zu speisen und sich in den Freßpausen erotisch zu amüsieren, bis dann das Ganze ins Makabre abdriftet.

Zum Film: Marco Ferreri hat den Selbstmord der Gourmets nicht als oberflächliches Horrorvergnügen inszeniert: Es ist vielmehr die konsequente Antwort auf die Frustration unserer Gesellschaft. Michel Piccoli und seine drei Mitstreiter brillieren in ihren makabren Rollen.

Le far west
Belgien/Frankreich
Regie: Jacques Brel. Drehbuch: Jacques Brel, Paul Andréota. Kamera: Alain Levent. Schnitt: Jacqueline Thißedot. Musik: Jacques Brel, François Rauber. Ausstattung: Paul Feyder.

Darsteller: Jacques Brel (Jacques), Danièle Evenou (Daniele), Gabriel Jabbour (Gabriel), Véronique Mucret (Vero), Charles Gerard (Fakir), France Arnell, François Cadet, unter freundschaftlicher Teilnahme von MICHEL PICCOLI, Juliette Gréco, Claude Lelouch, Lino Ventura und Charles Gérard.
Produktion: I. F. C. (Brüssel/Films 13 (Paris). Eastmancolor. Länge: 90 Minuten.

Kritik: J. L. in Saison cinématografique

Inhalt: Jacques trifft Gabriel. Die beiden sind dafür geschaffen, einander zu verstehen. Gemeinsam brechen sie in den Westen auf. Sie finden eine alte Mine, sie haben sehr viel Spaß, doch dann finden sie Gold...

Zum Film: Das ist kein Film, sondern der wiedererwachte Traum der ewigen Jugend, Erinnerung an Buffalo Bill und Don Quichotte, gleichermaßen aber ist das eine Ode an die Freundschaft. Jacques hat Gabriel gefunden, Gabriel hat Jacques gefunden und sie beide treffen die faszinierende und unglückliche Vero. (J. L.)

1974

Touche pas á la femme blanche – Non toccare la donna bianca
Hände weg von weißen Frauen!
Frankreich/Italien
Regie: Marco Ferreri. Drehbuch: Rafael Azcona, Marco Ferreri. Regieassistent: Bernard Grenet, François Lavigne Deville, Eve Vercel, Jean-David Lasseron. Kamera: Etienne Becker. Schnitt: Ruggero Mastroianni. Musik: Philippe Sarde.
Darsteller: Marcello Mastroianni (Custer), MICHEL PICCOLI (Buffalo Bill), Catherine Deneuve (Marie-Hélène de Boismonfrais), Philippe Noiret (General Terry), Ugo Tognazzi (Indianerscout Mitch), Alain Cuny (Sitting Bull), Serge Reggiani (der verrückte Indianer), Dary Cowl (Major Archibald), Monique Chaumette (Krankenschwester Lucie), Henri Piccoli (Sitting Bulls Vater), Franca Bettoja (Mitschs Frau – Mondstrahl), Paolo Villaggio (CIA-Agent), Daniele Dublino (Leiterin für öffentliche Angelegenheiten), Franco Fabrizi (Tom, Custers Bruder), Francine Custer (Hermine, Tochter des General Terry), Pierre André Boutang (Politiker), Laurent Vedrès (Politiker), Solange Blondeau (Archibalds Verlobte), Gianmarco Tognazzi

(Sohn von Mondstrahl und Mitch), Marco Ferreri (Kellog, der Reporter), Bertrand Tavernier (Politiker), Eve Vercel (Calamity Jane), Jackie Lombard (Mitchs weiße Frau), Jeff Demange (Jeff), Noel Simsolo (Minister für Indianerfragen), Bob Martin (Banjospieler), Jeff Zimmerman (Major Reno), Jacques Robiolles (Chef der Indianer), Mr. John (Automat in der Bücherei).
Produktion: Mara/Les Films 66, Laser Productions, Paris/Pea, Rom. Panavision. Eastmancolor. Länge: 108 Minuten.
UA: 23. 1. 1974 Paris

Kritik: Rolf Mühlemann in Zoom 5/74; Mary Blume in Harald Tribune, 31. 1. 74

Inhalt: Ferreri versetzt die unrühmliche Geschichte des General George Armstrong Custer, der 1876 in der Schlacht am Little Big Horn 252 Soldaten und 16 Offiziere geopfert hatte, in die »Halles« von Paris. Mastroianni, Noiret, Piccoli und Tognazzi sind zur Schlacht am Little Big Horn aufgebrochen. Custer könnte – so Ferreri – ebenso gut MacArthur oder Pinochet heißen.

Zum Film: Die Phrase »Hände weg von weißen Frauen!«, die General Custer seinen Spähern eingebläut hatte, bekommt in der zynischen Satire tragikomische Züge: Der sehr blasse Hals der »femme blanche« Catherine Deneuve wird von einem indianischen Pfeil durchbohrt; Mastroianni, Tognazzi, Piccoli und Noiret, das Freßquartett aus *Das große Fressen*, kommen zu ziemlich dick aufgetragenen Parodien, von denen Mastroiannis Custer-Interpretation ironische Züge hat und Piccolis homoerotischer Buffalo Bill den Vogel in puncto Chargieren abschießt. Ferreri selbst mimt einen Journalisten, »welcher seiner Neugierde wegen in der Schlacht getötet wird.«
»Was mich an der Geschichte interessiert, ist das Verhältnis zwischen Unterdrückten und ihren Unterdrückern. Meine Indianer sind ein Symbol der Unterprivilegierten, denen niemand in der bürgerlichen Gesellschaft Raum lassen will.« (Marco Ferreri)

Le trio infernal
Trio Infernal
Frankreich/Italien/BRD
Regie: Francis Girod. Drehbuch und Dialoge: Francis Girod, Jacques Rouffio, nach der Erzählung von Solange Fasquelle. Regieassistenten: Jean-Patrick Lebel, Riccardo Sesani. Kamera: Andreas Winding.

Kein Erbarmen mit den Mitmenschen; das ›Trio infernal‹: Romy, Mascha, Michel.

Schnitt: Claude Barrois. Musik: Ennio Morricone. Spezialeffekte: Pierre Roudeix.

Darsteller: MICHEL PICCOLI (Georges Sarret), Romy Schneider (Philoména Schmidt), Mascha Gonska (Cathérine Schmidt), Andréa Ferréol (Naomie), Monica Fiorentini (Magali), Philippe Brizard

183

Ein mörderisches Leichenbegängnis, eine ganz besonders böse Farce –
Piccoli mit Romy Schneider und Mascha Gonska in ›Trio infernal‹.

(Chambon), Jean Rigaux (Villette), Papinou (Luffeaux), Hubert Deschamps (Deltreuil), Monique Tarbés (Krankenschwester), Pierre Dac (Untersuchungsarzt bei der Lebensversicherung), Francis Claude (Arzt), sowie Jean-Pierre Honore, Henri Piccoli, Fanny Renan, Maurice Gilbert, Jean Harnois, Raymond Lemoigne.
Produktion: Lira Films/Belstar Productions/Films 66-Fox Europa, Paris/Oceania Rom – T. I. T. Film Produktion, München Produzenten: Raymond Danon, Jacques Dorfman. Eastmancolor. Länge: 107 Minuten.
BRD: 30. 8. 1974

Kritik: Zoom 23/74; MFB VII/75; Filmdienst 19010/74; Der Spiegel, 2. 9. 74; Volker Baer in Der Tagesspiegel, 1. 9. 74; WD (ist Wolf Donner) in Die Zeit, 5. 9. 74; sth (= Peter Steinhardt) in RP, 7. 9. 74;

Wolfgang Limmer in SZ, 11. 10. 74; HS (= Helmuth Schmitz) in FR, 12. 10. 74; rie (= Hermann Riede) in FNP, 12. 10. 74; Bodo Fründt in KstA, 12./13. 10. 74; Siegfried Diehl + Brigitte Jeremias in FAZ, 19. + 22. 11. 74

Inhalt: Ein Rechtsanwalt, Offizier der Ehrenlegion und passionierter Verbrecher, begeht mit Hilfe von zwei jungen Damen, die ihm hörig sind, Versicherungsbetrügereien, Unterschlagungen, Diebstahl, Heiratsschwindel und Mord. Ihre Vorgehensweise: Durch geschickt arrangierte Verträge bringen sie Erbschaften von Leuten an sich, deren Ableben absehbar ist.

Zum Film: »Der schöne Franzose Michel Piccoli macht aus den deutschen Schwestern Romy Schneider und Mascha Gonska wasch-

Hochzeit mit Hindernissen. Romy, Mascha Gonska und Piccoli in ›Trio infernal‹.

185

echte Französinnen. Das Ganze ist von Ex-Kritiker Francis Girod als schwarze Farce angelegt, die ihren Höhepunkt in dem vielzitierten, schaurigen Mord an einem Paar finden soll, dessen Überreste im Säurebad zur stinkenden Brühe werden.

Eines Tages geht die glatte Rechnung mit dem schwindsüchtigen Opfer nicht auf, eine Wandlung in der Geschichte setzt ein, aber Umschlag und Zuspitzung ins Makabre gelingen nicht. Immer werden Gewalt, Grauen und ästhetisierte Unappetitlichkeit zum Selbstzweck.« (Hermann Riede)

Grandeur nature
Life Size
Frankreich/Italien/Spanien
Regie: Luis Garcia Berlanga. Drehbuch: Rafael Azcona, Luis Garcia Berlanga. Dialoge (französisch): Jean-Jacques Carrière. Regieassistenten: José-Maria Gutiérrez, Umberto Angelucci, Christian Fuin. Kamera: Alain Derobe. Schnitt: Françoise Bonnot. Musik: Maurice Jarre, sowie An der schönen blauen Donau von Johann Strauss.
Darsteller: MICHEL PICCOLI (Michel), Valentine Tessier (Michels Mutter), Rada Rassimov (Isabelle), Claudia Bianchi (kleines Mädchen), Queta Clavel (Maria Luisa), Manolo Alexandre (José Luis), Amparo Soler Leal (Boutiquen Inhaber), Lucienne Hamon (Juliette), Jenny Astruc (Janine), Jean-Claude Bercq (Jacques), Michel Aumont (Henry), Julieta Serrano (Nicole), Maria Luisa Ponte (spanische Mutter), Angel Alvarez (spanischer Vater), Teresa Gisbert (Solanesca Frau), Agostin Gonzáles, Paco Algora und Goya Lebrero.
Produktion: Verona Produzione, Rom/Uranus/Fox Europa, Les Films 66, Paris/Jet Film, Barcellona. Eastmancolor. Länge: 100 Minuten.

Kritik: Der Spiegel, 35/74; MFB XI/75.

Inhalt: Michel Piccoli spielt einen wohlhabenden Zahnarzt in einem von Zivilsensations-Schnickschnack und Mode-Schick geprägten Milieu. Der Kontakt zu seiner Frau, einer attraktiven Emanzipierten, deren Weiblichkeit zurückgenommen, fast androgyn wirkt, ist gestört. Berlanga charakterisiert diese Gattin als »ein typisch modernes Weib«, bei dem sich »der Mann mit seiner altmodischen Lust wie ein Tier« vorkommen muß, das »Unbehagen und Abneigung hervorruft.«

Die einzige Frau, bei der sich der Held noch wohl und anerkannt fühlt, ist seine Mutter.

Zum Film: Die französische Zensur hatte sie lange nicht freigegeben, Luis Garcia Berlangas makabre Sex-Satire.

Piccoli spielt in Grandeur nature die Rolle eines komisch-perversen Erotomanen namens Michel derart hingebungsvoll und alles beherrschend, daß der Film wie eine Krönung und zugleich Enzyklopädie und Parodie aller seiner Darstellungen Sexdekadenter Bürgermänner wirkt.

Grandeur nature im surrealistischen Komödienstil Buñuels inszeniert, fasziniert und deprimiert als ebenso rührende wie bittere Studie deformierter Männer-Sexualität.

(Zitate nach SPIEGEL 35/1974)

Le fantôme de la liberté
Das Gespenst der Freiheit
Frankreich
Regie: Luis Buñuel. Drehbuch: Jean-Claude Carrière, Luis Bunuel. Regieassistenten: Pierre Lary, Jacques Fraenkel. Kamera: Edmond Richard. Schnitt: Hélène Plemiannikov. Darsteller: Adriana Asti (Schwester des 1. Polizeipräfekten und »Dame in Schwarz«), Julien Bertheau (1. Polizeipräfekt), Jean-Claude Brialy (M. Faucauld), Adolfo Celi (Arzt von M. Legendre), Paul Frankeur (Gastwirt), Michel Lonsdale (Hutfabrikant), Pierre Maguelon (Gendarm Gérard), François Maistre (Professor), Hélène Perdrière (alte Tante), MICHEL PICCOLI (2. Polizeipräfekt), Claude Piéplu (Polizeikommissar), Jean Rochefort (M. Legendre), Bernard Verley (Hauptmann der Dragoner), Monica Vitti (Mme Faucauld), Milena Vukotic (Krankenschwester), Jenny Astruc (Frau des Professors), Pascale Audret (Mme Legendre), Ellen Bahl (Kinderschwester), Philippe Brigaud (Satyr), Philippe Brizard (Barmann), Agnès Capri (Schuldirektorin), Jean Champion (1. Arzt), Jacques Debarry (Gerichtsvorsitzender), Anne-Marie Deschott (Edith Rosenblum), Michel Dhermay (französischer Offizier), Philippe Lancelot (2. Offizier), Paul LePerson (Pater Gabriel), Pierre Lary (der freigesprochene Mörder), Marius Laurey (Friedhofswächter), Alix Mahieux (Empfangsdame), Maxence Mailfort (Leutnant der Dragoner), Annie Monange (Opfer des Mörders), Gilbert Montagne (junger Mönch), Muni (Hausmädchen), Bernard Musson (Pater Raphael), Jean Mauvais (Polizeibeamter), Marc Mazza (Panzerführer), Marcel Pérès (ein Mönch), Marie-France Pisier (Mme Calmette), Pierre-François Pistorio (François), Jean Rougerie (Gast), André Royer (Brigadier), I. Carrière (Véronique

Zwei Polizeipräfekten, Julien Bertheau und Michel Piccoli in Buñuels
›Das Gespenst der Freiheit‹.

Faucauld), J. Werner (Captain), Claude Jaeger (Colonel), Maryvonne
Ricaud (Sophie), V. Blanco (Aliette), Flamend (Sekretär des Polizei-
präfekten), Sala (Bootblack), Jacques Debarry (Richter), Orane De-
mazis (Mutter des Präfekten), Maurius Laurey (Friedhofsangestell-
ter, T. C. Barras (Caballero, J. C. Jarry (französischer Offizier),
Gilbert Lemaire (Gendarme), Janine Darcey (Patientin), Augusta
Carrière (Schwester), Luis Buñuel, Serge Silberman, José Bergamin,
José-Luis Barros, Jean Degrave, Tobias Engel.
Produktion: Greenwich Film, Paris. Produzent: Serge Silberman.
Panavision. Eastmancolor.
Länge: 104 Minuten.
UA: 11. 9. 1974 Paris; EA: 14. 2. 1975.

Kritik: Edgar Wettstein in Zoom 20/74; MFB II/75; Filmdienst 19165; Hans C. Blumenberg in Die Zeit 21. 2. 75; Brigitte Jeremias in FAZ 14. 2. 75; Hans C. Blumenberg in KstA 21. 2. 75.

Inhalt: »Es leben die Kadetten!«, darauf folgen die Salven des Exekutionskommandos. Diese Szene aus dem Jahre 1814, als die Spanier von Napoleon »befreit« wurden, steht am Beginn von Buñuels episodenhaftem Film.

Zum Film: Eine Attacke gegen das »Normalverhalten«, Buñuel verkehrt die Maßstäbe von Be- und Verurteilung.

Vincent, François, Paul et les autres
Vincent, François, Paul und die anderen
Frankreich/Italien
Regie: Claude Sautet. Drehbuch: Jean-Loup Dabadie, Claude Néron, Claude Sautet, nach dem Roman *Le grande Marrade* von Claude Néron. Kamera: Jean Boffety. Schnitt: Jacqueline Thiédot. Musik: Philippe Sarde. Darsteller: Yves Montand (Vincent), MICHEL PICCOLI (François), Serge Reggiani (Paul), Gérard Depardieu (Jean),

Yves Montand und Michel Piccoli, zwei Freunde aus Sautets ›Vincent, François, Paul und die anderen‹.

Stéphane Audran (Cathérine, Vincents Frau), Marie Dubois (Lucie), Ludmila Mikael (Vincents Freundin), Antonella Lualdi (Julia, Pauls Frau), Cathérine Allégret (Colette), Umberto Orsini (Jacques), Jean-Denis Robert (Pierre), sowie Jacques Richard, Nicolas Vogel, Betty Beckers, Yves Gabrielli, Jean Capel, Myriam Boyer, Daniel Lecourtois, Pierre Maguelon, David Tonelli, Mohamed Galoul.
Produktion: Lira, Paris/President, Paris/Capitolina, Rom
Eastmancolor. Länge: 118 Minuten.
UA: 2. 10. 1974 Paris. BRD: 25. 4. 1975.

Kritik: Pierre Brillard in Journal du Dimanche; Edgar Wettstein in Filmdienst 19257/75

Inhalt: »Die Geschichte beginnt mit einem turbulenten Fußball-match, einer ebenso bewegten Löschaktion in einem Kaninchenstall

Stéphane Audran, Yves Montand, Serge Reggiani, Antonella Lualdi, Michel Piccoli und Marie Dubois in ›Vincent, François, Paul und die anderen‹.

190

und der anschließenden Begießung dieser Vorfälle: ein munteres Wochenende im Freundeskreis auf dem Lande, von dem man am Sonntagabend wieder in die Stadt fährt.« (E. Wettstein.)

Zum Film: Eine melancholische Alltagstragödie mit Montand, Piccoli, Reggiani und Depardieu, eine Art von Kino zwischen Enterteinament und Realismus, das Sautet leider allzu oft ins Lelouch-Fahrwasser geglitten ist. Diesmal nicht: Vincent, François uind die anderen ist dank der überzeugenden Charakterisierung der »Helden« ein schöner, glaubwürdiger Film.

1975

La Faille
Der dritte Grad/Die Falle
BRD/Frankreich/Italien
Regie: Peter Fleischmann. Drehbuch: Jean-Claude Carrière, E. Giacca Palli, Martin Walser, Peter Fleischmann, nach einem Roman von Antonis Samarakis. Kamera: Luciano Tovoli, Colin-Mounier. Musik: Ennio Morricone. Darsteller: MICHEL PICCOLI (der Mann), Ugo Tognazzi (ein Agent), Mario Adorf (zweiter Agent), sowie Adriana Asti, Dimos Starenios, Thimos Karakatatsanis.
Produktion: Maran/Hallelujah/Belstar/Lira/Films 66/Explorer. Eastmancolor. Länge: 112 Minuten.
Der Film wurde außer Konkurrenz im Juli 1975 bei den 25. Internationalen Filmfestspielen in Berlin uraufgeführt.

Kritik: Bernhard Giger in Zoom 24/76; Filmdienst 19773/76; HRB in RP, 20. 3. 76; Die Zeit, 26. 3. 76; Brigitte Jeremias in FAZ, 5. 4. 76; Rolf Thissen in KstA, 3. 7. 76

Inhalt: Ein friedlicher Reisebüroangestellter (Ugo Tognazzi) wird in einer südosteuropäischen Militärdiktatur aus faden-scheinigen Gründen in einem Café aufgegriffen, verhört und für schuldig befunden. Zwei Agenten (Michel Piccoli, Mario Adorf) führen ihn in die Hauptstadt ab. Unterwegs kommt es zwischen dem Gefangenen und einem der Agenten (Piccoli) zu einer Verständigung. Der Agent wird zum Komplizen, der Verurteilte zum Untergrundhelden. Doch am Treffpunkt der »Gruppe« wartet schon der Geheimdienst.

Zum Film: Verworrener Politkrimi, im Griechenland der Obristen angesiedelt, ohne jedoch die Hintergründe zu beleuchten. Allenfalls das Verhältnis zwischen Jäger und Gejagtem, erweckt Interesse.

... auf der Flucht – Piccoli im ›Dritten Grad‹.

Mario Adorf über den Film und MICHEL PICCOLI: »Das war eine mühsame, unerfreuliche Geschichte. Erst mal war das damals in Griechenland eine sehr ungünstige Zeit, es war genau die Zeit nach dem politischen Umsturz und da war irgendwie die Luft raus, weil der Terror der Junta ja den Hintergrund für die Story lieferte. Dazu kam, daß hier sehr unflexibel gearbeitet wurde, quasi die negativen Seiten einer deutschen Produktion: humorlos, verbissen, undiplomatisch, naiv, vor allem gegenüber Tognazzi und Piccoli. Ugo Tognazzi hatte in dieser Situation keine Chance, dem hat man übel mitgespielt und Michel Piccoli hat ein erstaunliches Nervenkostüm bewiesen, er wurde nicht böse, sondern verstummte ganz einfach. Ich habe damals etwas getan, was ich heute bedaure und trotzdem damals meinte, tun zu müssen. Ich habe aus Mitleid und irgendeiner seltsamen nationalen Solidarität mich nicht auf die Seite meiner Kollegen gestellt, was

Ein Museum wird zum Schlachtfeld: Piccoli im ›Dritten Grad‹.

höchst unüblich ist. Ein Schauspieler stellt sich nicht gegen seine Kollegen auf die Seite des Regisseurs. Das habe ich aber damals sehr bewußt, wenn auch ungern getan, nicht aus Sympathie für den Regisseur, sondern weil er mir ganz einfach leid getan hat. Und dadurch stand ich zwangsläufig gegen Piccoli und Tognazzi. Auf diese Weise wurde das ziemlich unerfreulich. Piccoli hatte sich da meist rausgehalten, aber Tognazzi war schon sehr verletzt. Bei der Premiere in Berlin hat er dann grausige Dinge erzählt, ich mußte das auch noch übersetzen. Als man ihn fragte, warum er den Film gemacht hatte, äußerte er: Ich habe Griechenland vorher nicht gekannt und so auf nette Weise einen gut bezahlten Urlaub gemacht. Soviel Recht hatte er im Grunde nicht, aber er war eben ganz einfach verärgert und getroffen und hat deshalb extrem reagiert. Der Film war mißlungen, aber man hätte ihm halt die Ehrenrettung gegönnt.

Tognazzi zeigt es ihnen, Piccoli und Adorf, doch es wird ihm nichts mehr helfen, sein Schicksal ist besiegelt. ›Der dritte Grad‹.

Ich denke ja dann immer auch an die Energien, die Kräfte, die dahinter stehen, die Arbeit, die man nicht vergessen darf, das sollte man nicht als Klatsch verkaufen, man kann sich ja nicht aus der Schlinge ziehen, schließlich sind auch wir verantwortlich dafür, wenn so etwas herauskommt.

Léonor
Eleonore
Frankreich/Spanien/Italien
Regie: Juan Buñuel. Drehbuch: Juan Buñuel, Jean Claude Carrière, Philippe Nuridzany, Pierre Maintigneux, nach einer Erzählung von Ludwig Tieck. Regieassistent: José Maria Gutierrez. Kamera: Luciano Tovoli. Musik: Ennio Morricone.

Darsteller: MICHEL PICCOLI (Richard), Liv Ullmann (Eleonore), Ornella Muti (Cathérine), Antonio Ferrandis (Thomas Venette), Angel Del Pozo (Kaplan), Antonio Ros (Julien), Carlos Coque (Gregoire, 9 Jahre), Jose-Luis Romera (Mathieu, 8 Jahre), José Maria Caffarel (Doktor), José Moreno (Arnaud), Jorge Rigaud (Fusoris), Maria Kosty (Jeanne), José Guardiola (Barnabé), Vida (Lewia), Tito Garcia (Simon), Ana Casper (Margot), José Maria Prada (Fremder).
Produktion: Arcadie/Films 66/Société du Film/Goya/Transeuropa. Farbe. Länge: 98 Minuten.

Kritik: Filmdienst 19472/1975; Andreas Meyer in SZ, 1. 9. 75; Hans C. Blumenberg in DIE ZEIT 5. 9. 75; Doris Blum in FAZ, 10. 9. 75

Inhalt: Die schöne Eleonore, Ehefrau des wohlhabenden Schloßherrn Richard, stirbt nach einem Reitunfall. Richard ist verzweifelt, kann er doch nicht alleine leben. Noch am Todestag seiner Frau nimmt er sich die blutjunge Catherine zum Weib. Doch das Mädchen

Piccoli und Liv Ullmann in dem gespenstischen Melodram ›Eleonor‹.

195

hat wenig von ihrem Ehemann: Richard hat sich in die Einsamkeit seines felsigen Landsitzes zurückgezogen. Seltsame Tagträume lassen ihm die Tote erscheinen, in Verzweiflung und Leidenschaft öffnet Richard die Krypta und findet dort Eleonore lebend vor. Cathérine, die sich mit den zwei Kindern nicht vertreiben lassen will, stirbt von seiner Hand, jetzt senkt sich das Unheil über Schloß und Bewohner.

Zum Film: Ludwig Thiecks Novelle *Weckt die Toten nicht!* entstand im 18. Jahrhundert, wo sie auch spielt. Der Sohn des spanischen Regisseurs Luis Buñuel hat die Geschichte ins 13./14. Jahrhundert zurückversetzt. Wie die beiden ersten Filme von Juan Buñuel ist auch dies eine romantisch phantastische Horrorsaga, die sich von den klassischen Horrorfilmen durch eine äußerst dezent zurückhaltende Darstellung abhebt. Wenngleich dem Film eine dramaturgische Geschlossenheit fehlt, gibt es für Liv Ullmann und Michel Piccoli hervorragende Möglichkeiten, ihre intensive Darstellungskunst vorzuführen.

Sept morts sur ordonnance
Quartett Bestial
Frankreich/Spanien/BRD
Regie: Jacques Rouffio. Drehbuch: Georges Concon, Jacques Rouffio, unter Mitarbeit des Chirurgen Jean-Louis Chevrier und Geza von Radvany. Kamera: Andréas Winding. Musik: Philippe Sarde. Darsteller: MICHEL PICCOLI (Dr. Pierre Losseray), Gérard Depardieu (Dr. Berg), Jane Birkin (Jane Berg), Marina Vlady (Muriel Losseray), Charles Vanel (der alte Brézé), Michel Auclair (Dr. Mathy), Monique Mélinand (Mme Giret), Coline Serreau (Mme Mauvagne), Antonio de Ferandis (Kommissar Giret), Jose-Maria Prada (Simon Mauvagne), Karl Schönböck (Joseph Brézé), Etienne Draber (Robert Brézé), Georg Marischka (Paul Brézé), Guy de Belleval (Henri Chantin-Brézé), Elisabeth Strauss (Mme Robert Brézé).
Produktion: Belstar/Films 66, Paris/Jet Film, Barcelona/T. I. T., München. Produzent: Jacques Dorfman. Co-Produzent: Francis Girod. Länge: 109 Minuten. UA: 3. 12. 75 Paris. EA: 4. 6. 1976

Kritik: Zoom 1976/86; Filmdienst 19832/76

Inhalt: Der alte Brézé, Mitglied der Ärztekammer, hält die medizinische Betreuung der Stadt fest im Griff. Seinen Söhnen, die zwar Mediziner geworden sind, aber wenig Qualifizierung aufweisen können, hat er eine moderne Klinik ausgebaut, obwohl er deren und

Schußbereit – vom Ärzte-Clan tyrannisiert greift der Einzelgänger zur Knarre. ›Quartett Bestial‹ will eine sozialkritische Farce sein.

seine eigenen Grenzen erkannt hat. Aber gerade das macht ihn zum Feind aller hochqualifizierten Gegner, und in deren Bekämpfung kennt er keine Grenzen. Dabei wird er tatkräftig von seinem Clan unterstützt. Sein Hauptgegner ist Pierre Losseray, ein hervorragender Chirurg. Weil Losseray einen Herzinfarkt hatte und sich für eine Weile zurückgezogen hielt, wird er von Brézé terrorisiert, als unfähig bezeichnet und bedroht. Doch Losseray läßt sich nicht unterkriegen, sondern weist vielmehr nach, daß sein Vorgänger, Dr. Berg vom Alten fertiggemacht wurde, die Nerven verloren und seine Frau, die Kinder und sich selbst getötet hat. Doch als Losseray sich selbst untersuchen läßt, muß er feststellen, daß er am Ende ist. Er unternimmt noch einmal eine große Operation, geht nach Hause und erschießt seine Frau und sich selbst. Der Brézé-Clan hat gesiegt, sieben Tote stehen auf seiner Liste.

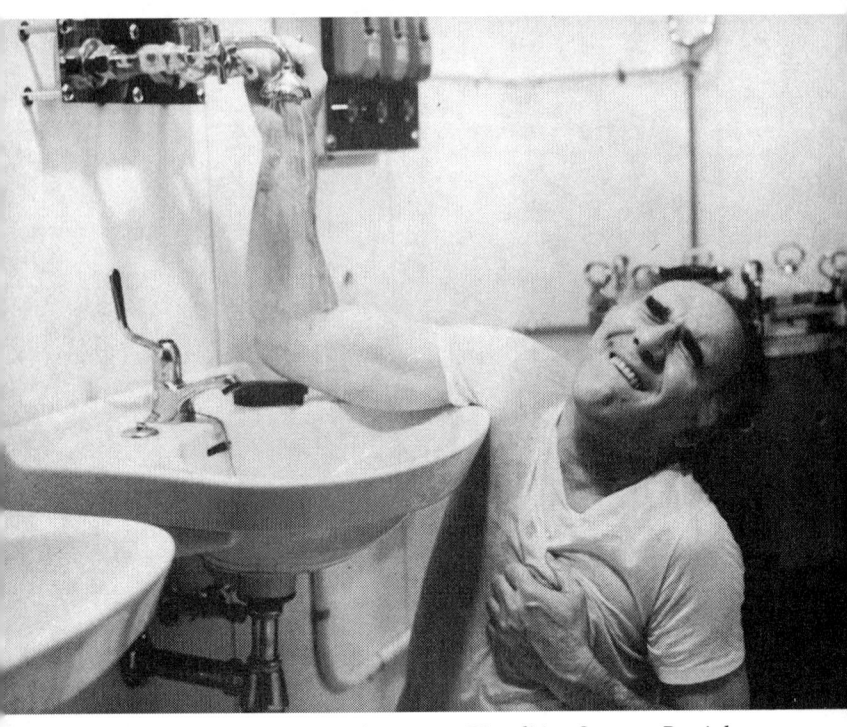

Zusammenbruch nach Psychoterror – Piccoli in ›Quartett Bestial‹.

Zum Film: Was eine ätzende Satire auf die Korruption des Ärztestandes hätte werden können, wurde eine grelle Horrorkolportage. Dabei spielen so erstklassige französische Schauspieler wie Depardieu, Vanel und Auclair ganz schrecklich, nur Jane Birkin, Marina Vlady und nicht zuletzt Michel Piccoli können mit ihren schauspielerischen Leistungen überzeugen. Birkin und Piccoli sind in diesem chaotisch anarchistischen Sumpf Figuren von tragischer Größe.

Strauberg ist da
BRD
Regie/Drehbuch/Ausstattung/Produktion: Mischa Gallé. Regieassistentin: Beate Schlegel. Kamera: Dieter Matzka. Schnitt: Dieter Matzka, Beate Schlegel. Musik: Stefan Melbinger. Darsteller: Theodor Kotulla (Schriftsteller Theo Panek), Bernadette Lafont (Autorin Anne), Udo Heiland (Regisseur Volkert), Karl-Heinz Heitmann

Kulturschaffende auf der Insel, der Verleger kommt in letzter Minute, doch es kommt nur noch zum Showdown. ›Strauberg ist da‹ – kein bequemer Feiertagsfilm.

(Schauspieler Gromberg), MICHEL PICCOLI (Verleger Strauberg), Jörg Richter (Felix), Evagelos Gizis, Michalis Yidalin.
Produktion: Gallé/RCK-Film/SWF. Schwarzweiß. Länge: 114 Minuten (gekürzte Fassung: 94 Minuten).
UA: Berlinale 25. 2. 78. EA: 3. 11. 78

Kritik: Ruppert Neudeck in Funk-Korrespondenz, 18. 11. 76; Reinhold Jacobi in Filmdienst 225/78; Georg Seeßlen in Filmbeobachter 13/78; Walter Spielmann in Salzburger Nachrichten, 10. 3. 78; Hans Hellmut Kirst in Die Welt, 28. 9. 78; Anne Frederiksen in Die Zeit, 3. 11. 78; Pako in Hamburger Morgenpost, 3. 11. 78; Dietmar Schmidt in Kirche und Film, 10. 11. 78 + 13. 2. 79; Klaus Eder in Kulturspiegel BR 3, 23. 11. 78; Jörg Ulrich in Münchner Merkur, 25. 11. 78; F. H. (= Frauke Hanck) in TZ, 25. 11. 78; Ponkie in Abendzeitung, 27. 11. 78; Gunar Hochheiden in FR, 12. 2. 79; Gerhard Rohde in FAZ, 13. 2. 79; SZ, 27. 3. 80.

Inhalt: Ein Schriftsteller, ein Filmregisseur und ein Schauspieler verbringen eine Art schöpferischen Urlaub auf dem Besitztum eines

Den Morgen wird er nicht mehr erleben. Der Verleger Strauberg in Mischa Gallés umstrittenem Film.

reichen Mäzens in der Ägeis. Für ihn arbeiten sie, er hat ihnen für ihre künstlerische Tätigkeit einen Vorschuß bezahlt, und sorgt ständig dafür, daß sie versorgt sind. Außer den drei Männern lebt in dem Ferienhaus auch die Lebensgefährtin des Schriftstellers und deren Sohn. Die ungewohnte Umgebung, das angespannte Verhältnis mit den Bewohnern der Insel, sowie die Anwesenheit der attraktiven Frau, vor allem aber die vom Auftraggeber programmierte Konkurrenz untereinander, provoziert eine langsam eskalierende Aggressivität und Gereiztheit. Der ständige Zwang, sich selbst zu beweisen, das Gefühl der Hilflosigkeit gegenüber dem Verleger, dessen Ankunft sich immer mehr herauszögert, führt zuerst zum Haß gegeneinander, dieser richtet sich dann aber auch bald gegen die fremde, vielleicht auch mißtrauisch reagierende Außenwelt. Die Kulturschaffenden mißachten die Menschlichkeit und Gastfreundschaft, indem sie die bei den Inselbewohnern tabuisierten Muränen töten und diese ihnen – ein besonderer Hohn – noch zum Verkauf anbieten. Einer der Eindringlinge zerstört mutwillig eine von den Anwohnern mühsam errichtete Steinmauer und schließlich ertrinkt noch ein junger Inselbewohner, der auf ihr Geheiß eine Muräne gejagt hat. Jetzt machen die Inselbewohner ihrerseits Jagd auf die Fremden. Da trifft Strauberg ein, es kommt zwischen ihm und seinen Arbeitnehmern zum Streit, der sich zuspitzt und mit der Ermordung Straubergs endet.

Zum Film: Wer eine unterhaltsam spannende Variante eines Sartreschen *Huit clos* erwartet, wird enttäuscht: Mischa Gallés Filmstil ist spröde, monoton und keineswegs anbiedernd. Interessant ist die Umkehrung des Klischees: Michel Piccoli als reicher Verleger erscheint in seinem sehr kurzen, aber eindringlichen Auftritt herzhaft jovialer Art ausgesprochen symphatisch, während die Kulturschaffenden ein Haufen kleinlicher Biedermänner sind, die – ihre Begleiterin Anna nicht ausgeschlossen – alles andere als liebenswert sind.

Der Film, dessen Fertigstellung und Aufführung sich über Jahre hinzog, wurde bei seiner Kinopremiere vor allem von der Münchner Kritik mit seltener Wut aufgenommen. Der Kritiker des Münchner Merkur – ein sich in der Anonymität eines Pseudonyms versteckender prominenter Autor – verstieg sich sogar zur Äußerung: »Man sollte jungen Filmemachern den Stadtteil Schwabing verbieten, am besten die ganze Stadt München, damit sie weniger Gelegenheit haben, im eigenen Saft zu schmoren und im Daueraustausch ihrer

Patrick Dewaere und Michel Piccoli in Maurice Dugowsons ›Frech wie Fairbanks‹.

Problemchen mit ihresgleichen die wirkliche Welt vergessen.« Die Reaktionen bewiesen: der Film hatte sein Ziel erreicht: Die Botschaft, daß Menschen, die man so richtig ausgebeutet hat, nur noch schreien und schlagen können, hat beunruhigt.

Michel Piccoli, der sich immer wieder für radikale, unmißverständliche Plädoyer-Filme zur Verfügung gestellt hatte – und das nicht selten für eine äußerst geringe Gage, hat hier – nicht nur als Schauspieler, sondern dadurch, daß er die Rolle überhaupt angenommen hat, ein Zeichen gesetzt.

F comme Fairbanks
Frech wie Fairbanks
Frankreich
Regie: Maurice Dugowson. Drehbuch: Jacques und Maurice Dugowson. Kamera: André Diot. Musik: Patrick Dewaere, Roland Vincent. Darsteller: Miou Miou (Marie), Patrick Dewaere (André),

MICHEL PICCOLI (Étienne), John Berry, (Fragman), Jean-Michel Folon (Jean Pierre), Christine Tissot (Sylvie).
Produktion: Caméra One/Gaumont/F. R. 3. Produzent: Michel Seydoux. Eastmancolor. Länge: 107 Minuten.
EA: 29. Mai, 1981 ZDF.

Kritik: Filmalmanach 1982; Zoom 10/77: Filmdienst Lexikon; HRB in FR, 29. 5. 81

Inhalt: André kommt frisch aus der Kaserne, hat sein Ingenieur-Diplom, findet aber keine Arbeit. Sein Vater ist in Paris Filmvorführer und träumt von alten Zeiten, als es noch Stars wie Douglas Fairbanks gab, und aus Verehrung für die großen alten Helden nennt er seinen Sohn Fairbanks. Auch Marie träumt von alten Zeiten, wäre gerne Schauspielerin, arbeitet in einem Reisebüro, kann aber eines Tages in einem kleinen Vorstadttheater *Alice im Wunderland* spielen. Marie und André verlieben sich. Doch dann kommt es zu einem Fiasko.

Zum Film: Ähnlich wie in seiner Tragikomödie Lily, hab mich lieb hat der aus St. Quetin gebürtige Maurice Dugowson für seinen Film einen ungewöhnlichen Schluß gewählt. Brillant Patrick Dewaere, ein stiller Komiker, der hier einen jungen Mann spielt, dessen Tatendrang erstickt wird. Seine Freundin, Miou-Miou, spintisiert vor sich hin und sein Vater (Piccoli) träumt von alten Zeiten.

Mado
Mado
Frankreich/Italien/BRD
Regie: Claude Sautet. Drehbuch: Claude Sautet, Claude Néron. Regieassistenten: Jean-Claude Sussfeld, Jacques Santi. Kamera: Jean Boffety. Schnitt: Jacqueline Thiédot. Musik: Philippe Sarde. Darsteller: Romy Schneider (Hélène), Charles Denner (Manecca), MICHEL PICCOLI (Simon), Ottavia Piccolo (Mado), Jacques Dutronc (Pierre), Julien Guiomar ((Lépidon), Jean-Paul Moulinot (Papa), Bernard Fresson (Julien), Claude Dauphin (Vaudable), Jean Bouise (André), André Falcon (Mathelin), Konrad von Borck (Salva), Sabine Glaser (Schwester des Bräutigams), Denise Filatrault ((Lucienne), Michel Aumont (Barachet), sowie Jacques Richard, Nathalie Baye.
Produktion: Les Films La Boétie, Paris/Italgerma, Rom/Terra Filmkunst, Berlin. Produzent: Guy Azzi & Jean Guillaume. Herstellungsleitung: André Génovès. Eastmancolor. Länge: 135 Minuten.
BRD: 16. 12. 1976

Ottavia Piccolo, Michel Piccoli in Claude Sautets ›Mado‹.

Kritik: Walter Vian in Zoom 23/76; Filmdienst 20079/76; Otto Kuhn in Filmbeobachter 77/3/39; Sven Hansen in Die Welt, 30. 12. 76; Hans C. Blumenberg in Die Zeit, 31. 12. 76; HRB in RP, 4. 1. 77; Rolf Wiest in KstA, 5. 2. 77; H. G. Pflaum in SZ, 16. 3. 77; K. W. in KstA, 23. 9. 68.

Inhalt: Mado ist eine ungewöhnliche Frau. Sie ist intelligent, kann Menschen durchschauen und verbringt ihre Nächte mit Männern der Geldaristokratie, von denen sie sich bezahlen läßt. Aber wirklich lieben tut sie einen hintergründig ernsten, ein wenig tragisch wirkenden Gangster, der im Verlauf des Films von brutalen Geschäftemachern erschlagen wird. Zentralfigur aber ist Simon/Piccoli, der sich selbst als einen Dilletanten der Geschäftswelt bezeichnet.

Zum Film: Claude Sautets Film ist eine finstere Kolportage a la Simmel und Lelouch, jedoch ausgezeichnet intoniert und brillant gespielt. Ottavia Piccolo spielt die Mado, Romy Schneider die leidvoll der Trunksucht verfallene Hélène und Piccoli ist der tragisch unglückliche Freund. Ein nicht in allen Phasen überzeugender, wohl aber unterhaltsamer Film.

Piccoli in ›Mado‹ mit Jacques Perrin.

Claude Sautet: »Seine Figuren waren immer ruhig, lieb, gutausse-hend, vornehm, gleichzeitig aber – im Gegensatz zum wahren Michel Piccoli – extrem frauenfeindlich. Diesen Zwiespalt wollte ich immer zeigen, so habe ich ihn immer eingesetzt.«

La dernière femme
Die letzte Frau
Frankreich/Italien
Regie: Marco Ferreri. Drehbuch: Marco Ferreri, Rafael Azcona, Dante Matelli. Regieassistenten: Enrique Bergier, Bernard Grenet. Kamera: Luciano Tovoli. Schnitt: Enzo Meniconi. Musik: Philippe Sarde. Ausstattung: Michel De Broin.
Darsteller: Gérard Depardieu (Gérard), Ornella Muti (Valérie), MI-CHEL PICCOLI (Michel), Renato Salvatori (René), Giuliana Calendra (Benoîte), Zouzou (Gabrielle), Nathalie Baye (das Mädchen mit den Kirschen), Solange Skyden (ein anderes Mädchen), Carole Perle (Freundin von Gabrielle), Daniela Silverio (Michels Marilyn), Vittorio Ganfoni (der Polizist mit Hund), Guerrino Totis (der Mann aus Chile) und der kleine David Biffani (Pierrot).
Produktion: Flaminia/Jacques Roitfeld, Paris. Produzent: Edmondo Amati. Co-Produzent: Jacques Roitfeld. Technicolor. Länge: 110 Minuten.
UA: 21. 4. 1976 Paris. BRD: 2.9. 1976.

Kritik: MFB 76; Positif 181; Stern 34/76; Der Spiegel/36; Sight & Sound, Winter 71/72; Zoom 12/76; Filmdienst 19922/76; Vera Sommer in Filmbeobachter 2/77; Rolf Wiest in KstA, 4. 9. 76; HRB in RP, 4. 9. 76; Christa Marker in SZ, 18. 9. 76

Inhalt: Der 28jährige Gérard (Depardieu) ist Ingenieur in einem chemischen Betrieb. Gérard lebt alleine mit seinem einjährigen Sohn Pierrot, die Mutter ist vor kurzem ausgezogen. Im Werkskindergarten trifft er auf Valerie (Muti), die Pierrot in ihr Herz geschlossen hat, und von dessen Vater auch recht angetan ist. Kurzentschlossen verbringt sie mit Gérard und Pierrot – statt mit dem älteren Freund Michel (Piccoli) – den Urlaub. Gérard und Valérie leben miteinander, schlafen zusammen, haben viel Spaß, aber es gibt auch Probleme. Gérard ist krankhaft eifersüchtig, wenn Valérie und Pierrot alleine zusammen sind. Valérie ist für ihn eine Affäre, Pierrot und er sind die Familie. Gérard ist derb, direkt, verletzlich und verletzend. Wenn sich Valérie mit Michel trifft gibt es Krach, wenn Valérie und Gabrielle, seine Frau, sich gut verstehen, wird er unruhig. Er bricht ihre Koffer auf und versteht nicht ihre Entrüstung darüber. Der weitaus erfahrenere Michel lehrt ihn, daß das keine Bagatelle ist:

»Das löst Frustration aus; sie fühlt sich dabei in ihrer Persönlichkeit verletzt, und diese Frustration löst Reaktionen aus. Wir finden das blödsinnig, aber es hat seine Rechtfertigung.« Wirklich helfen kann Michel auch nicht, das könnten vielleicht die Frauen Valérie oder Gabrielle, doch die werden nicht gefragt. So zieht Gérard seine makabre Konsequenz: Er kastriert sich selbst.

Zum Film: Ferreri ist mit seinen Gesellschaftsgeschichten nicht zimperlich, er packt soziale Probleme an und haut sie dem Zuschauer um die Ohren: In *Allein mit Giorgio* tötet Liza den Hund, weil sie glaubt, er werde von Giorgio mehr geliebt. Sie legt sich selbst das Halsband an und apportiert; in *Das große Fressen* verzweifeln ein paar Menschen aus vornehmen Kreisen an der Sterilität ihres Lebens und fressen sich zu Tode. Hier nun treibt Gérard seinen Akt der Rebellion auf die Spitze.

Wie Chabrol für seine zynischen Gesellschaftsporträts Schauspieler brauchte, die sehr knapp, unaufdringlich und geradezu sachlich selbstverständlich spielen, so sind Ferreris Filme immer dann am überzeugendsten, wenn er mit Darstellern arbeitet, die Extremes ohne extreme Spielweise darzustellen vermögen. Piccolis Charakter in diesem Film bietet einen wichtigen Gegensatz: Er ist erfahrener mit Frauen als Gérard, doch seine Einstellung ist ebenso naiv. Wie dieser oder René lebt auch er völlig an den Frauen vorbei, in einer eigenen Welt, der Männerwelt, die keinen Zugang zu der der Frauen bietet. Um das darzustellen, ohne daß solche Männer dann als Ungeheuer erscheinen, dazu bedarf es (hier) Schauspielern wie Depardieu, Piccoli und Renato Salvatori.

»Das einzige Kommunikationsmittel ist die Repression. Traditionelle Gesellschaftsformen, intellektuelles Bildungsbürgertum, vor allem aber die sogenannte Filmkunst interessieren mich nicht... Ich will in meinen Filmen zeigen, daß wir alle Feiglinge sind. Immer wieder versuchen wir, etwas zu retten. Aber es gibt nichts zu retten.« sagt Ferreri. Und zu Piccoli: »Er ist ein phantastischer Schauspieler, ein Verrückter, Besessener, was Perfektion anbelangt. Ich habe mit ihm immer wieder gerne gearbeitet, seit er 1968 in *Dillinger ist tot* fast alleine die Leinwand beherrschte. Das war so eine Lieblingskonstellation, die vier Großen, Mastroianni, Noiret, Piccoli und Tognazzi im *Großen Fressen* und beim Custer, aber Piccoli spielte bei mir auch immer gerne kleinere Rollen wie in *Liza* oder *Der letzten Frau*« (Marco Ferreri, 1990)

René la Canne
Die wilden Mahlzeiten
Frankreich/Italien
Regie: Francis Girod. Drehbuch: Jacques Rouffio, Francis Girod, nach einem Gedicht von Roger Borniche. Kamera: Aldo Tonti. Schnitt: Eva Zora. Musik: Ennio Morricone.
Darsteller: Gérard Depardieu (René le Canne), MICHEL PICCOLI (Inspektor Marchand), Sylvia Kristel (Krista), Jean Rigaut (Diogène), Stefano Patrizi (Gino), Ricardo Garrone (Simon), Georges Conchon (Oberstaatsanwalt), Valérie Mairesse (Martine), sowie Jean Carmet, Jacques Jouanneau.
Produktion: Gérard Crosnier für Président Films (J. E. Strauss), Frankreich/Rizzoli Films, Italien. Farbe. Länge: 89 Minuten.
UA: 16. 2. 1977 Paris. BRD: 28. 10. 1977.

Kritik: Rolf Rüdiger Hamacher in Filmdienst 20542/78; Thomas Engel in Filmbeobachter 15/77; sch-r in RP; 29. 10. 77; T.P. (ist Thomas Petz in SZ, 29. 10. 77; D. K. in KstA, 29. 10. 77.

Inhalt: Ein Widerstandskämpfer, hauptberuflich Polizist, und ein naiver Gauner schlagen sich durch das von den Nazis besetzte Frankreich und führen die tölpelhaften Eindringlinge an der Nase herum. Als Zwangsarbeiter in Bayern ziehen sie abwechselnd die Krachlederne an oder lassen sie herunter. Sylvia »Emmanuelle« Kristel reist dem kleinen Gauner René nach und wird beinahe im Umkleideraum von einem Landser vergewaltigt. Auf diesem Niveau spielt der ganze Film.

Zum Film: Derb-deftig-dämliches Rülps-Lustspiel, dessen Niveaulosigkeit selbst angesichts Girods bescheidenem Regietalent überrascht. Es ist zudem meines Wissens der einzige Film, in dem so brillanten Schauspielern wie Depardieu und Piccoli offensichtlich auch nicht mehr einfällt, als ihre dümmlichen Tölpelrollen auf Wunsch der Regie abzuliefern. Mehr nicht.
»*René le Canne* müßte eigentlich eine große Resonanz beim Publikum finden, da die Hauptfigur wie Robin Hood, Arsène Lupin oder Jean Valjean alle Züge einer romantischen Figur aufweist.« (Francis Girod)

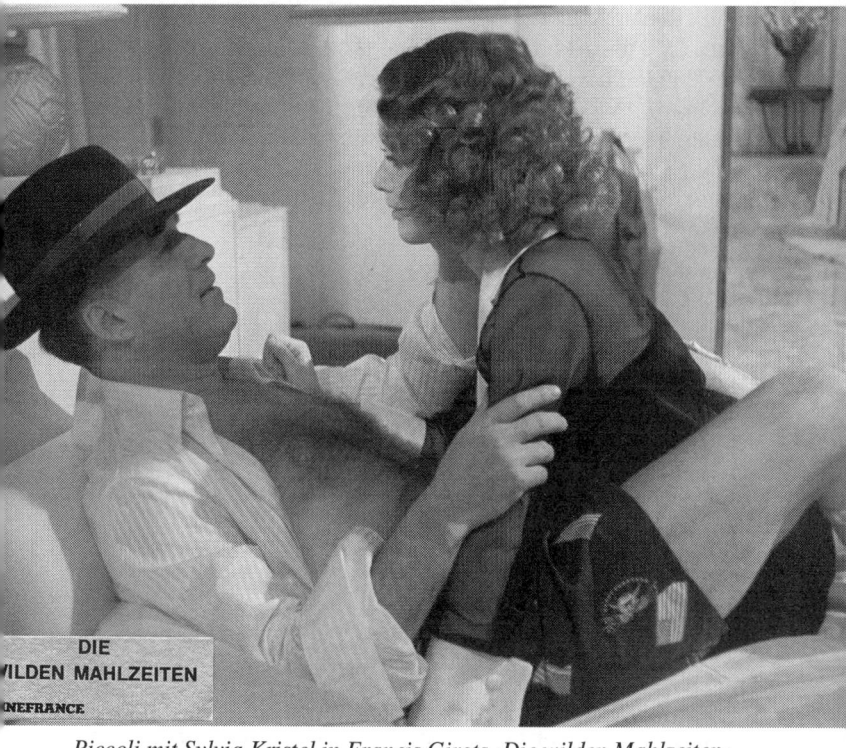

Piccoli mit Sylvia Kristel in Francis Girots ›Die wilden Mahlzeiten‹.

Todo Modo

Todo Modo

Italien

Regie: Elio Petri. Drehbuch: Elio Petri, Berto Pelloso, nach dem gleichnamigen Roman von Leonardo Sciascia. Regieassistent: Umberto Angelucci. Kamera: Luigi Kuveiller.Schnitt: Ruggiero Mastroianni. Musik: Ennio Morricone. Ausstattung: Dante Ferretti.

Darsteller: Gian-Maria Volonté (M), Marcello Mastroianni (Don Gaetano), Mariangela Melato (Giacinta, M's Ehefrau), Ciccio Ingrassia (Voltrano), Franco Citti (der Chauffeur), Cesare Gelli (Arras), Tino Scotti (Koch), Adriano Amidei Migliano (Capra-Porfiri), Giancarlo Badessi (Ventre), Mario Bartoli (Primogenito Lombo), Guerrino Crivello (Fernsehsprecher), Marcello Di Falco (Saccá), Giulio Donnini (Bastante), Aldo Farina (Restrero), Giuseppe Leone (Mar-

tellini), Renato Malavasi (Michelozzi), Riccardo Mangano (Kardinal Beccaris), Pierro Mazzinghi (Caprarozza), Lino Murolo (Mozio), Piero Nuti (Schiavò), Loris Perera Lopez (Lombo sr.), Riccardo Satta (Lomazzo), Luigi Uzzo (Aldo Lombo), Luigi Zerbinati (Claudio), MICHEL PICCOLI (ER), Renato Salvatore (Dr. Scalambri), Nino Costa.
Produktion: Cinevera/Daniele Senatore. Eastmancolor. Länge: 139 Minuten.

Kritik: Edgar Wettstein in Filmdienst 20358/77

Inhalt: »Polemische Darstellung einer Elite von Machtträgern, die in einem kirchlichen Zentrum geistliche Übungen abhalten und zugleich in einem Prozeß der Selbstzerfleischung begriffen sind. Auf italienische Verhältnisse und speziell auf die Democrazia Cristiana gemünzt, denunziert Petris Film die Verfilzung der Macht und eine zynische Indienstnahme der Religion für politische Zwecke.« (Edgar Wettstein)

1977

Des enfants gâtés
Verwöhnte Kinder
Frankreich
Regie: Bertrand Tavernier. Drehbuch: Christine Pascal, Bertrand Tavernier, Charlotte Dubreuil. Kamera: Alain Levent. Schnitt: Armand Psenny. Musik: Philippe Sarde.
Darsteller: MICHEL PICCOLI (Bernard), Christine Pascal (Anne), Michel Aumont (Pierre), Gérard Jugnot (Marcel), sowie Lisa Braconnier, Geneviève Mich, Gérard Zimmerman, Arlette Bonnard, Isabelle Huppert.
Produktion: Gaumont/Sara/Films 66/Little Bear. Eastmancolor. Länge: 109 Minuten
BRD: 15. 10. 1979, ARD.

Kritik: Josef Schnelle in Filmdienst 22182/79; Rainer Casper in Filmbeobachter 18/979.

Inhalt: Statt sich – wie geplant – in eines der unpersönlichen Wohnsilos am Rande von Paris zurückzuziehen und an seinem Drehbuch zu arbeiten, lernt Bernard die junge Nachbarin Anne kennen, die ihn für eine gemeinsame Aktion gegen den Vermieter gewinnen möchte.

Obwohl ihn das alles eigentlich nicht interessiert, wird er durch den Elan und das Engagement der Frau mitgerissen. Zwischen Bernard und Anne kommt es zu einer Liaison, die aber nur für die Dauer des gemeinsamen Kampfes anhält.

Zum Film: »... in mancher Hinsicht vielschichtiger als die bloße Inhaltsangabe vermuten läßt... Die Darstellerin und Co-Autorin Christine Pascal... verlieh der Anne eine eindeutig autobiographische Note. Michel Piccoli schließlich ist der Co-Produzent dieses ambitionierten Films, der unter anderem gegen sein Rollen-Image des kraftvoll erfolgreichen Mannes inszeniert wurde...
Es gelingt (Tavernier) in überzeugender Weise, höchst private und gesellschaftliche Ereignisse und Bereiche so miteinander zu verbinden, daß die gegenseitigen Abhängigkeiten und Determinationen offensichtlich werden.« (Rainer Casper)

Christine Pascal und Michel Piccoli in ›Verwöhnte Kinder‹.

Bertrand Tavernier (rechts) bei der Regiebesprechung zu ›Verwöhnte Kinder‹ mit Piccoli.

La part du feu

Das gefährliche Spiel um Ehrgeiz und Liebe oder
Nur einer bestimmt den Preis
Regie: Étienne Périer. Drehbuch: Étienne Périer, Dominique Fabre.
Kamera: Jean Charvein. Musik: Paul Misraki.
Darsteller: MICHEL PICCOLI (Bob Hansen), Claudia Cardinale (seine
Frau Cathérine), Jacques Perrin (seine rechte Hand, ihr Geliebter
Jacques), sowie Véronique Silver, Rufus, Gabrielle Cattand.
Produktion: Les Films de la Tour/FR 3/Films 66. Eastmancolor.
Länge: 99 Minuten.
EA: 27. 12. 1980 ZDF

Kritik: Filmdienst Lexikon

›Das gefährliche Spiel um Ehrgeiz und Liebe‹. Piccoli mit Claudia Cardinale, Jacques Perrin.

Inhalt: Sein Geld verdankt Robert seiner schönen Frau Catherine, doch den inzwischen erfolgreichen Immobilienmakler scheint es nicht zu stören, daß sein junger Gehilfe Jacques ein Verhältnis mit seiner Frau hat. Auf dieser Basis kommt es zur Tragödie.

Zum Film: Claudia Cardinale spielt die verzweifelte Frau zwischen dem Zyniker Michel Piccoli und dem Ehrgeizling Jacques Perrin. Étienne Périers Film ist von ungewöhnlicher Präzision. Wie in Belocchios *Der Sprung ins Leere* wird auch hier eine Figur ganz allmählich in ihrer Vielseitigkeit und Infamie erschlossen.
Für den Charakterdarsteller Michel Piccoli ist das ein ganz wichtiger Film, der seiner Rollenauffassung und Arbeitsweise sehr entgegenkommt.

L'Imprécateur
Die Ankläger
Frankreich
Regie: Jean-Louis Bertuccelli. Drehbuch: René-Victor Pilhès, Stephen Becker, Jean-Louis Bertucelli, nach einem Roman von René-Victor Pilhès. Kamera: Andréas Winding. Schnitt: François Ceppi. Musik: Richard Rodney Bennett. Ausstattung: Theo Meurisse. Darsteller: Jean Yanne (Direktor der relations humaines), MICHEL PICCOLI (Saint-Rame), Jean-Pierre Marielle (Roustev), Jean-Claude Brialy (Le Rantec), Michel Lonsdale (Aberaud), Marlène Jobert (Madame Arangrude), Robert Webber (der Amerikaner), Charles Cioffi (Mac Ganter), Noelle Adam (Madame Saint-Rame), Christine Pascal (Betty Saint-Rame), Anton Diffring (Ronson).
Produktion: Action/Citel. Eastmancolor. Länge: 100 Minuten.
EA: 3. 12. 1979 ARD

Kritik: Filmdienst 22241/1980

Inhalt: Ein leitender Angestellter der Pariser Zentrale eines weltumspannenden Konzerns verunglückt tödlich. Wenig später tauchen überall in der Firma Flugblätter mit gediegenen Schleifchen auf. Der Inhalt: Ironisch auf die Spitze getriebene Lobeshymnen auf die Segnungen, die der Konzern der Welt bringt... Zu gleicher Zeit treten Risse in den Fundamenten des Firmengebäudes auf, die immer größer werden. Ebenso problematisch ist aber der Riß, der durch die Irritationen im Management der Firma entsteht... » Ein totaler Zusammenbruch erweist sich schließlich als Alptraum des Chronisten«.

Zum Film: Scharfe Satire voller irritierender Wendungen.

1978

L'état sauvage
Lautlose Angst
Frankreich
Regie: Francis Girod. Drehbuch: Georges Conchon, Francis Girod, nach einem Roman von Georges Conchon. Kamera: Pierre L'hoMme Musik: Pierre Jansen.
Darsteller: MICHEL PICCOLI (Orlaville), Claude Brasseur (Gravenoir), Marie-Christine Barrault (Laurence), Doura Mané (Doumbé), Rüdiger Vogler (Tristan), Jacques Dutronc, Baaron. Produktion: Films 66/ Gaumont SA. Eastmancolor. Länge: 112 Minuten.
BRD: 30. 3. 1979

Kritik: Joe Hill in Filmdienst 21180/79; Axel Winterstein in Filmbeobachter 7/79; Hans C. Blumenberg in Die Zeit, 3. 7. 79

Inhalt: »In einem schwarzafrikanischen Staat, dessen Führer mit einer Ausnahme allesamt korrupt und kriminell sind, begibt sich ein schwarz-weißes Liebesdrama mit tödlichem Ausgang: Die Affäre zwischen einer schönen blonden Französin und einem charismatischen Negerführer im Lumumba-Look (er heißt natürlich auch Patrice) fällt einer politischen Intrige zum Opfer.« (HCB)

Zum Film: »Leider bleiben die Figuren der extrem wirren Handlung derart unglaubwürdig, daß ihr Schicksal keinerlei Interesse beansprucht.« (HCB)
»Mit Ernsthaftigkeit, aber ohne künstlerische Inspiration« (A. Winterstein).

La petite fille en velours bleu
Frankreich
Regie: Alan Bridges. Drehbuch: Christian Watton und Alan Bridges. Kamera: Ousama Rawi. Schnitt: Marie-Sophie Dubus. Musik: Georges Delerue. Ausstattung: François de Lamothe. Darsteller: MICHEL PICCOLI (Conrad Bruckner), Claudia Cardinale (Francesca Modigliani), Umberto Orsini (Conti), Bernard Fresson (Pr. L'Herbier), Laura Wendel (Laura), Marius Goring (R. Casares), Angharad Rees, Christopher Cazanove, Vernon Dobcheff, Alexandra Stewart, Denholm Elliot, Georges Descrires, Roger Hanin, Marthe Villalonga, Claude Piéplu, Jean-Paul Muel, Pierre Vernier.
Produktion: Orphee Artists. Eastmancolor. Länge: 105 Min.
UA: 23. 8. 78 Paris.

Inhalt: Conrad Bruckner, ein jüdischer Chirurg aus Österreich, der den Nazis entflohen ist, wird in Nizza von dem Milliardär Casares beherbergt. Diesen hat er vor 20 Jahren von einem Tumor gerettet. Im Mai 1940 sind die ausländischen Flüchtlinge Zielscheibe für die französische Polizei, besessen von der 5. Kolonie. Bruckner arbeitet diskret zusammen mit Professor L'Herbier im Hospital während die beiden auf dem pompösen Landsitz von Casares ein gutes Leben führen. Nachdem sie aus Italien geflohen ist, kommt die Komtessa Modigliani mit ihrer Tochter und ihrem Liebhaber Conti nach Nizza. Dieser ist beim Überqueren der Grenze verwundet worden. Bruckner pflegt Conti und bringt die drei Flüchtlinge in der ihm von Casares zur Verfügung gestellten Villa unter. Die Komtessa ist von Bruckner fasziniert, während der sich für ihre Tochter Laura interessiert. Als er von der Polizei gefaßt wird, rettet ihn Casares, setzt ihn aber, als er von seiner Affäre erfährt (er hat eine Lesbierin verfolgt, die Nacktfotos von Laura gemacht hat), vor die Tür. Als er fahren will – die Komtessa und Laura sind bereits in den USA – wird er von italienischen Faschisten erschossen, die ihn für Conti halten.

Zum Film: Die Lorbeeren, cinématografisch von Lolita und literarisch von Francesca haben *Le mépris* die Goldene Palme von 1973 eingebracht. Aber es ist eine Wette und das Ergebnis ist zweifelhaft. Die Zeit (der Faschismus) und die dramatischen Ereignisse (die Judenverfolgung) hätten einen Filmemacher mehr inspirieren müssen als es hier geschah. Alan Bridges präsentiert uns nur Phantome, für die man sich kaum wirklich interessieren kann – so geringfügig sind ihre sentimentalen Abenteuer.

Verunsichert fällt es einem schwer, Michel Piccoli hier zuzuschauen, Claudia Cadinale, Umberto Orsini und Laura Wendel macht diese Doublette geradezu lächerlich… hinzu kommt, daß der Film softig à la Hamilton fotografiert ist. (G. A.)

Le sucre

Regie: Jacques Rouffio. Drehbuch: Georges Conchon, Jacques Rouffio, nach einem Roman von Georges Conchon. Kamera: René Mathelin. Schnitt: Geneviève Winding. Musik: Philippe Sarde.
Darsteller: Gérard Depardieu (Graf Renaud d'Homecourt de la Vibraye, genannt Raoul), Jean Carmet (Adrien Courtois), MICHEL PICCOLI (Grezillo), Nelly Borgeaud (Hilda Courtois), Georges Descrières (Xavier de Vandelmont), Roger Hanin (Karbaoui), Marthe Villalonga (Mme Karbaoui), Claude Piéplu (Präsident Berot), Jean-Paul Muel (Pergamon), Pierre Vernier (Bankier Latoussaint), Tom Taffin (Präsident Flanque).
Produktion: Cine Production/Société Francaise de Production/ Gaumont. Eastmancolor. Länge: 100 Minuten.
UA: 15. 11. 1978 Paris.

Inhalt: Adrien Courtois, ehemaliger Finanzinspektor, möchte das ererbte Vermögen seiner Frau Hilda anlegen. In Paris trifft er einen Grafen, der Anleger für die Börse wirbt. Dieser Raoul schwatzt Adrien ein nach seinen Angaben sicheres Investment für Zucker auf, das dieser mit dem Vermögen seiner Frau erwirbt. Adrien verliert alles, hat aber später doch das Glück, wieder zu Potte zu kommen.

Zum Film: »Der französische Börsenskandal von 1974/75 als Vorlage für eine Gaunerkomödie aus der Finanzwelt. Herausragend waren darin Gérard Depardieu und Jean Carmet als ein Duo voller Witz und Inspiration... Ergänzt wurde dieses Duo durch Michel Piccoli, der mit glattrasiertem Kopf in der Rolle des Wirtschaftsprofessors einmal mehr einen interessanten Charakter seines reichhaltigen Repertoires hinzufügen konnte und dessen Zusammenspiel mit Depardieu einer gewissen Routine und eines blinden Verständnisses nicht entbehrte.«

1979

Le divorcement
Frankreich
Regie/Musik: Pierre Barouh. Drehbuch: Pierre Barouh, Marc Cadiot, nach dem gleichnamigen Buch von Pierre Cadiot. Kamera: Yves Lafaye. Schnitt: Alain Lemaitre-Mory.
Darsteller: MICHEL PICCOLI (Philippe), Lea Massari (Rosa), sowie Christophe Rambault, Jean-Claude Bouillon, Christophe Garzon, Estelle Falk, Stéphanie Viale, Christine Murillo, Cléa de Olivera, Anne Lonnberg, Maurice Baquet, Catherine Lachens, Evelyne Dress. Produktion: Armand Barbault für Les films de l'Alma (Serge Laski/Jean-Claude Fleury). Eastmancolor. Länge: 115 Minuten.
UA: August 1979 Paris.

Inhalt: Philippe und Rosa sind verheiratet, sie entscheiden sich voneinander zu trennen. So obskur die Motive erscheinen, sie sind sehr real. Die Kinder sind davon sehr betroffen, aber sie lassen sich nichts anmerken. Das Paar will sich ohne Eklat, ganz vernünftig trennen. Doch die Umstände nach der Trennung, die so sanft sein sollte, führen zu einer Katastrophe für alle Beteiligten.

Zum Film: Der ganze Film ist mit so viel gutem Willen und routinierten Schauspielern gedreht. Es ist wirklich traurig und betrüblich, daß auf der Leinwand nichts passiert. (B. H.)

Giallo Neapoletano / Mélodie meurtrière
Leichen muß man feiern wie sie fallen
Italien/Frankreich
Regie: Sergio Corbucci. Drehbuch: Giuseppe Catalano, Sabatino Ciuffini, Elvio Porta, nach einer Idee von Sergio Corbucci. Kamera: Luigi Kuveiller. Schnitt: Amedeo Salfa. Musik: Riz Ortolani.

Zeudi Araya, Marcello Mastroianni, Michel Piccoli in Sergio Corbuccis Groteskkomödie ›Leichen muß man feiern wie sie fallen‹.

Darsteller: Marcello Mastroianni (Rafaele Capece), Ornella Muti (Lucia), MICHEL PICCOLI (Victor), Renato Pozzetto (der Kommissar), Capucine (Schwester Angela), Zeudi Araya (Elisabeth), Peppino De Filippo (Natale Capece), Elena Fiore (Filomena), sowie Giuseppe Barra, Eleonore Esposito, Franco Javarone, Gennaro Palumbo, Carlo Tartanto, Natale Tulli.
Produktion: Irrigazione Cinematografica, Rom. Produktionsleitung: Achille Manzotti. Farbe. Länge: 99 Minuten.

Kritik: Filmdienst 22340/80; HRB in RP, 1. 2. 80

Inhalt: Der zartbesaitete Mandolinenspieler Rafaele ist ein rechter Pechvogel: Überall, wo er hinkommt, purzeln ihm ein paar Tote vor die Füße.
Leichen muß man feiern, wie sie fallen fordert der Titel. Rafaeles

Vater hat einen leichten Hau und die gutmütigen Trotteleien von Rafele können schon zum Problem werden. Die rassige Lucia macht ihm schöne Augen, und die aufreizende Mulattin Elisabeth, Freundin des zwielichtigen Dirigenten Victor – ein Kabinettstück für den Komödianten Piccoli! – wackelt so sehr mit den Hüften, daß Rafaele schier der Atem stockt.

Zum Film: Obwohl hier hervorragende Schauspieler ihr Bestes geben, kommt Sergio Corbucci nicht über eine trübe Hanswurstiade hinaus.

Le mors aux dents
Wer die Zügel hält
Frankreich
Regie: Laurent Heynemann. Drehbuch: Laurent Heynemann, Claude Veillot, Pierre Fabre. Kamera: Alain Levent. Schnitt: Armand Psenny. Musik: Antoine Duhamel.
Darsteller: Jacques Dutronc (Louis LeGuenne), MICHEL PICCOLI (Pierre Chazerand), Michel Galabru (Charles Dreant), Clémentine Amouroux (Solange), Jacques Sereys (Poinsot-Dubreuil), Michel Beaune, Jean-Pierre Sentier, Jean Benguigui, Roland Blanche, Charles Gérard, Jean-Serge Breton, Nicole Garcia.
Produktion: Sara Films/ UGC. Eastmancolor. Länge: 105 Minuten. (Video-Fassung: 92 Minuten.)

Kritik: Filmdienst 23788/1980; Rainer Caspar in Filmbeobachter 14/83.

Inhalt: Louis LeGuenne hat die Zügel in der Hand: Um seine ehrgeizigen politischen Pläne in die Tat umzusetzen, legt er einem dubiosen Geschäftsmann das Handwerk, indem er Gerüchte verbreitet, Wettgeschäfte platzen läßt und den Gegenspieler zum Mörder werden läßt.

Zum Film: »Die Geschichte könnte von Dick Francis stammen. Dessen Krimi-Welt rund ums Pferd wimmelt nur so von krummen Geschäften und schrägen Typen. Bei Laurent Heynemann gibt es keinen mehr, dem man vertrauen könnte. Jeder spielt hier gegen jeden, und nur der hinterhältigste, raffinierteste Betrüger von allen bleibt nicht auf der Strecke...
Der ironische Film schildert eine total korrumpierte Welt ohne darüber in Wehleidigkeit und Anklage zu verfallen.« (Rainer Caspar)

Der Preis fürs Überleben
Frankreich/BRD
Regie/Drehbuch: Hans Noever. Kamera: Walter Lassally. Schnitt: Christa Wernicke. Musik: Joe Haider.
Darsteller: MICHEL PICCOLI (René Winterhalter), Martin West (Joseph C, Randolph), Marilyn Clark (Betty Randolph), Suzy Galler (Kathleen Randolph), Daniel Rosen (Thomas Randolph). Produktion: DNS/Popular/BR/Films 66. Produktionsleitung: Falk von Fürstenberg. Eastmancolor. Länge: 103 Minuten.
BRD: 29. 8. 80

Kritik: Filmalmanach 81; Filmdienst 22611/80; SZ, 10. 10. 83

Inhalt: Der leitende Angestellte eines Industriekonzerns wird mit einer hohen Abfindung entlassen und reagiert darauf mit einer Folge

Suzie Galler mit Piccoli in Noevers ›Preis fürs Überleben‹.

Piccoli während der Dreharbeiten zu ›Preis fürs Überleben‹.

von »Liquidationen«: Er erschießt die fünf höchsten Direktoren des Konzerns und läßt sich anschließend ohne Gegenwehr von der Polizei verhaften.

Einen Schweizer Reporter, der für seine Agentur über den Fall berichten soll, macht stutzig, daß es nicht zum Prozeß kommt, sondern der Täter offensichtlich ohne öffentliche Verhandlung in eine Nervenheilanstalt eingewiesen wird. Bei dem Versuch, die Hintergründe dieses Falles zu entschlüsseln, gerät der Journalist selbst in Lebensgefahr.

Zum Film: Hans Noevers in den USA gedrehter Film basiert auf Fakten und wurde an Originalschauplätzen in Jefferson City gedreht.

Piccoli in Noevers ›Preis fürs Überleben‹.

Das geschilderte Geschehen hat politische Dimensionen, und Noever hat das recht geschickt entwickelt. Vor allem mit der Besetzung hatte er sehr großes Glück. Sieht man von dem allzu kompromißbereiten Schluß ab, ist das ein ebenso schlüssiger wie spannender Politkrimi von origineller Thematik.

Atlantic City
Atlantic City, USA
Kanada/Frankreich
Regie: Louis Malle. Drehbuch: John Guare. Regieassistenten: John Board, Robert McCart, Jim Chory, John Desormeaux. Kamera: Richard Ciupka. Schnitt: Susanne Baron. Musik: Michel Legrand. Ausstattung: Anne Pritchard.
Darsteller: Burt Lancaster (Lou), Susan Sarandon (Sally), Kate Reid

(Grace), MICHEL PICCOLI (Joseph), Hollis McLarren (Chrissie), Robert Goulet (Sänger), Robert Joy (Dave), Al Waxman (Alfie), Moses Znaimer (Felix), Harvey Atkin (Busfahrer), Eleanor Beecroft (Mrs. Reese), Norma Dell'Agnese (Jeanne), Louis Del Grande (Mr. Shapiro), Cec Linder (Hospitalpräsident), Angus MacInnes (Vinnie), Sean McCaan (Detektiv), John McCurry (Fred), Sean Sullivan (Buddy), Joyce Parks (Queenie). Vincent Glorioso (junger Arzt), Tony Angelo (Pokerspieler), Gennaro Consalvo (Casino Wächter), Lawrence McGuire (Pit Boss), Ann, Marie + Jane Burns (Casinosänger), Connie Collins (Connie Bishop), John Allmond (Polizeikommissar), John Burns (Anchormann); Joe Galante, Danny Pucillo und Jack Allocco (Robert Goulet's Band), Adele Chatfield-Taylor (Florist), Sis Clark (Frau an der Maschine), Wally Shawn (Kellner).
Produktion: Cine Neighbor, Monreal und Atlantic City. Technicolor. Länge: 105 Minuten.

Piccoli und Susan Sarrandon in Malles ›Atlantic City‹.

UA: 2. 9. 80 Internationales Filmfestival Venedig. BRD: 21. 11. 80
Preise: Goldener Löwe, Venedig ex aequo mit Gloria von John
Cassavetes. AAN für Regie; New York Filmcritics Awards: Burt
Lancaster (bester Schauspieler), John Guare (bestes Drehbuch); Los
Angeles Film Critics Awards: bester Film, bester Darsteller, bestes
Drehbuch; National Society of Film Critics Awards: bester Film,
beste Regie, bester Darsteller, bestes Drehbuch. British Academie
Awards: beste Regie, bester Darsteller.

Kritik: Jean de Baroncelli in Le Monde, 6. 9. 80; Max Tessier in
Image et Son Nr. 353, 9/80; Louis Audibert in Cinématographe, 9/80;
Bernard Nave in Jeune Cinéma, Nr. 129, 9/10/80; Claude Michel
Cluny in Cinéma, Nr. 262, 10/80; Yann Lardau in Cahiers du Cinéma;
Robert Benayoun in Positif, Nr. 236, 11/80; Philippe Rose in Image
et Son/Revue du Cinéma (La Saison Cinématographe 81); R. C.
Bérube in Séquences, Nr. 108, 4/82; Gene Moskowitz in Varity, 3. 9.
80; Bernhard Giger in Zoom, 5. 11. 80; Tom Milne in MFB, I/81; Tim
Pulleine in Sight and Sound, I/81; Andrew Sarris in Village Voice, 7.
4. 81; Vincent Canby in New York Times, 3. 4. 81; Richard Schickel
in Time, 6. 4. 81; David Ansen in Newsweek, 6. 4. 81; Pauline Kael
in The New Yorker, 6. 4. 81; Edgar Wettstein in Filmdienst 25/81;
Peter Buchka in SZ, 6. 9. 80; Michael Schwarze in FAZ, 8. 9. 80;
Hellmuth Karasek in Der Spiegel, 8. 9. 80; Hans C. Blumenberg in
Die Zeit, 12. 9. 80; Peter W. Jansen in epd Kirche und Film, Nr.
11/12/80; Stephen Locke in Tip-Magazin, 24/80; HRB in Stadt
Revue, 11/ 80; Frauke Hanck in Filmbeobachter, Nr. 21, 11/80; Bodo
Fründt in Stern, 27. 11. 80; Ponkie in AZ, 28. 11. 80; Jörg Ulrich in
Münchner Merkur, 28. 11. 80; H. G. Pflaum in SZ, 28. 11. 80; Volker
Baer in Der Tagesspiegel, 28. 11. 80; Margarete von Schwarzkopf in
Die Welt, 29. 11. 80; Gertrud Koch in FR, 5. 12. 80; Brigitte Desalm
in KstA, 6. 12. 80; Günther Kriewitz in StZ, 12. 12. 80; Maria
Ratschewa in Medium Nr. 1, 81; Bettina Thienhaus in Filme, 7/81;
Pierre Lachat in Tagesanzeiger, Zürich, 2. 10. 82.

Inhalt: Vor dem schäbigen Portal des Badehauses in Atlantic City
werden zwei finstere Gestalten zusammengeschossen. Lou, der alternde Kleingangster mit dem Wahn, einer der ganz Großen gewesen
zu sein, kann es nicht fassen, daß er – zum ersten Mal in seinem Leben
– zwei Killer erledigt hat. Lou ist Romantiker in einer unwirklichen
Welt. Gegen Bezahlung betreut er eine alte, hysterische, bettlägerige
Lady, macht Einkäufe, führt den Hund aus, denn ihr Seliger war auch

einer der Unterwelt. Abends schaut Lou fasziniert der schönen Nachbarin beim Waschritual zu, später lernt er Sally kennen. Sie kommt vom Lande und will nach oben, seit der Ehemann mit ihrer naiven kleinen Schwester Chrissie abgehauen ist, versucht sie sich einen eigenen Weg zurechtzubauen... Bei Joseph (Piccoli), einem alternden Beau, lernt sie alles über das Glücksspiel »Black Jack«.

Zum Film: Malle hatte alles auf Burt Lancaster und Susan Sarrandon angelegt und sich für Piccolis kleine Rolle als Spiel-As Joseph wenig gekümmert. So bleibt sein Part hier seltsam unpräzise, obwohl die Rolle ganz seinen Intentionen entsprach.

Salto nel vuoto – La saut dans la vide
Der Sprung ins Leere
Frankreich/Italien/BRD
Regie: Marco Bellocchio. Drehbuch: Marco Bellocchio, Piero Natoli, Vincenzo Cerami. Kamera: Beppo Lanci, Giuseppe di Biase, Pierre Gautard. Schnitt: Roberto Perpignani. Musik: Nicola Piovani. Ausstattung: Amedeo Fago, Andrea Crisanti.

Piccoli in Marco Bellocchios ›Der Sprung ins Leere‹.

Darsteller: MICHEL PICCOLI (Richter Mauro Ponticelli), Anouk Aimée (Marcia, seine Schwester), Michele Placido (Sciabola), Gisella Burinato (Anna), Antonio Piovanelli (Quasimodo),Anna Orso (Marilena), Adriana Pecorelli (Sonja), Paola Ciampi (Ponticellis Mutter), Piergiorgio Bellocchio (Giorgio), Mario Prosperi und Enrico Bergier (Ponticellis Brüder), Elisabeth Labi (Ponticellis Verlobte), Mario Ravasio (Bruder der Selbstmörderin), Gaetano Campisi, Marino Cenna (Schauspieler), Lamberto Consani, Marina Sassi (Freunde von Giovanni), Giancarlo Sammantano, Oreste Rotundo (Passanten), Remo Remotti (Dieb), Rossano Weber (Feuer-Schlucker), Alessandro Antonucci, Dario Fago, Matteo Fago, Giovanni Frezza, Maria Pia Frezza (Ponticellis Kinder).
Produktion: Clesi-Odyssia/MK2-Films 66/ RAI-Polytel. Eastmancolor.
Länge: 117 Minuten.
EA: 4. 9. 1991 ZDF.

Piccoli als unglückseliger Richter, der am Ende den ›Sprung ins Leere‹ tut.

›Der Sprung ins Leere‹ als letzter Ausweg: Michel Piccoli.

Kritik: The Motion Picture Guide 1927 – 1983; Urs Mühlemann in Zoom 12/80

Inhalt: Marcia, die Schwester des Richters Mauro ist geistig krank. Auf perfide Weise versucht er, mit Hilfe seines Freundes Sciabola, seine Schwester in den Selbstmord zu treiben, doch der teuflische Plan schlägt fehl.

Zum Film: »Bellocchio hat mit seinem neuesten Film jene Themen wieder aufgegriffen und weiterentwickelt, die ihn seit jeher beschäftigten: die Mechanismen von Institutionen, die den Menschen unterdrücken und ihn in seiner freien Entfaltung hindern, so zum Beispiel die Familie (*Fäuste in der Tasche*, 1965), die Kirche (*Im Namen des*

Vaters, 1971), die psychatrischen Kliniken, (*Keiner oder alle*, 1974), die Armee (*Triumphmarsch*, 1976)… Am Geschwisterpaar Mauro/Marcia versucht Bellocchio den exemplarischen Charakter dessen aufzuzeigen, was der italienische Philosoph und Psychologe Massimo Faglio folgendermaßen umschreibt: 'Der Inzest kann auch ein Akt der Rebellion gegen die Diktatur der Väter sein. Um den Vater zu töten, um ihn abzulehnen, um nicht so zu werden wie er,nachdem man ihn getötet hat, muß man zuerst mit der Mutter schlafen.'« (Urs Mühlemann)

Michel Piccoli läßt im Verlauf der Geschichte ganz langsam und immer deutlicher in kleinen Gesten,Bewegungen, Zuckungen die geistige Verstörung Mauros erkennen.

1980

Du crime considéré comme un des beaux arts
Kurzfilm von Frédéric Compain.

La fille prodigue
Frankreich
Regie/Drehbuch: Jacques Doillon. Regieassistenten: Guy Chalaud, Mic Cheminal, Jean-Denis Robert. Kamera: Pierre L'homme. Schnitt: Noelle Boisson.
Darsteller: Jane Birkin (Anne), MICHEL PICCOLI (ihr Vater), Natasha Parry (ihre Mutter), René Féret (Jean Marie, ihr Mann), Eva Renzi (die Braut), Audrey Matson (die Schwester).
Produktion: Danièle Delorme, Yves Robert für Gueville und Gaumont. Eastmancolor. Länge: 95 Minuten.
UA: 25. 3. 1981.

Kritik: Gilles Colpart in La Revue du Cinéma 1981

Inhalt: Anne ist in ihrer Empfindungslosigkeit gefangen, sie erträgt keinerlei menschliche Kontakte, auch nicht mit ihrem Mann Jean-Marie, der dennoch zuvorkommend ist. Ihr Eheleben beginnt darunter zu leiden, und Jean-Marie weiß nicht mehr, was er tun soll. Anne geht zu ihren Eltern und findet sich in deren Villa wie in einem schützenden Kokon, nachdem sie ihre Mutter davon überzeugt hat, ihrer anderen Tochter beizustehen, die ein Kind erwartet. Als Anne nun mit ihrem Vater zurückbleibt, versucht sie auch dessen »Verhältnis« zu entfremden. Sie lädt die noch junge Frau zum Essen ein, wo die Feindschaft Annes in den Andeutungen deutlich wird. Dann verschwindet die junge Frau, der alternde Mann bemerkt die Leere, die Anne um ihn zu schaffen versucht. Er spricht sie darauf an und sie reagiert mit Schwäche: der gleichen Schwäche, die ihn langsam dazu bringt, ihrer Herausforderung zu unterliegen. Deren Ursprung läßt keinerlei Zweifel – Anne liebt ihren Vater, mit einer blutschänderischen Liebe, vollkommen und unteilbar. Als die Schwester das Kind zur Welt bringt, überlegt Anne, daß sie auch schwanger werden könnte...

Zum Film: Das verlorene Kind, das nach seinen eigenen Worten und entgegen dem normalen Lauf der Dinge zu dem Mann zurückkehrt, von dem sie gekommen war. Inzest, ein weiteres Mal vom Kino aufgegriffen! Ein Tabuthema, dessen Behandlung Vorsicht verlangt. Aber im Gegensatz zu Louis Malles *Herzflimmern* weist Jacques Doillons Film auf diese Erfahrung nicht wie auf eine Zielsetzung an sich hin, er hält sich von den Wegen der sensationellen Herausforderung fern.

La fille prodigue ist im Gegenteil ein strenges Werk, ein klinisches *Huit clos*, die Erzählung von einer langsamen und schmerzhaften Selbstbeobachtung, bis zu dem Punkt, der von nun an unvermeidbar erscheint. Der Inzest an sich erscheint erst am Ende des Films, er ist nur ein Ergebnis, kein Postulat. Und die Entwicklung, das Fortschreiten des typisch autistischen Falles sind wie ein Zerreißen auf der Höhe des Menschlichen und ohne Bewertung einer moralischen Ordnung – in welchem Sinn auch immer. Es ist die Wahrheit der Person, die alles übertrifft, hervorragend unterstützt durch die Darstellung eines vielseitigen und alternden Michel Piccoli und einer brillanten Jane Birkin.

Die Kindheit ist eine wichtige Dimension des Films, sie findet dort ihre ganze Funktion in Szenen wieder, wo der Vater keine andere Lösung findet, um Anne zum Essen zu zwingen, als sie wie ein kleines Mädchen zu behandeln.

Die Dialoge überzeugen, werden nie demonstrativ, überzeugen in ihrer Klarheit und erscheinen als eine Art innerer Musik und als Gegenpol zur dramatischen Handlung.

Das Drama reizt durch seine fordernde und eng gestaltete Form zu einem Vergleich mit dem Kino Bergmans. Aber Doillon hat nicht dessen intellektuelle Vorgehensweise. Zugleich ist er empfindsamer als der schwedische Regissseur, beinahe naiv. Und *La fille prodigue* bestätigt ihn als ehrlichen und rigorosen Autor, der keine Konzessionen eingeht, weder in Thematik noch der Inszenierung.« (Gilles Colpert)

1981

Une étrange affaire
Eine merkwürdige Karriere/Eine unglaubliche Karriere
Frankreich
Regie: Pierre Granier-Deferre. Drehbuch: Christopher Frank, Pierre Granier-Deferre, Jean-Marc Roberts, nach dem Roman von Jean-Marc Roberts. Regieassistent: Jacques Santi. Kamera: Etienne Becker. Schnitt: Isabell Garcia de Herreros. Musik: Philippe Sarde. Ausstattung: Dominique André.
Darsteller: MICHEL PICCOLI (Bertrand Malair), Gérard Lanvin (Louis Coline), Nathalie Baye (Nina Coline), Jean-Pierre Kalfon (François Lingre), Jean-François Balmer (Paul Belais), Dominique Blanchar

Nathalie Baye ist über Piccolis Verhalten irritiert. Aus Pierre Granier Deferres ›Eine merkwürdige Affäre‹.

›Eine merkwürdige Karriere‹: ein neuer Chef – Piccoli – sorgt für Verwirrungen im Büro. Hier mit J. F. Balmer, G. Lanvin, J.-P. Kalfon.

(Louis' Mutter), Madeleine Cheminat (Louis Großmutter), Victor Garrivier (Ninas Vater), sowie Pierre Michael, Humbert Balsan, Ariane Lartéguy, André Chaumeau, Jacques Boudet, Nicolas Vogel, Ariane Larteguy, Dominique Zardi.
Produktion: Alain Sarde für Sara Films/Antenne 2. Eastmancolor. Länge: 101 Minuten. BRD: 90 Minuten
UA: Berlinale, Februar 1982. EA: 19. 8. 1983.
Preis: Michel Piccoli erhielt den »Silbernen Bär« als bester Schauspieler bei der »Berlinale«

Kritik: Zoom 6/82 (S. 11); Mareike Boom in FAZ 14. 11. 83; Hans Peter Koll in Filmdienst 24576/29. 5. 1984; Angela Leitfeld in Filmbeobachter 16/1983; Anita Post in KstA

Inhalt: Der kleine, unscheinbare Angestellte einer Warenhauskette wird plötzlich zum intimen Vertrauten des neuen Chefs. Der kann

Der neue Chef – nicht mehr ganz so würdig. Piccoli mit Jean-Pierre Kalfon in ›Eine merkwürdige Affäre‹ von Pierre Granier-Deferre.

voll auf ihn bauen, während für Louis Coline Familie und Freunde immer mehr in den Hintergrund treten. Nach und nach wird Louis zum willenlosen Objekt seines Vorgesetzten, und eines Tages wird er für diesen völlig unwichtig. Dann aber ist Louis allein, seine Frau, seine Freunde, alle hat er verloren.

Zum Film: Das hervorragende Drehbuch, das faszinierende Spiel der Darsteller und die völlig unprätentiöse, genaue Regie lassen die Geschichte zu einer eindringlichen, bestürzenden Studie menschlichen Identitätsverlustes werden. Weder melodramatisch noch zynisch geht Granier-Deferre mit dem Stoff um, gerade die Normalität und Alltäglichkeit des Ganzen machen den Reiz aus. Piccoli spielt den seltsam undurchschaubaren und unzurechnungsfähigen Vorgesetzten überzeugend.

Espion lève-toi
Der Maulwurf
Frankreich
Regie: Yves Boisset. Drehbuch: Yves Boisset, Michel Audiard, C. Veillot, nach dem Roman Chance Awakening von George Markstein. Kamera: Jean Boffety. Schnitt: Albert Jurgenson, Jean-François Naudon. Musik: Ennio Morricone.
Darsteller: Lino Ventura (Sébastian Grenier), Krystyna Janda (Anne Gretz), MICHEL PICCOLI (Jean-Paul Chance), Bruno Cremer (Richard), Bernard Fresson (Marchand), Marc Mazza (Ramos), Heinz Bennent (Meyer).
Produktion: Cathala Prod./TF 1/U. G. C./Top 1. Farbe.
Länge: 98 Minuten.
EA: 3. 6. 1983

Monsieur Chance ist ein undurchsichtiger Mann. Piccoli in Yves Boissets ›Der Maulwurf‹.

233

Piccoli und Lino Ventura – zwei Agenten in Zürich. Yves Boissets ›Der Maulwurf‹.

Kritik: Zoom 82/66; Friedrich Luft in Die Welt 11. 6. 83

Inhalt: In Zürich häufen sich die Morde an Mitgliedern des französischen Geheimdienstes. In Paris ist man beunruhigt und schickt Sebastien, einen der altehrwürdigen Agenten. Er soll herausfinden, ob die Untergrundbewegung, der sowjetische Geheimdienst – oder ob gerade der geheimnisvolle Monsieur Chance in Paris seine Helfershelfer beseitigen will? Als Anne Gretz, Sebastiens Freundin sterben muß, wird er zum blindwütigen Rächer.

Zum Film: Yves Boissets Film ist trotz ausgezeichneter Besetzung nur oberflächlich spannend. Das ist schade, denn es gibt in der Reihe der designierten Agenten ausgezeichnete Arbeiten wie Anthony Manns *Todestanz eines Killers*, Sidney Lumets *Anruf für einen Toten* oder Martin Ritts *Der Spion, der aus der Kälte kam.*

La passante du Sans-Souci
Die Spaziergängerin von Sans-Souci
BRD/Frankreich
Regie: Jacques Rouffio. Drehbuch: Jacques Rouffio, Jacques Kirsner, nach einem Roman von Joseph Kessel. Kamera: Jean Penzer. Schnitt: Anna Ruiz. Musik: Georges Delerue. Ausstattung: Jean-Jacques Caziot.

Michel Piccoli und Romy Schneider in Jacques Rouffios Melodram ›Die Spaziergängerin von Sanssouci‹.

Darsteller: Romy Schneider (Elsa Wiener), MICHEL PICCOLI (Max Baumstein), Mathieu Carrière (Ruppert von Leggaert, Federico Lego), Wendelin Werner (Max Baumstein als Kind), Helmut Griem (Michel Wiener), Gérard Klein (Maurice Bouillard), Dominique Labourier (Charlotte Maupas), Maria Schell (Anna Hellwig), Jacques Martin (Marcel Turco), Pierre Michael (Maitre Jouffroy), Maurice Bozzonnet (Charles Mercier), Véronique Silver (Präsident des Tribunals), Christiane Cohendy (Hélène Nolin).
Produktion: Raymond Danon für Eléphant Production – Antenne 2. Eastmancolor. Länge: 115 Minuten (BRD: 102 Minuten).
UA: Mai 82 in Paris. BRD: 22. 10. 82.

Kritik: Zoom, 20/82; La revue du cinéma 5/82; Anne Frederiksen in Die Zeit, 5. 11. 82; Lina Schneider in KstA, 14. 11. 82; Gert Berghoff in KR, 13. 11. 82

Inhalt: Ein ehrbarer Kämpfer für Menschenrechte ist wegen Mordes angeklagt. Seine Erklärung für die Tat führt zurück in die dreißiger Jahre, die er als jüdischer Waise unter der Obhut einer deutschen Emigrantin in Paris verbrachte.

Zum Film: Romy Schneiders Spiel – es ist ihr letzter Film – macht das Ganze sehenswert, doch die Story von der deutschen Emigrantin in Paris und ihrer Beziehung zu einem jüdischen Waisen, die auf einem Roman von Joseph Kessel beruht, ist schon arg konstruiert und trotz des Themas kaum erträglich. ... nicht tränenselig, so doch mit viel Gefühl inszeniert.« (Anne Frederiksen).
»Hier plädiert Michel Piccoli mit großer Souveränität für die Freiheit...« (Gert Berghoff).

1982

Passion
Passion
Frankreich/Schweiz
Regie/Drehbuch/Schnitt: Jean-Luc Godard unter Mitarbeit von Anne-Marie Mieville. Kamera: Raoul Coutard, Hans Liechti. Video: Jean-Bernard Menoud. Musik: Ludwig van Beethoven, Antonin Dvorak, Gabriel Urbain Fauré, Wolfgang Amadeus Mozart, Maurice Ravel. Ausstattung: Serge Marzolff, Jean Bauer.
Darsteller: Isabelle Huppert (Isabelle), MICHEL PICCOLI (Michel Gulla, Fabrikdirektor), Hanna Schygulla (Hanna, seine Frau), Jerzy

Michel Piccoli in Godards ›Passion‹.

Radziwilowicz (Jerzy Regisseur), Jean-François Stévenin (Jean-François), Laszlo Szabo (Laszlo), sowie Patrick Bonnel, Sophie Loucachevsky, Magali Campos, Barbara Tissier, Myriem Roussel, Serge Desarnauds, Agi Banfalvi, Ezio Ambrosetti, Manuelle Baltazar, Sarah Beauchesne, Bertrand Theubet, Sarah Cohen-Sali, Catherine van Cauwenberghe, Sophie Maire, Cornélia Mandry, Cathy

Jean-Luc Godard mit Hanna Schygulla und Michel Piccoli in seiner ›Passion‹.

Marchand, Marie-Annick Abgrall, René Mennotier, Frantizek Mandik, Attila Bokor.
Produktion: Sara-Sonimage, Antenne 2 /Film et Video Prod., SSR.
Produzent: Alain Sarde. Eastmancolor. Länge: 87 Minuten.
BRD: 4. 3. 1983

Kritik: Gilbert Adair in MFB 83, 152; Franz Ullrich in Zoom 24/82; J. Schnelle in Filmdienst, 6/83; HRB in RP, 5. 3. 83

Inhalt: Ein polnischer Regisseur dreht in einem kleinen Schweizer Ort einen Film. Im Studio sind teure Dekorationen aufgestellt, doch es hapert ständig an irgend etwas, vor allem am richtigen Licht. Ziel

238

des Unternehmens: Abhängigkeit und Auflehnung in unserer Welt werden mit nachgestellten Klassikern der Malerei versinnbildlicht. Etwa Goyas »Die Erschießung der Aufständischen 1808 in Madrid« oder Delacroix' »Die Freiheit führt das Volk«. Es geht dabei einerseits um die zeitlose Idee, daneben aber auch um die perfekte Nachbildung der Vorlagen.

An dieser Diskrepanz scheitert letztlich Jerzy: Die Dreharbeiten werden überzogen, die Produktion wird zu teuer, der Produzent sucht einen amerikanischen Partner, und als er nach Hollywood fliegt, gibt Jerzy auf und kehrt nach Polen zurück. Es ist Ende 1981, in Polen spitzt sich die Lage zu.

Weil den Filmleuten wegen der Verzögerung die Statisten weglaufen, sucht man Nachschub in der lokalen Peugeot-Fabrik. Dort entläßt gerade der eklige Chef Michel die Arbeiterin Isabelle, weil sie einen Betriebsrat gründen will. Michel lebt mit der Motel-Besitzerin Hanna zusammen, bei der das Team wohnt. Isabelle lehnt sich mit Hilfe ihrer Freunde gegen das Unrecht auf. Doch der Chef tyrannisiert auf

Jerzy Radziwilowicz und Piccoli in Godards ›Passion‹.

Ein erbitterter Krieg zwischen dem Fabrikbesitzer Piccoli und seiner Angestellten Isabelle Huppert. Aus Godards ›Passion‹.

zynische Art seine Untergebenen wie seine Freundin, die ihrerseits mit Isabelle symphatisiert. Beide Frauen stehen in Beziehung zu Jerzy: Isabelle verliebt sich in den Regisseur, der jedoch ist von Hanna fasziniert. Doch Liebe ist hier nicht Erfüllung, sondern Passion: Leiden und Leidenschaft.

Zum Film: Godard erzählt keine Geschichte, sondern verbindet eine Reihe von Momenten zu einem verwirrend schönen, fragmentarischen Epos. Verschiedene Spielebenen laufen ohne spürbares dramaturgisches Konzept ineinander über, ergeben aber insgesamt eine Stimmung, Atmosphäre, eine Wirklichkeit.

Bei Godard gibt es immer wieder Verbindungen zwischen Filmwelt und Arbeitswelt, zwischen den Personen untereinander und Beziehungen zu den Bildern, die vor der Kamera im Studio produziert und reproduziert werden sollen.

Gerade durch Personen, die die Norm repräsentieren, den kalt funktionierenden Geschäftsapparat, werden die, die in Opposition stehen, zusammengeführt, können sich entfalten.

Wahrscheinlich bedarf es gerade so engagierter Schauspieler wie Michel Piccoli, um diese Kontraste wirklich spürbar zu machen.

La nuit de Varennes
Flucht nach Varennes
Frankreich/Italien
Regie: Ettore Scola. Drehbuch: Sergio Amidei, Ettore Scola. Regieassistent: Paolo Scola. Kamera: Armando Nannuzzi. Schnitt: Raimondo Crociani. Musik: Armando Trovajoli.
Darsteller: Jean-Louis Barrault (Nicolas Edmonde Restif de la Bretonne), Marcello Mastroianni (Giacomo Casanova), Harvey Keitel (Thomas Paine), Jean Claude Brialy (Monsieur Jacob, Sophies Coiffeur), Daniel Gélin (Industrieller De Wendel), Michel Vitold (Beamter De Florange), Hanna Schygulla (Comtesse Sophie de la Borde), Andréa Ferréol (Mme Adelaide Gagnon, Witwe), Laura Betti (Virginia Capacelli), Jean-Louis Trintignant (Monsieur Sauce), sowie Pierre Malet, Hugues Quester, Dora Doll, Jacques Peyrac, Patrick Osmond, MICHEL PICCOLI (in der Originalfassung als die Stimme Ludwig XVI.).
Produktion: Gaumont/FR 3/Opera Films. Produzent: Renzo Rossellini). Eastmancolor.
Länge: 150 Minuten (BRD: 122 Minuten).
BRD: 5. 5. 1984

Kritik: Zoom 22/82; La Revue du Cinéma 6/82

Inhalt: Am 21. Juni 1791 flieht Ludwig XVI. mit seiner Familie in einer Kutsche aus dem revolutionären Paris, wird aber in Varennes wieder gefangengenommen.

Der Film erzählt anschaulich von einer Reisegesellschaft, die der Kutsche des Königs folgt und in den Strudel der Ereignisse hineingezogen wird.

Zum Film: Ursprünglich sollte Piccoli in Scolas Film den König Ludwig XVI. spielen, doch dann kam es – warum auch immer – nicht dazu und man hört nur des Königs Stimme. In der französischen Originalfassung ist er immerhin mit seiner Stimme dabei; er spricht den unglückseligen König Ludwig XVI.

Une chambre en ville

Ein Zimmer in der Stadt
Frankreich
Regie/Drehbuch: Jacques Demy. Regieassistenten: Denis Epstein, Patrice Martineau. Kamera: Jean Penzer. Schnitt: Sabine Mamou. Musik: Michel Colombier. Ausstattung: Bernard Evein. Darsteller: Dominique Sanda (Edith Leroyer, Danielle Darrieux (Margot Langlois), Richard Berry (François Guilbaud), MICHEL PICCOLI (Edmond Leroyer), Fabienne Guyon (Violette Pelletier), Jean-François Stévenin (Dambiel), Anna Gaylor (Mme Pelletier), Jean-Louis Rolland (Ménager), Marie-France Roussel (Mme Sforza), Georges Blaness (CRS-Offizier), Marie-Pierre Feuillard (Frau auf dem Elefanten), Monique Créteur (Frau mit der Katze), Gil Warga, Nicolas Hossein, Yann Dedet, Antoine Mikola (Arbeiter), Patrick Joly (Gießer), Denis Epstein (Mann im Fernsehen), Jean Porcher (Mann in der Pommeraye-Passage).
Produktion: Christine Gouze-Rénal für Progefi/TF 1/UGC/Top1. Kodakcolor. Cinemascope. Länge: 92 Minunten.
BRD: 4. 7. 84, HR/NDR/WDR 3

Kritik: B. G. in Voir; HRB in KstA, 3. 6. 87; Zoom 83/184.

Inhalt: Die Liebesgeschichte zwischen einem jungen Werftarbeiter und der verheirateten Tochter eines verarmten Adligen – angesiedelt vor dem politisch-sozialen Hintergrund eines Werftarbeiterstreiks in Nantes 1955 – hat Regisseur Jacques Demy gemeinsam mit dem Komponisten Michel Colombier zu einem melodramatischen Musikgedicht verarbeitet. Die konsequente musikalische Form, die an Oratorien erinnert, und das erfolgreiche Bemühen, die kleine Privatstory und die schwerwiegende Zeitgeschichte in der Schwebe zu halten, belegen Demys künstlerische Kraft. Es gibt keinen gesprochenen Dialog, alles wird gesungen. Die Mischung aus rauhem Arbeitsalltag und tragischer Liebesbeziehung führt zu einem eigenwilligen Kinostück.
François Guibaud hat bei Madame Langlois ein Zimmer gemietet, seine Freundin Violette möchte gerne heiraten. Eines Nachts kommt es zu einer denkwürdigen Begegnung: Françoise trifft Edith, in die er sich verliebt.
Für beide ist es mehr als ein oberflächliches Abenteuer, das tragisch zu enden droht, als Ediths Mann Edmond auftritt und zum Rasiermesser greift.

Zum Film: Die musikalische Form gibt dem Ganzen etwas Makabres, etwa wenn die mit Knüppeln auf Streikende eindreschenden Polizisten ins Megaphon singen. Piccoli spielt eine Art unglückseligen Dämon, den Schwiegersohn der Wirtin, der seine schöne Frau Edith mit dem Rasiermesser bedroht und von ihr – im Handgemenge – getötet wird.

Que les gros salaires lèvent le doigt
Frankreich

Regie: Denys Granier-Deferre. Drehbuch: Denys Granier-Deferre, Yves Stavrides, nach einem Roman von Jean-Marc Roberts. Kamera: Etienne Becker. Schnitt: Thierry Derocles. Musik: Philippe Sarde. Ausstattung: Jean Baptiste Poirot.

Darsteller: Jean Poiret (André Joeuf), MICHEL PICCOLI (José Viss), Daniel Auteuil (Lumet), Marie Laforét (Rose Joeuf), François Perrot (Calot), Jeanne Lalleman (Nathalie, Loeuf), Florence Pernel (Odile Joeuf), Patrick Bouchitey (Lenoir), Nadine Barentin (Mme Circe), Max Megy (Poute), Bernard Marcellin (Arnaud), Gerard Chaillon (Sulser), Michel Pilorge (Gatti), François Lelande (Vezir), Christian Colin (Démaret), Laure Duthilleul.

Produktion: Sara Films, T-Films. Produzent: Alain Sarde. Eastmancolor. Länge: 98 Minuten.

UA: 3. 11. 1982 Paris

Inhalt: Jean-Ba sorgt für den Unterhalt seines Vaters José. Sein Chef, Monsieur Joeuf lädt seine Mitarbeiter zum Wochenende aufs Land ein, hier machen sie die Bekanntschaft mit der Frau und den Töchtern des Chefs. Während des Abendessens erfährt Jean-Ba durch eine Indiskretion einer der Töchter des Gastgebers, daß diese Einladung ein Täuschungsmanöver mit wenig löblichen Absichten sei.

In diese kleine Welt bricht Josè ein und erreicht eine Gehaltserhöhung für seinen Sohn.

Schließlich macht Joeuf seine Absicht deutlich: Im Spiel will er für vier Angestellte höhere Gehälter auslosen und danach kommen die niederen Gehälter. Nun ist es an seiner Frau Rose, einen neuen Plan zu schmieden...

Les yeux, la bouche – Gli occhi e la bocca
Die Augen, der Mund
Frankreich/Italien/Spanien

Regie: Marco Bellocchio. Drehbuch: Marco Bellocchio, Vincenzo

›Die Augen, der Mund‹ – Bellocchios Fortsetzung von ›Die Fäuste in der Tasche‹ mit Lou Castel und Michel Piccoli.

Cerami. Kamera: Giuseppe Lanci. Schnitt: Sergio Nuti. Musik: Nicola Piovani. Ausstattung: Leonardo Scarpa, Giancarlo Basili. Darsteller: Lou Castel (Giovanni), Angela Molina (Vanda), Emmanuelle Riva (Mutter), MICHEL PICCOLI (Nigi), Antonio Piovanelli (Vater), Giampaolo Saccarola (Agostino), Viviana Toniolo (Adèle), Antonio Petrocelli (Arzt).
Produktion: Gaumont/RAI TV. Eastmancolor. Länge: 105 Minuten. UA: 3. 2. 86 (Venedig). BRD: 3. 2. 86 (ARD)

Kritik: Fischer Allmanach 1987; Heyne Filmjahrbuch 1987

Inhalt: Der Schauspieler Giovanni, einer der jungen Rebellen von 1968, der Protagonist aus Bellochios Film *Die Fäuste in der Tasche*, kehrt Jahre später in seine wohlhabende Familie zurück. Sein Zwillingsbruder Pippo hat Selbstmord begangen. Giovanni bemüht sich aus Schuldgefühl mit dem Rest der Familie darum, der Mutter, einer überzeugten Katholikin, den wahren Sachverhalt zu verbergen und die Tragödie als Unfall darzustellen. Nur Vanda, Pippos Verlobte, spielt das unwürdige Lügentheater nicht mit: ihretwegen hatte sich Pippo erschossen. Anfangs ist Giovanni über ihre Haltung empört und greift sie heftig an. Nach und nach jedoch empfindet er Zuneigung zu ihr, die sie erwidert. Er überwirft sich mit Onkel Nigi, dem Familienoberhaupt, und tritt eines Nachts der Mutter in Pippos Maske gegenüber.

Als Bote aus dem Reich der Toten versichert er, ihr Sohn sei trotz des Selbstmordes nicht in Verdammnis gefallen. Dann verläßt Giovanni endgültig die Familie, um mit Vanda zusammenzuleben.

Zum Film: 20 Jahre zuvor hatte Bellochios Film *Die Fäuste in der Tasche* wegen seiner Familienfeindlichkeit im katholischen Italien einen Skandal entfacht: Fast zwanzig Jahre später nimmt der Regisseur sein Thema nicht weniger radikal – aber mit verändertem Blickwinkel – wieder auf.

Oltre la porta
Jenseits der Schwelle/Pforte zum Fleisch
Italien
Regie: Liliana Cavani. Drehbuch: Liliana Cavani, Enrico Medioli. Regieassistent: Paolo Tallarigo. Kamera: Luciano Tovoli. Schnitt: Ruggero Mastroianni. Musik: Pino Donaggio. Ausstattung: Dante Ferretti, Verde Visconti.
Darsteller: Marcello Mastroianni (Enrico), Eleonora Giorgi (Nina), Tom Berenger (Matthew Jackson), MICHEL PICCOLI (Muti, Ninas Vater), sowie Paolo Bonetti, Maria-Sofia Amendolea, Enrico Bergier, Marcia Briscoe, Cicely Brown, Hadija Lahnida, Leandro Marcoccio, Atik Mohamed, Abdelkader Moutaa, Mahjoub Raji, Fatima Regragui, Giuseppina Romagnoli, Gary Shebex, Hamidi Tounsi, Bill Willis.
Produktion: Futur Film'80/RAI/Cineriz. Produzent: Francesco iorgi. Technicolor. Länge: 116 Minuten.
UA: 4. 5. 1987, Paris.

Kritik: Martyn Auty in MFB 81/1984; Ursula Blättler in Zoom 21/82.

Inhalt: Ein junger Amerikaner versucht vergebens, die geliebte Frau aus ihrer inzestuösen Vaterbindung zu lösen und gerät dabei in eine konfuse Dreiecksgeschichte.

Zum Film: Eine mit schwüler Erotik und grellen Klischees überladene Studie über Sex und Abhängigkeit, Gewalt und Leidenschaft. (LIF)

Le prix du danger
Kopfjagd – Preis der Angst
Frankreich/Jugoslawien
Regie: Yves Boisset. Drehbuch: Yves Boisset, Jean Courtelin, nach dem Roman *The Prize of Peril* von Robert Sheckley. Regieassistenten: Marc Angelo, Paolo Barzman, Branka Soldo. Kamera: Pierre-William Glenn. Schnitt: Michelle David. Musik: Vladimir Cosma. Ausstattung: Aleksander Milovic.
Darsteller: Gérard Lanvin (François Jacquemard), MICHEL PICCOLI (Frédéric Mallaire), Marie-France Pisier (Laurence Ballard), Bruno Cremer (Antoine Chirex), Andréa Ferréol (Elizabeth Worms), Henri-Jacques Huet (Victor Segal), Gabrielle Lazure (Marianne), Catherine Lachens (Madeleine), Jean Rougerie (Präsident des Kommitées), Jean-Claude Dreyfus (Bertrand), Jean-Pierre Bagot (Alexandre), Dragan Stupljanin (Roederer), Steve Kalfa (Edouard), Zlata Numanacic (Jacqueline), Julien Bukowski (Arnaud), Jacques Chailleux (Fernsehzuschauer).

Piccoli mit Marie France Pisier in ›Kopfjagd‹ von Yves Boisset.

Das Spiel ist aus: Gerard Lanvin mit Piccoli in ›Kopfjagd‹.

Produktion: Swanie/TF 1/UGC/Top 1/Avala. Produzent: Norbert Saada. Eastmancolor. Länge: 97 Minuten.
BRD: 27. 5. 1983

Kritik: Martyn Auty in MFB 48/1984; Sven Hansen in Die Welt, 20.5.83; Peter Hornung in SaZ, 27. 5. 83; BB in KstA, 28. 5. 83; HRB in RP, 29. 5. 83

Inhalt: Fréderic Mallaire moderiert im Fernsehstudio eine atemberaubende Life-Sendung: Fünf Männer jagen einen Einzelgänger, der gerade in den Kanal gesprungen ist, um das andere Ufer zu erreichen. Doch die Männer sind hinter ihm her. Was wie Spiel aussieht, ist bitterer Ernst: Mit Eisenketten und einem Ruder schlagen sie ihn tot wie einen tollen Hund. Ein Hubschrauber kommt ganz dicht heran und filmt die atemberaubende Szene. Begeisterung und geheuchelte

Trauer werden von Mallaire effektvoll gemischt – der Preis der Angst wäre um ein Haar von einem zähen Einzelgänger gewonnen worden: 100 000 Dollar winkten als Prämie!

Zum Film: Michel Piccoli spielt die Rolle des Conférenciers mit kühler Routine, ganz ohne Gefühl, doch der Film bleibt weit hinter Elio Petris *Das zehnte Opfer* zurück und gleitet immer wieder ins Belanglose, bleibt routiniert und oberflächlich und hat – außer der Faszination Piccolis – nur ein paar bezwingende Momente, etwa wenn die junge Frau François' überhaupt kein Verständnis dafür aufbringt, daß er sein Leben wegen des Geldes aufs Spiel setzt, oder wenn die Bürger, die sich als Jäger und Mörder gemeldet haben, ihre Beweggründe preisgeben.

Le général de l'armée morte
Frankreich/Italien
Regie: Luciano Tovoli. Drehbuch: Jean-Claude Carrière, MICHEL PICCOLI, Luciano Tovoli, nach einem Roman von Ismail Kadaré. Regieassistenten: Jean Luc Millorit, Inigo Lezzi, Claudio Bernabei, Dominique Tabuteau. Künstlerische Leitung: MICHEL PICCOLI. Kamera: Luciano Tovoli, Peppino Tinelli. Schnitt: Noëlle Boisson, Marie Roberts, Jennifer Auge. Musik: Gustav Mahler. Ausstattung: Alessandro Dell'Orca, Davide Bassan.
Darsteller: Marcello Mastroianni (General Ariosto), MICHEL PICCOLI (Benetandi), Anouk Aimée (Comtesse Betsy), Gérard Klein (General Krotz), Sergio Castellito (der Experte), Daniele Dublino (der Minister), Carmine de Padova (Ordonanz).
Roberto Miccoli (der Schäfer), Cosimo Calebrese (der Präsident), Salvatore Buccolieri (alter Mann), Vincenza d'Angela (eine Frau).
Produktion: Films 66/Antenne 2/UGC. Cinemascope. Eastmancolor.
Länge: 105 Minuten.
Regiedebut des Kameramanns Tovoli.

Zum Film: Eine sophisticated Comedy um zwei Männer, die mit dem Auftrag ausgeschickt werden, die Leichname zweier Männer zurückzufordern, die in Albanien während des zweiten Weltkrieges getötet wurden.
Dabei entdecken sie die Wahrheit über einen der »Helden« dieses Feldzugs, und sie erfahren am Ende, welchen Preis heroische Leidenschaft fordert.

La diagonale du fou – Dangerous Moves
Duell ohne Gnade/Gefährliche Züge
Schweiz/Frankreich
Regie/Drehbuch: Richard Dembo. Kamera: Raoul Coutard. Schnitt: Agnès Guillemot. Musik: Gabriel Yared.
Darsteller: MICHEL PICCOLI (sowjetischer Schachweltmeister Akiva Liebskind), Leslie Caron (Henia, seine Frau), Alexandre Arbatt (Pavius Fromm), Liv Ullmann (Marina, seine Frau), Bernhard Wicki (Puhl), Wojtek Pszoniak (Felton), Daniel Olbrychski (Tac Tac), Michel Aumont (Kerossian), Jean-Hugues Anglade (Felton), Hubert Saint Macary (Foldes), Pierre Michael (Yachvili), Serge Avedikian (Fadenko), Pierre Vial (Heller), Benoît Regent (Barrabal), Jacques Boudet (Stuffli), Jean-Paul Eydoux (Carsen), Albert Simono (Dalcroze), Sylvia Granotier (Richter Dombert), Alain Rimoux (Dr. Randelier), Willy Nicoidsky (Prof. Polotin), Yaseen Khan (Magic Hindu), Marcel Tassimot (Protazanov), Matthieu Schiffman, Guy Braucourt, Piotr Kaminski, Oliver Beer (Journalisten), Constantin Melnik (KGB Offizier).
Produktion: Arthur Cohn/Cecilia. Eastmancolor. Länge: 110 Minuten (Gekürzte Kinofassung: 100 Minuten).
BRD: 15. 4. 1984 ARD.

Kritik: Martyn Autry in MFB 1986, 77; Tibor de Viragh in Zoom 10/85; Arnold Hohmann in SZ, 17. 4. 84; Die Weltwoche, 25. 4. 1985
Auslands-Oscar 1985, César für den besten Debutfilm.

Inhalt: Das war eigentlich ein ganz kleiner, unauffälliger Film um zwei Männer, die erbittert um die Schachweltmeisterschaft kämpfen, um so mehr war man 1985 erstaunt, als er sowohl mit einem César für den besten Debutfilm als auch mit dem begehrten Auslands-Oscar der amerikanischen Filmakademie ausgezeichnet wurde. Doch der Oscar zumindest läßt sich mit dem hochbrisanten politischen Hintergrund erklären: Mitten im kalten Krieg steht der sowjetische Schachweltmeister Akiva Liebskind im Kampf gegen den Herausforderer und Landsmann Pavius Fromm. Für den Dissidenten Fromm ist es auch ein Kampf um Leben und Tod, ein Kampf gegen das System, gegen die Mächtigen in seinem Lande, das er verlassen mußte. Während er sich mit dem brillant kühlen Gegenspieler auseinandersetzt, hält man Fromms Frau Marina in einer psychiatrischen Anstalt

Als Schachweltmeister Liebskind: Piccoli in ›Gefährliche Züge/Duell ohne Gnade‹.

unter Drogen. Und als schließlich der eigene Mann – schwer herzkrank – die physische und psychische Anspannung nicht mehr auszuhalten droht, versucht man, den Dissidenten psychisch fertigzumachen.

Zum Film: Abgesehen von dieser virulenten Kalte-Kriegs-Dramatik fehlt dem Film der überzeugende dramaturgische Zugriff eines sensiblen Regisseurs. Dembo bleibt weit hinter den Möglichkeiten des Stoffes und seiner Interpreten zurück. Auch hätte er in Raoul Coutard einen Kameramann gehabt, der aus der Begrenzung des Raums, der Enge, der Emotion dramatisches Kapital hätte schlagen können. Doch es bleibt trotz der großen Namen und brillanten Momente eine verschenkte Geschichte.

Vive la vie
Es lebe das Leben
Frankreich
Regie: Claude Lelouch. Drehbuch: Claude Lelouch, Jérôme Tonnerre. Kamera: Bernard Lutic. Schnitt: Hughes Darmois, Pauline Leroy. Musik: Didier Barvelivren. Ausstattung: Jacques Bufnoir. Darsteller: Charlotte Rampling (Cathérine Perrin), MICHEL PICCOLI (Michel Perrin), Jean-Louis Trintignant (François Gaucher), Evelyne Bouix (Sarah Gaucher), Charles Aznavour (Edouard Takvorian), Laurent Malet (Laurent Perrin), Tanya Lopert (Julia), Raymond Pellegrin (Kommissar Barret), Charles Gérard (Charles), unter Mitwirkung von Anouk Aimée, Myriam Boyer, Patrick Depeyrrat, Maryline Even, Philippe Laudenbach, Denis Levant, Martin Lamotte, Geg Marlon, Mado Maurin, Jacques Nolot, Pascale Pellegrin, J.-L. Vitrac. Produktion: Les Films 13, UGC, Top. No. 1. Eastmancolor. Länge: 110 Minuten.
UA: 18. 4. 1984, Paris.

Kritik: P. Du. in Cinéma, 306/Juni 84; Zoom 85/376

Inhalt: Am gleichen Tag, zur gleichen Stunde verschwinden der Unternehmer Perrin und die Schauspielerin Gaucher, ohne sich zu kennen. Sie kehren zurück und haben keine Erinnerung an das, was geschah.
Handelt es sich um eine Entführung und Erpressung, um einen Seitensprung, um die Entführung durch Außerirdische – Claude Lelouch legt hier für den Zuschauer eine falsche Fährte nach der anderen aus.

Zum Film: Ein Film über Lüge, Manipulation und Kreation – wie bei der russischen Puppe in der Puppe bringt jede Geschichte eine neue hervor. Wegen der aufgemotzten Machart kommt es gelegentlich zu selbstzweckhaftem Leerlauf. Dennoch, ausgezeichnet das Spiel von Michel Piccoli.

1984

Le succès á tout prix
Großbritannien/Frankreich
Regie/Produktion: Jerzy Skolimowski. Drehbuch: Jerzy Skolimowski, Michael Lyndon. Regieassistenten: Chris Rose, Andrzy Kostenko, John Dodds, Julian Wall, Chris Knowles. Kamera: Mike Fash. Schnitt: Barrie Vince. Musik: Stanley Myers, Hans Zimmer. Ausstattung: David Minty, Voytek.
Darsteller: Michael York (Alexander Rodak), Anouk Aimée (Monique des Fontaines), Michael Lyndon (Adam Rodak), Joanna Szczerbic (Alicia Rodak), John Hurt (Dino Montecurva), MICHEL PICCOLI (französischer Minister), Jane Asher (Bankdirektorin), Jerry Skol (Tony Rodak), Ric Young (Kämmerer), Claude le Sache (M. Conio), Malcolm Sinclair (Assistent des Bühnenmeisters), Hilary Drake (Bühnenmeister), Adam French (Martin), Sam Smart (Mallett), Tim Brown (Lehrer), Maribel Jones (Maribel), Mike Sarne (Ladenangestellter), Maureen Bennett (BA Girl), Martyn Whitby (Angestellter im Amüsierclub), Bill Monks und Rory Edwards (Bühnenarbeiter), Archie Pool (Casius Baghali), Robert Whelan (berittener Polizist), Suzanne Crowley und Tristram Jellinek (Gebäudeinspektoren), Ralph Nossek (Richter), Colin Bennett (Usher), Felicity Dean (TV Director), Guy Deghy (ärgerlicher alter Mann), Eugeniusz Haczkiewicz (Genio), Stella Maris (Spanierin), Luis Pinilla (Spanier), Witold Bujak, Robert Gac, Jerzy Maslak, Marek Olbrrychi, Marek Szularz, Tadeusz Sembinski, Skavomir Kowalski, Jerzy Muszka, Pawek Skibinski, Marek Wilkus, Jaroslaw Sobik (Polnische Fußballmannschaft).
Produktion: De Vere Studio, London/Gaumont, Paris. Produzent: Jerzy Skolimowski für The Emerald Film Partnership. Co-Produzenten: Simon Bosanquet, Barrie Vince. Technicolor. Länge: 90 Minuten. UA: 23. 5. 1984, Paris.

Kritik: Dominique Maillet in Premiere 87, Juni 1984; Richard Combs in MFB 1984, 387.

Inhalt: Alex Rodak, ein bekannter polnischer Theaterregisseur, der gerade von seiner Regierung eine Ausreisegenehmigung erhalten hat, um in Paris das Kreuz der Ehrenlegion in Empfang zu nehmen, geht zu seiner Familie nach London, die schon zwei Jahre auf ihn wartet. Mit der französischen Theaterdirektrice Monique des Fontaines bereitet er ein theatralisches Ereignis vor, das sich mit der Situation in Polen auseinandersetzt...

Zum Film: Wiederum beschäftigt sich Regisseur Skolimowski mit Problemen seiner Heimat, mit dem Zwang des Regimes und dem Versuch, sich zu widersetzen. Piccoli spielt die Rolle eines Ministers.

Adieu Bonaparte
Ägypten/Frankreich
Regie: Youssef Chahine. Drehbuch: Youssef Chahine, Yousry Nashrallah, Mohsen Mohiedine, Jeam-Michel Comet. Kamera: Mohsen Nasr. Schnitt: Rachida Abdel Salam. Musik: Gabriel Yared. Darsteller: Mohsen Mohiedine (Aly), MICHEL PICCOLI (Caffarelli), Patrice Chéreau (Bonaparte), Mohamed Atef (Yehia), Ahmad Abdel Aziz (Bakr), Moshena Tawfik (Nefissa), Hoda Soltane (die Mutter), Taheya Carioca (die Hebamme), Christian Patay (Horace Say), Dalia Younes (Nahed), Farid Mahmoud (Faltaos), Gamil Ratib, Salah Zulfikar, Hassan Hussein.
Produktion: International / Kultusministerium, Kairo / Lyric/TF 1/ Renn/Ministre de la Culture,Paris. Technicolor. Länge: 115 Minuten. UA: Dezember 1984 Paris.

Kritik: Bruno Jaeggi in Zoom 12/85; La Revue du Cinéma, 12/1984.

Inhalt: »Mit Adieu Bonaparte bleibt Chahine seinem Grundthema treu: Napoelons Landung im Ägypten von 1798 interessiert ihn nur als Rahmen einer exemplarischen Geschichte, die sich zwischen dem französischen General Caffarelli und dem einheimischen Volk abspielt. Neuland betritt Chahine dagegen durch den produktionstechnischen Aufwand: Adieu Bonaparte ist die erste ägyptisch-französische Co-Produktion der Filmgeschichte... Da standen einem Regisseur aus der sogenannten Dritten Welt plötzlich drei Millionen Dollar zur Verfügung. Chahine wollte sich selbst treu bleiben und zugleich großes Kino machen...«
Im Mittelpunkt stehen die zunehmend von Liebe und Respekt geprägten Beziehungen zwischen dem Wissenschaftler Caffarelli (ein erstaunlich beherrschter Michel Piccoli) und Aly, dem ägyptischen Bäckerssohn. Beide bewegen sich aufeinander zu, indem sie sich innerlich gegen ihre angestammte Umgebung abgrenzen oder zumindest ihren Standort neu definieren. Caffarelli ist der soziale Utopist, der es vorzieht, Windmühlen für die Getreideverarbeitung zu bauen,

als sich um seine Kanonen zu kümmern. Er erweist sich als offen, hellsichtig und progressiv zu einer Zeit, da Napoleon die Revolution bereits verraten hat. Und Aly ist das wißbegierige, kreative Kind eines Volkes, das zwischen Widerstand, Sympathie und Anpassung zögert und schon deshalb keine Einheit bilden kann, weil es durch zuviel Einzelinteressen zersplittert wird. Aly... druckt Flugblätter, um zur Revolte gegen die Invasion und Besetzung aufzurufen.

Zum Film: Durch seine pointierte Abkehr von den angeblich geschichtsbestimmenden Helden macht Chahine deutlich, daß er auch politisch auf der Seite Alys steht. Napoleon, zwischen aggressiver Macht und lächerlicher Schwächlichkeit, ein ewig unerwachsener, selbstbezogener Lausbub, der vorgibt, für Frankreich zu kämpfen, und dabei nur seine eigene Ehre und Selbstbestätigung sucht... Adieu, Bonaparte hebt sich vom üblichen Historienfilm ab: als schillernde Freske, die nie den Effekt, vielmehr den Dialog sucht, dialektisch fern jeder Schwarzweißmalerei. Chahine wägt ab, er differenziert und umgeht souverän sämtliche Fallen des realistischen Kinos...
Er macht aus der Geschichte etwas Dynamisches, das von jedem einzelnen mitgestaltet wird und Fragen an die Gegenwart stellt. Und das ist heute schon allerhand.« (Bruno Jaeggi)

Partir revenir
Frankreich
Regie: Claude Lelouch. Drehbuch: Claude Lelouch, Pierre Uytterhoeven, Jérôme Tonnerre, Julie Pavesi. Kamera: Bernard Lutic. Schnitt: Hugius Darmois. Musik: Sergei Rachmaninow, Michel Legrand. Darsteller: Annie Girardot (Hélène Riviere), Richard Anconina (Vincent Riviere), Jean-Louis Trintignant (Chirurg Roland Rivière), Evelyne Bouix (Salomé Lerner, Anästhesistin), MICHEL PICCOLI (Simon Lerner), Françoise Fabian (Sarah Lerner), Erick Berchot (Salomon), sowie Monique Lange, Charles Gerard, J. Bouise.
Produktion: Films 13/UGC/FR 3. Eastmancolor. Länge: 120 Minuten.

Kritik: Zoom 1/86

Inhalt: Die jüdische Familie des Psychoanalytikers Lerner muß vor den Nazis aus Paris fliehen. Von einem Anonymen werden sie an die

Gestapo verraten. Salomé Lerner überlebt als einzige das Konzentrationslager. Wieder in Paris, Jahrzehnte später, sieht sie im Konzert einen jungen Pianisten. Sie glaubt, in ihm die Wiedergeburt ihres Bruders zu sehen.

Zum Film: Das Melodram verwebt Szenen, die nicht chronologisch eine Geschichte erzählen, sondern assoziativ, eine aus der anderen hervorgehen. (Zoom).
Annie Girardot:»Er ist sehr symphatisch und menschlich. In unserer geschäfts- und erfolgssüchtigen Branche ist um ihn ein Hauch aus einer anderen Welt.«

Péril en la demeure
Gefahr in Verzug
Frankreich
Regie/Drehbuch: Michel Deville, nach dem Roman Sur la terre

Christopher Malavoy bringt Unruhe bei dem Ehepaar Nicole Garcia und Michel Piccoli. Aus Michel Devilles ›Gefahr in Verzug‹.

comme au ciel von René Belleto. Regie/Drehbuchassistent: Rosalinde Damamme. Kamera: Martial Thury. Schnitt: Raymonde Guyot. Musik: Johannes Brahms. Franz Schubert, Enrique Granados. Ausstattung: Philippe Combastel.

Darsteller: Anémone (Edwige Ledieu), Richard Bohringer (Daniel Forest, ein Killer), Nicole Garcia (Julia Tombsthay), Christophe Malavoy (David Aurphet), MICHEL PICCOLI (Graham Tombsthay), Anais Jeanneret (Vivianne Thombsthay), Jean-Claude Jay (Vater), Hélène Roussel (Mutter), Elisabeth Vitali (Kellnerin), Frank Lapersonne (Gitarrenverkäufer), Daniel Verite (Angreifer).

Produktion: Gaumont/Eléfilm/TF 1 Films. Eastmancolor. Länge: 101 Minuten.

UA: 22. 2. 1985 Berlinale. BRD: 22. 8. 1985

Kritik: Tom Milne in MFB 86, 47; Ulrich von Thüna in epd Film 8/85; Hans Gerhold in Filmdienst 25043/85; Film Almanach 86; Helmut Schmitz in FR 22. 8. 85; Friedrich Luft in Die Welt 23. 8. 85; Michael Althen in SZ 24. 8. 85; HRB in RP, 1. 9. 85; Florian Hopf in TIP 18/85; Danielle Krüger in Spectrum Film 8/85.

Inhalt: Eine Geschichte von Leidenschaften und Menschen, die völlig verrückt sind oder verrückt erscheinen, vielleicht aber auch das Verrücktsein nur vortäuschen.

Zum Film: Dieses Verwirrspiel im Dschungel der Gefühle ist – bei brillanter Besetzung – wie am Reißbrett konstruiert, aber dennoch ein Genuß. Eine Art Orpheus mit Gitarre gerät in ein gefährliches Netz von Mord und Spionage. Der junge Musiklehrer David kommt zum Haus einer neuen Schülerin. Die Mutter Julia empfängt ihn gleich mit bebendem Busen und tiefem Liebesblick, der Ehemann Graham schaut geheimnisvoll und tiefgründig drein. Dann gibt es noch ein Töchterlein (»Hat meine Mutter Ihnen gesagt, daß ich mit jedem Mann schlafe?«). Bevor die Geschichte in Gang kommt, wird noch die neugierige Nachbarin Edwige in das dramaturgische Mosaik eingefügt. Julia hat mit dem gutaussehenden Jungen leichtes Spiel, der Ehemann läßt deutlich erkennen, daß er davon Notiz nimmt, die Nachbarin schaut geil durchs Teleobjektiv, bei David erscheint der Berufskiller Daniel und es kommt zur Katastrophe, aber auch das ist noch durchaus lustig, denn wird schon unter den Personen an Lügen nicht gespart, so mag auch das Ganze eine vergnügliche Lügengeschichte sein – wer weiß…

Nicole Garcia, Michel Piccoli: ›Gefahr in Verzug‹.

Mon beau-frère a tué ma soeur
Frankreich
Regie: Jacques Rouffio. Drehbuch: Georges Conchon. Kamera: Jacques Loiseleux. Schnitt: Anne Ruiz. Musik: Philippe Sarde.
Darsteller: MICHEL PICCOLI (Étienne Sembadel), Michel Serrault (Octave Clapoteau), Juliette Binoche (Esther Bouloire), Jean Carmet (Jocelyn Bouloire), Milva Biolcati (Renata Palozzi), Tom Novembre (Léon), Jean-Pierre Bisson (D'H), Isabelle Petit-Jacques (Micheline).
Produktion: Cineproduction. Länge: 95 Minuten.
UA: 5. 3. 86, Paris.

Inhalt: Octave und Étienne sind alte Freunde. Étienne ist an der Akademie Francaise, er ist Autor von Sex, sein Leben, sein Werk. Sie treffen eine junge Psychatrie-Ärztin, die sagt, daß ihr Schwager ihre Schwester getötet habe. Die beiden Freunde beginnen eine Untersuchung, die nach zahlreichen Verwicklungen mit dem Geständnis des Täters endet. Als dieser getötet wird, fahren die beiden nach Rom.

Zum Film: Die Anhäufung von Trivialitäten entbehrt jeder Qualität. Zwar agieren Schauspieler wie Piccoli und Serrault, doch sie ersticken in einer Inszenierung, die ebenso traurig ist wie der Rest.

Mauvais sang
Die Nacht ist jung
Frankreich
Regie/Drehbuch: Léos Carax. Regieassistenten: Antoine Beau, Christian Faure, Zazie Carceco, Ariel Sctrick. Kamera: Jean-Yves Escoffier. Schnitt: Nelly Quettier, Hélène Muller. Musik: David Bowie, Benjamin Britten, Charlie Chaplin, Serge Prokofiev, Boris Vian. Choreographie: Christine Burgos. Ausstattung: Michel Vandestien, Thomas Peckre, Jack Dubus. Darsteller: Denis Lavant (Alex), Juliette Binoche (Anna), MICHEL PICCOLI (Marc), Julie Delpy (Lise), Hans Meyer (Hans), Carroll Brooks (die Amerikanerin), Serge Reggiani (Charlie), Hugo Pratt (Boris); Mireille Perrier (die junge Mutter), Jérôme Zucca (Thomas), Charles Schmitt (der Kommissar), Philippe Fretun (der Portier), Ralph Brown (der Chauffeur), sowie Paul Handford, François Negret, Thomas Peckre, Eric Wasberg.

Piccoli mit Juliette Binoche, Julie Delpy in Leos Carax' ›Die Nacht ist jung‹.

Produktion: Alain Dahan, Philippe Diaz für Prod. Les Films Plain Chant/Soprofilms /FR 3/Unité 3. Fujicolor. Länge: 125 Minuten. Länge (engl. Fassung): 119 Minuten, (dt. Fassung): 105 Min. UA: 1. 3. 87 Berlinale. BRD: 11. 2. 1988

Kritik: Anne Billson in MFB 1987, 310; Ralph Eue in Berlinale Tip, 1. 3. 87; Film Almanach 1989; Heynes Filmjahrbuch 1989; Stefan Kunzelmann in Zoom 24/87; Alexander Horwath in Logbuch 2/88; Sebastian Feldmann in RP, 12. 2. 88; Eva Maria Lenz in FAZ, 28. 2. 88; seg in FR, 28. 2. 88; Martina Müller in epd Film 3/88

Zum Film: Ein ganz junger Film von einem ganz jungen Mann, bizarr, kalt, im fahlen Neonlicht erzählt, ein Nachtfilm, in dem Gangster hinter einem Serum her sind, das eine geheimnisvolle Krankheit heilen kann. Man denkt an AIDS. Das ist nicht falsch, nur bleibt Carax mit seinen gestylten Bildern zu sehr an der Oberfläche, auch wenn immer wieder ein sehr persönlicher Ausdruck durchschimmert. Zwei brillante Schauspieler machen das Ganze sehenswert: Piccoli und Reggiani.

La puritaine
Frankreich/Belgien
Regie: Jacques Doillon. Drehbuch: Jean-François Goyet, Jacques Doillon. Kamera: William Lubtchansky. Schnitt: Marie Robert. Musik: Philippe Sarde. Ausstattung: Jean-Claude de Bemels. Darsteller: MICHEL PICCOLI (Pierre); Sabine Azéma (Ariane), Sandrine Bonnaire (Manon), sowie Laurent Malet, Brigitte Coscas, Anne Coesens, Corinne Dacla, Jessica Forde, Vinciane Le Men, Kitty Korts Lynch, Nicole Persy, Pacale Salkin, Pascale Tison.
Produktion: Films Philippe Dussart/SEPT (Paris) – Man's Films (Brüssel)/CNC. Eastmancolor. Länge: 90 Minuten.
UA: 3. 12. 1986

Inhalt: Der Theaterleiter Pierre wartet auf die Rückkehr seiner Tochter, die ein Jahr lang weg war. Als sie ankommt, probt Pierres Freundin Ariane mit der Truppe junger Schauspielerinnen ein Stück über Manons Konflikt mit ihrem Vater. Vater und Tochter greifen immer wieder in die Inszenierung ein, und während dieser Arbeit wird der Grund der Auseinandersetzungen deutlich.

Zum Film: Doillons Film zeigt, wie die Darstellung von Konfliktstoff zur Klärung der Situation verhelfen kann.

Terre étrangère
Das weite Land
BRD/Österreich/Frankreich
Regie: Luc Bondy. Drehbuch: Meir Dohnal, Luc Bondy, nach der gleichnamigen Tragikomödie von Arthur Schnitzler, unter Beratung von Botho Strauß. Kamera: Thomas Mauch. Schnitt: Ingrid Koller. Musik: Heinz Leonhardsberger. Ausstattung: Ina Peichl.
Darsteller: MICHEL PICCOLI (Friedrich Hofreiter), Bulle Ogier (Genia), Jutta Lampe (Frau Neinhold-Aigner), Milene Vukotic (Frau Wahl), Wolfgang Hübsch (Dr. Mauer), Barbara Rebeschini (Erna), Dominique Blanc (Adele Natter), Alain Cuny (Aigner), Paul Burian (Bankier Natter), Gabriel Barylli (Fähnrich Otto), Friedrich Hammel (Stanzides), Jeff Layton (Paul), Paul Manker (Pianist Korsakow), Dorothea Parton (Kathi).

Produktion: Satel/WDR /Progefi/Antenne 2/RAI 2. Produzenten: Michael von Wolkenstein, Christine Gouze-Renal. Eastmancolor. Länge: 103 Minuten.

UA: 21. 6. 87, Münchner Filmfest. BRD: 13. 8. 1987.

Preise: Das Filmband in Gold; gemeinsam mit Bulle Ogier: den französischen Staatspreis für Kunst und Kultur.

Kritik: Fischer Almanach 1988; Heynes Filmjahrbuch 1988; Rainer Hartmann in KstA, 22. 8. 87; HRB in RP, 21. 8. 87.
»Die Seele ist ein weites Land, wer wüßte es je abzumessen«, heißt es in Arthur Schnitzlers böser Tragikomödie über die »bessere Gesellschaft« der Jahrhundertwende.

Inhalt: Ein Tennismatch, weiße Bälle fliegen hin und her; ein Garten, Vögel zwitschern; man riecht Natur; Thomas Mauchs Kamera fährt durch Bäume und Sträucher, erfaßt ein Paar: Ein alter Mann umarmt

Piccoli und Bulle Ogier in ›Das weite Land‹ von Luc Bondy.

stürmisch eine schöne Frau, doch die Leidenschaft wirkt abgestorben. Was ist Leben? Wo gibt es Menschen, wo wirkliche Gefühle?

Zum Film: Bulle Ogier ist eine wundervolle, vielseitige Charakterdarstellerin; heute gealtert fast noch reizvoller, begehrenswerter – so, daß man keinen Moment zögert, zu glauben, daß der junge Fähnrich Otto unsterblich in sie verliebt ist. Wirkliches Leben aber verkörpert hier ein Greis: Alain Cuny – schon fast eine Legende – ist der alte Aigner, nach dem ein Berggipfel benannt ist und der selbst wie ein Fels erscheint.

Genias Ehemann, der Industrielle Friedrich Hofreiter – ihn spielt Michel Piccoli kraftvoll, stürmisch, bisweilen hintergründig böse, unberechenbar bissig und dann wieder in sich zusammensinkend. Aber auch dann kaschiert er seine Schwäche, schützt Kraft vor, wo sie schon versiegt ist.

Weites Land – der Film, das hat nichts Bühnenhaftes mehr, auch nicht im Spiel des (durchwegs bühnenbewährten) Ensembles.Immer wieder spielen Landschaft und Natur eine wichtige Rolle als lebendes, atmendes Gegengewicht zur dekadent dahinsiechenden Gesellschaft. Doch auch hier zeigt sich Bondys Kinoverständnis: nie erscheint die Natur als dumpf drohende symbolträchtige Kulisse, wie man sie aus Berg- und Heimatfilmen kennt, sie ist da, repräsentiert Kraft und Leben.

Le paltoquet
Frankreich

Regie/Drehbuch: Michel Deville, nach dem Roman *On à tué pendant l'escale* von Franz-Rudolf Falk. Regieassistenten: Rosalinde Damamme, Thierry Bidault. Kamera: André Diot. Schnitt: Raymonde Guyot. Musik: Anton Dworak, Leos Janâcek. Choreographie: Patrick Erhard. Ausstattung: Thierry Leproust.

Darsteller: Fanny Ardant (Lotte), Jeanne Moreau (Pächterin), MICHEL PICCOLI (Le paltoquet, der Tölpel), Daniel Auteuil (Journalist), Richard Bohringer (Doktor), Philippe Léotard (Ehrenmann), Claude Piéplu (Professor), Jean Yanne (Kommissar), An Luu (Hetäre), Sidy Lamine Diarra (rechter Agent), Gérard Essomba (linker Agent), Gérard Dubois (Klient), Henri Bensiussan (Zollbeamter).

Produktion: Eléfilm, Erato Films, Soprofilms, TF 1, Sofia, Sofima (alle Paris). Produzent: Rosalinde Damamme. Panavision. Eastmancolor. Länge: 93 Minuten.

Kritik: L'Avant Scene 352; Cahiers du Cinéma 387; Positif 307; Cinematographer 122; FAZ, 9. 9. 86; Tom Milne in MFB 1987, 211; Sight and Sound Summer 1987; Unifrance 1986

Inhalt: »In ein heruntergekommenes Café kommt eines Abends ein Polizist, der dort eine Untersuchung durchzuführen hat. Er beginnt, die sieben Gäste zu befragen.«

Zum Film: »Acht Personen sind in einem Raum eingeschlossen. Die dramaturgische Handlung ist nur ein Vorwand, um die Beziehungen der Menschen zueinander darzustellen. Deville interessiert weniger die Arbeit des Polizisten als vielmehr die Wirtin und ihr Gehilfe, sowie der in Weiß gekleidete Vamp Lotte. Das Spiel der Verführung, der unterschwelligen Hingabe, des Rückzugs mit strategischer Verteilung kann beginnen. Eine besondere Färbung erhält dieses Geplänkel zum einen durch die Lakaienseele des Gehilfen (Piccoli!) und zum anderen durch die Wirtin, die ihre Getränke anscheinend am liebsten selbst trinkt, aber weit davon entfernt ist, deshalb in Redseligkeit Betrunkener zu verfallen. Ihr Alkoholismus ist lang erprobt; er verführt sie nicht dazu, ihr Innerstes preiszugeben.«
(Zitate: Gabriele Lauermann aus Gabriele Lauermanns Jeanne-Moreau-Biographie)

1987

La Rumba
Frankreich
Regie: Roger Hanin. Drehbuch: Roger Hanin, Jean Curtelin. Kamera: Jean Penzer. Schnitt: Youcef Tobni. Musik: Claude Bolling. Ausstattung: Bernard Evain.
Darsteller: Roger Hanin (Beppo Manzoni), Niels Arestrup (Kommissar Xavier Detaix), MICHEL PICCOLI (Damien Maleville), Guy Marchand (Ma Pomme), Christine Gouze-Renal (Mme Meyrals), Corinne Touzet (Regina Berluzzi), Sophie Michaud (Valentine), Karim Allaoui (Gino Motta), Stéphane Jobert (Puppi Ziegler), Philippe Carott (Paul Bergerac), Vivianne Reed (Josephine Baker), Michel Derard (Fred Astaire), Xavier Maly (Eugene), sowie Patachou, Georges Atlas, Marc Helder, Renaud Fleuri, Yolande Gilot.
Produktion: Christine Gouze-Renal für Progefi/Hachette Première/TF1 Films Production. Eastmancolor. Länge: 95 Minuten.

Inhalt: Paris 1938. Beppo Manzoni beherrscht die Pariser Tanzhallen, in denen sich die vornehme Gesellschaft und die Unterwelt trifft. Doch der mächtige Beppo hat einen einflußreichen Gegner, den Polizeikommissar Xavier Detaix, der Verbindungen mit den Nazis hat. Der Mann will den Manager stürzen. Das brutale Duell zwischen den beiden Männern wird angesichts des drohenden Krieges zu einem Tanz ums goldene Kalb.

Zum Film: Aufwendig, turbulent und mit Gefühl für Schwung und Tempo hat Roger Hanin einen Film gedreht, der seine Bewunderung für Bob Fosse und sein Cabaret erkennen läßt.

Roger Hanin hat beim schwarzen amerikanischen Krimi und dem klassischen Hollywood-Musical gelernt, ohne daß sein Film zum Plagiat wird.

L'homme voilé

Frankreich/Libanon

Regie/Drehbuch: Maroun Bagdali. Dialoge: Didier Decoin. Regieassistent: Patrick Delabriere. Kamera: Patrick Blossier. Schnitt: Luc Barnier. Musik: Gabriel Yared. Ausstattung: Richard Peduzzi.

Darsteller: Bernard Giraudeau (Pierre), MICHEL PICCOLI (Kassar), Laure Marsac (Claire Rollin), Michel Albertini (Kamal), Sandrine Dumas (Julie, Claires Freundin), Foud Naim (Kamals Onkel), Sonja Ichti (Kamals Frau), Jonathan Layne (Marouane), Kamal Kassar (Youssef).

Produktion: Paris Classics/Hachette Première/UGC/Top No 1/ les Films de la Sage, Paris/Intage Prod. Beyrouth/CNC. Produzent: Humbert Balsan. Eastmancolor. Länge: 93 Minuten.

UA: 16. 9. 1987

Kritik: M. H. + Stella Molitor in Première 9/87

Inhalt: Pierre ist Arzt. Er kommt aus Beirut zurück, den Kopf voll von Bildern und Geräuschen des Krieges. Tatsächlich begreift er es kaum, wieder in Paris zu sein. Sein einziger Gedanke: seine 16jährige Tochter Claire zu finden. Claire hat lange Zeit einen Helden- und Abenteurermythos um ihren Vater gewoben, sie hat sogar davon geträumt, nach Beirut zu gehen, um sich ihm dort anzuschließen. Aber der, der zurückkehrt, ist nicht mehr der gleiche, denn er hat den Krieg immer um sich herum. Und Kassar hört nicht auf, ihn an seinen Vertrag zu erinnern, an seinen Termin, an seine Verpflichtung.

Maladie d'amour

Frankreich

Regie: Jacques Deray. Drehbuch: Danièle Thompson, Jacques Deray, nach einer Idee von Andrej Zulawski. Kamera: Jean-François Robin. Schnitt: Henri Lanoe. Musik: Romano Musumarra. Ausstattung: Jean-Claude Gallouin.

Darsteller: Nastassja Kinski (Juliette), Jean-Hugues Anglade (Clement), MICHEL PICCOLI (Professor Raoul Bergeron), Jean-Claude Brialy (der Schwager), Souad Amidou (Farida), Jean-Paul Roussillon (Pater Jacques), Sophie d'Aulan (Diane), Jean-Luc Porraz (Jean-Luc).

Produktion: Oliane Productions (Marie-Laure Reyre)/FR3 Films Productions. Eastmancolor. Länge: 122 Minuten.

UA: 30. 9. 1987

Kritik: Première 9/87

Inhalt: Im Zug von Paris nach Bordeaux trifft der Medizinalassistent Clément Juliette, die in einem Schönheitssalon arbeitet. Dort verliebt sich Cléments Chef, Professor Raoul Bergeron in das Mädchen und holt sie aus ihrer mittelmäßigen Umgebung heraus. Als Clément und Juliette sich wiederbegegnen, fühlen sie sich sehr stark zueinander hingezogen. Es beginnt eine leidenschaftliche Liebesgeschichte, die Juliette glücklich macht, für Clément aber den Verlust seiner Stellung in der Klinik bringt. Angesichts der großen Liebe findet er sich eine Zeitlang mit seiner neuen Rolle als Landarzt zurecht, doch dann wird für ihn der Verlust der Klinikarbeit um so schmerzlicher. Als Juliette das spürt, geht sie zu Bergerson zurück, bittet ihn, Clément wieder aufzunehmen, wenn sie bei ihm bleibt.

Juliette jedoch kann nicht verheimlichen, daß sie lebensgefährlich krank ist. Bei der Untersuchung muß Bergerson befürchten, daß er ihr Leben nicht retten kann. Zum letzten Mal kommt Clément, von Bergerson benachrichtigt, an das Krankenbett der Geliebten.

Zum Film: Was Jacques Derays Regie nicht gelingt, schaffen die hervorragenden Schauspieler über weite Strecken: Die klischeehafte Seelen-, Liebes- und Ärztefilme mit Dieter Borsche oder O. W. Fischer erinnert, erträglich zu machen. Es gibt eine Qualität des Trivialen, der man sich kaum entziehen kann. Davon leben Filme wie einige Melodramen von Claude Lelouch, fast alle Filme von Claude Sautet und auch Jacques Derays *Maladie d'amour*. Warum der Film bei uns noch nicht einmal im Fernsehen zu sehen war, ist unverständlich. Piccoli spielt routiniert den eifersüchtigen Chefarzt, mächtig, hintergründig lauernd und dennoch eine bedauernswerte Person. Nastassja Kinski ist lebhaft, ungezügelt, hektisch, ein vibrierendes, leidenschaftliches Wesen und Jean-Hugues Anglade spielt den jungen schönen Arzt Clément überzeugend.

Ya bon les blancs
Frankreich/Italien

Regie: Marco Ferreri. Drehbuch: Rafael Azcona, Marco Ferreri. Kamera: Angel-Luis Fernandez. Schnitt: Ruggero Mastroianni. Musik: Guy Eyoum. Ausstattung: Marco Ferreri, Fernando Rosales Sanchez.

Darsteller: Maruschka Detmers (Nadia), Michele Placido (Michel),Juan Diego (Diego Ramirez), MICHEL PICCOLI (Vater Jean-Marie), Jean-François Stévenin (Peter),Nicoletta Braschi (Luisa), Pedro Reyes (Martin),Sitigui Kouyate (Stammeshäuptling),Pascal Nzoni (Griot), Katoucha (Ayodou), Bentlage Moha (Vincent), Marcello Garcia Flores (Gustave).

Produktion: Camera One/JMS Films/CIA Iberoamericana de TV/23 Guigno. Produzent: Andres Vicente Gomez. Eastmancolor. Länge: 98 Minuten. BRD: Juni 1988 Münchner Filmfest.

Kritik: Positif 324: Frédérik Sabourauf in Cahiers du Cinéma 425.

Inhalt: Ein paar Europäer, Mitarbeiter der Aktion »Blaue Engel«, fliegen nach Afrika, bringen Lastwagen voller Lebensmittel, um den Schwarzen zu helfen. Zusammen mit der humanitären Hilfe landet in Afrika die Zivilisation der Weißen. Doch die afrikanische Kultur ist stärker als die importierte. Im Laufe der Reise beginnt sich der Lastwagenkonvoi aufzulösen, die Weißen lassen sich nur noch von ihren persönlichen Bedürfnissen treiben – von Gewalt, Machtgier, Liebe und Heimweh. Am Ende, als die Expedition gescheitert ist, ziehen sich ein Lastwagenfahrer und eine junge Holländerin verliebt in die Wüste zurück. Plötzlich erscheint ein Stamm Eingeborener, der ein Sühneopfer für die Verschmutzung einer Oase fordert...

Zum Film: »Der Titel nimmt den Ton des Films vorweg, den einer Satire, einer ätzenden Komödie. Man jubelt bei der Vorstellung,

Ferreri mit bloßen Zähnen an der arroganten Wohltätigkeit dieser naiven Kreuzfahrer nagen zu sehen, deren Heldentaten regelmäßig im Fernsehen gepriesen werden.«
(Frédérik Sabouraud, Cahiers du Cinéma).
»Damals, zur Zeit der alten Kolonien zog man mit Kamelen nach Afrika, um Krieg zu führen. Das war romantisch. Heute gibt es den Heroismus der Nächstenliebe. Doch es ist immer die gleiche Sache. Man hofft nur darauf, Ordnung zu schaffen, Leute etikettieren zu können – die Drogensüchtigen, die Arbeitslosen, etc. Aber es handelt sich immer um eine kolonialistische Operation«. (Marco Ferreri).

1988

Blanc de Chine
Frankreich
Regie: Denys Granier-Deferre. Drehbuch: Yves Stavridès, Denys Granier-Deferre. Kamera: Raoul Coutard. Schnitt: Sophie Cornu. Musik: Romano Musumarra.
Darsteller: Robin Renucci (Mathieu Caglioli), sowie Marguerite Tran, MICHEL PICCOLI, Denis Hawthrone, Ham Chau Luong, Antoine Dulery, Claude Feraldo.
Produktion: Adélaide Production/CFC/Cine Cinq. Farbe. Länge: 90 Minuten.
UA: 20. 4. 1988 Paris.

Kritik: J.-P. G. Première

Inhalt: Saigon, April 1975. Der Zusammenbruch. Die letzten Hubschrauber verlassen die Stadt. Der junge Matthieu Caglioli berichtet einem von der US Marine. Auf seinem Arm hat er ein achtjähriges eurasisches Kind. Der Militär fragt ihn: »Wer ist das Kind?«. Matthew antwortet: »Meine Frau!«. Er zeigt seine Papiere: In einigen Botschaften hat man Nothochzeiten durchgeführt, um Menschen schnell aus Saigon herauszubekommen. Der Militär überprüft die Papiere, seine Lippen bewegen sich verächtlich. Er gibt sie Matthieu zurück: »Weitergehen!«. Er besteigt den letzten Hubschrauber, der Asien verläßt. Matthieu ist der letzte Überlebende in einer langen Reihe korsischer Landarbeiter, die in Indochina seit Ende des letzten Jahrhunderts gelebt haben.

Le peuple singe
Frankreich/Indonesien
Regie + Kamera: Gérard Vienne. Künstlerische Leitung: Jean-Yves Collet. Schnitt: Jacqueline Lecompte, Catherine Mauchain. Musik: Jacques Loussier. Kommentar: MICHEL PICCOLI. Produktion: Cinéma 7/GV Films International/Films A2/REVCOM/ La Sept/Blure Dahlia Films/Informationsministerium von Indonesien/Centre National de la Cinématographie. Länge: 95 Minuten.

Kritik: J. M. in Cahiers du Cinéma 421, Juni 1989.

Zum Film: Dokumentarfilm über das Volk der Affen.

Milou en Mai
Eine Komödie im Mai
Frankreich
Regie: Louis Malle. Drehbuch: Louis Malle, Jean-Claude Carrière. Regieassistent: Michel Ferry. Kamera: Renato Berta. Schnitt: Em-

Weit ab vom Schuß – auf dem Land bekommt man nur ganz allmählich etwas vom Geschehen in Paris mit. Malles Film spielt im Mai '68.

Milou – Michel Piccoli weiß das Leben zu genießen. Louis Malles ›Komödie im Mai‹.

manuelle Castro. Musik: Stéphane Grappelli, Debussy, Mozart. Ausstattung: Willy Holt.

Darsteller: MICHEL PICCOLI (Milou), Miou Miou (Camille), Michel Duchaussoy (Georges), Dominique Blanc (Claire), Harriet Walter (Lily), Bruno Carette (Grimaldi), Martine Gautier (Adèle), François Berleand (Daniel), Paulette Dubost (Madame Vieuzac), Rozenn Le Tallec (Marie-Laure), Renaud Danner (Pierre-Alain), Jeanne Henry-Leclerc (Françoise), Benjamin und Nicolas Prieur (Zwillinge), Marcel Bories (Léonce), Etienne Draber (M. Boutelleau), Valerie Lemercier (Mme Boutelleau), Hubert Saint-Macary (Paul), Bernard Brocas (Pfarrer), Georges Vaur (Delmas), Jacqueline Staup (Nachbarin), Anne-Marie Bonange (Nachbarin), Denise Juskiewenski (Mme Abel), Stephane Broqueois (junger Mann), Serge Angeloff (Verlobter von Adèle).

Produktion: Nouvelle Editions de Films/TF 1 Films Productions/ Ellepi Films. Länge: 108 Minuten.
BRD: 15. 3. 1990

Kritik: epd Film 3/90; Zoom 8/90.

Inhalt: Der Mai 68 als versöhnliche Farce. Ländliche Atmosphäre und Stimmung wie sie in Anton Pawlowitsch Tschechows Erzählungen und Komödien oder den düster pessimistischen Dramen von Maxim Gorki, etwa den Sommergästen, zu finden sind, aber auch in Jean Renoirs poetischer Filmnovelle *Eine Landpartie*. Die Provinz le Gers im Mai 1968. Während im fernen Paris Arbeiter und Studenten Barrikaden errichten, stirbt im Château de Caloue die Großmutter Vieuzak. Ihr sechzigjähriger Sohn Milou, der sich am liebsten mit seinen Bienen und Reben beschäftigt, wenn er nicht der jungen Haushälterin an die Bluse geht, trommelt die vielköpfige Familie von überallher zusammen, und alle kommen zum Leichenbegängnis und – natürlich zum Erben.

Die Unruhen in Paris dringen nur sehr sporadisch herüber:ein paar Brocken aus dem Radio, ein paar besonders ängstliche Nachbarn, die Lebensmittel und Brennmaterial horten, na, und die Benzinknappheit: ein Mercedesfahrer muß die Koffer ein paar Kilometer schleppen, während Nichte Claire mit der Freundin Lily zusammen die »Ente« schieben kann. Und auch die Oma kann nicht so schnell unter die Erde, denn die Beerdigungsunternehmer streiken.

Allmählich hat man auch hier auf dem Lande verstanden, sich gegen die Verhältnisse zu wehren – auch wenn man gar nicht so ganz genau weiß, um was es eigentlich geht. Zuerst streiten sich die Besucher im Hause Vieuzak ein wenig politisch: »Warum holen die nicht die Militärs, man soll doch einfach reinschießen!« – meint kiffig die konservative Camille, aber Nichte Claire argumentiert dagegen. Bald ist der Nachlaß wichtiger als die Politik, es geht um das Geschirr, die Bestecke, die Bilder und was es sonst noch bei Oma zu erben gibt. Als aber auch das nicht mehr unterhält, kommt man einander näher. Ach ja, die Studenten in Paris werfen ja nicht nur mit Sprengbomben, die haben ja auch die freie Liebe auf die Fahnen geschrieben – und hurtig entdeckt man die Liebe, alte Emotionen für einander werden wieder wach:

Milou sieht ja noch so gut aus, und auch die homophile Claire stellt fest, daß Männer recht zärtlich sein können – was Freundin Lily offensichtlich schon lange weiß.

Michel Piccoli als Milou in einer seiner schönsten Rollen.

Zum Film: So schlägt man die Zeit tot mit einem »déjeuner sur l'herbe« – ungeniert zitiert Malle den großen Meister und läßt Kameramann Renato Berta die Farben so zart und pastell setzen wie in Jean Renoirs Film. Daß es hier nicht nur heiter und erotisch zugeht, ist bei Louis Malle selbstverständlich, die Bourgeoisie kriegt allemal ihr Fett ab. Und wenn man – vor allem bei unerbittlichen Franzosen – liest, Malle habe hier die 68er Revolution verhöhnt und verraten, muß man entgegenhalten, daß Humor, Lockerheit und Distanz noch jeder »Bewegung« gutgetan haben – oder muß man denn immer alles bierernst sehen? Jedenfalls für Michel Piccoli war das eine ganz große Rolle.

»Er hat eine ganz präzise Autorität und zeigt dabei sein Zögern, sein Suchen – für Schauspieler ein Idealfall kreativer Zusammenarbeit. Louis ist nicht von Erfolgen korrumpiert, sein Humor hat diese

Spannung zwischen Lachen und Weinen. das ist sehr wichtig, wenn man Menschen in einer Krise beschreibt.

Milou ist ein Cousin des Gajew aus Tschechows Kirschgarten, er ist ein altgewordenes Kind, das Angst hat, seiner Kindheit beraubt zu werden, ein Bourgeois, der verführbar wäre von revolutionären Ideen. Heute wäre er wohl ein grüner.

Revolutionär war ich nie, aber ich habe heftig mit den Trozkisten geflirtet. Jedesmal wenn ich von einer Demo kam, tagte das Familiengericht samt Schwiegermutter und hat mich als bourgeoisen Kapitalisten verurteilt. Das war eine wunderbare Zeit. Heute sind die 68er noch viel bourgeoisere Kapitalisten und ich als alter Linker mitterendrin. Nichts ist unpolitisch, was wir tun. Und die Träume gehen weiter.« (Piccoli über Malle)

Martha und ich
BRD/Frankreich
Regie/Drehbuch: Jiri Weiss. Regieassistenten: Renald Calcagni, Jan Schmidt, Jana Tomsova. Kamera: Viktor Ruzicka. Schnitt: Gisela Haller. Musik: Jiri Stivin. Ausstattung: Karel Vacek.
Darsteller: Marianne Sägebrecht (Martha), MICHEL PICCOLI (Ernst Fuchs), Václav Chalupa (Emil), Andrej Vetchy (Emil als Junge), Bozidara Turzonovová (Rosa Kluge), Jana Brezinová (Ida Fuchs), Sona Valentová (Elsa Fuchs), Jana Altmanová (Kamila Fuchs), Zuzana Kocúriková (Ilona), Klaus Grünberg (Bertl), Michael Kausch (Werner), Diana Moravá (Lida), Jana Spanurová (Anna), Jiri Menzel (Dr. Benda), Petr Manicinec (Zinnecker), Zlata Adamovska (Hilde), Bernhard Wicki (Erzähler).
Produktion: Iduna-Film/PROGEFI, TF1 FILMS, in Zusammenarbeit mit ZDF,ORF, RAI 2, CANAL PLUS. Produzenten: Sabine Tettenborn, Marius Schwarz. Eastmancolor. Länge: 107 Minuten.

Inhalt: Prag 1934. Emil, 14, wird zu seinem Onkel in die Provinz geschickt. Die Eltern sind zerstritten. Doch bei Onkel Ernst Fuchs ist auch nicht alles in Ordnung: der wird von seiner Frau betrogen. Er fühlt sich selbst schuldig, läßt sich scheiden und heiratet die Magd Martha. Martha stammt aus einer armen deutschen Familie, ihre Brüder sind nationalbewußt. Werner schimpft auf die Juden, sein Bruder Bertl bewundert den reichen Schwager, obwohl er Jude ist. Ernsts Schwestern lehnen Martha ab. Emil beobachtet das Paar, bei dem er bis zum Münchener Abkommen friedlich und glücklich lebt.

›Martha und ich‹: Martha, Marianne Sägebrecht, hat den Juden Dr. Fuchs, Piccoli, gegen den Wunsch beider Familien geheiratet. Eine düstere Chronik der NS-Zeit von Jiri Weiss.

Denn Martha und Ernst sind trotz der schlimmen Zeit ein glückliches Paar. Als die Nazis regieren, trifft Ernst seine Entscheidungen: Er betreibt die Scheidung von Martha, um sie nicht zu gefährden, und überredet Emil, ins Ausland zu gehen.

1991

La belle noiseuse
Die schöne Querulantin
Frankreich
Regie: Jacques Rivette. Drehbuch: Jacques Rivette, Pascal Bonitzer, Christine Laurent, nach einem Roman von Honoré de Balzac. Kame-

Trügerische Idylle – Szene aus ›Die schöne Querulantin‹ von Rivette.

ra: Willy Lubtchansky. Schnitt: Nicole Lubtchansky. Musik: Igor Strawinsky. Ausstattung: Emmanuel de Chauvigny. Darsteller: MICHEL PICCOLI (Frenhofer), Jane Birkin (Liz), Emmanuelle Béart (Marianne), David Bursztein (Nicolas), Marianne Denicourt (Julienne), Gilles Abona (Porbus), Marie-Claude Roger (Françoise) und die Hand des Malers: Bernard Dufour.

Produktion: Pierre Grise, Paris, Paradise, Brüssel, GRP, Zürich, Eastmancolor. Länge: 225 Minuten.

2. Version unter dem Titel: »Die schöne Querulantin – Divertimento«: 125 Minuten

BRD: 9. 1. 1992.

Kritik: Martin Schaub in Filmbulletin 12/1991; Marli Feldvoß in epd Film 1 + 3/92; Horst-Peter Koll in Filmdienst 1 + 3/92; Eva Hohenberger in Stadt Revue 1/92; cb in Kölner Illustrierte 1/92; Thierry Chervel in TAZ, 9. 1. 92; Thomas Linden in KR, 11. 1. 92; Wolfram Schütte in FR, 22. 1. 92; Ska (= Skasa-Weiß) in StZ, 13. 2. 92; Barbara Tünnemann in RP 28. 2. 92

Inhalt: Auf seinem idyllischen Landsitz bei Montpellier lebt der Maler Frenhofer mit seiner Frau Liz ein zurückgezogenes Leben. Vor zehn Jahren hat er sein letztes, unvollendetes Bild beiseitegestellt und zu malen aufgehört. Sein Modell war Liz, seine Geliebte und Frau. Der junge Maler Nicolas, der Frenhofer bewundert, und der Kunsthändler Porbus schließen einen Pakt, in den Frenhofers Frau und Nicolas Freundin einbezogen werden: Frenhofer soll noch einmal zum Malen inspiriert werden. Marianne, Nicolas Freundin wird als Model auserkoren.

Nach einer knappen Kinostunde beginnt die eigentliche Arbeit, ganz allmählich hebt der Schöpfungsakt an, harte Arbeit gegen viele Widerstände: Frenhofer ist nicht zufrieden, das Modell sträubt sich ebenso wie die Hand des Malers. Und während widerstrebend Maler und Modell zu einer schöpferischen Gemeinschaft finden, beschäftigt sich Liz mit der Präparation von Vögeln.

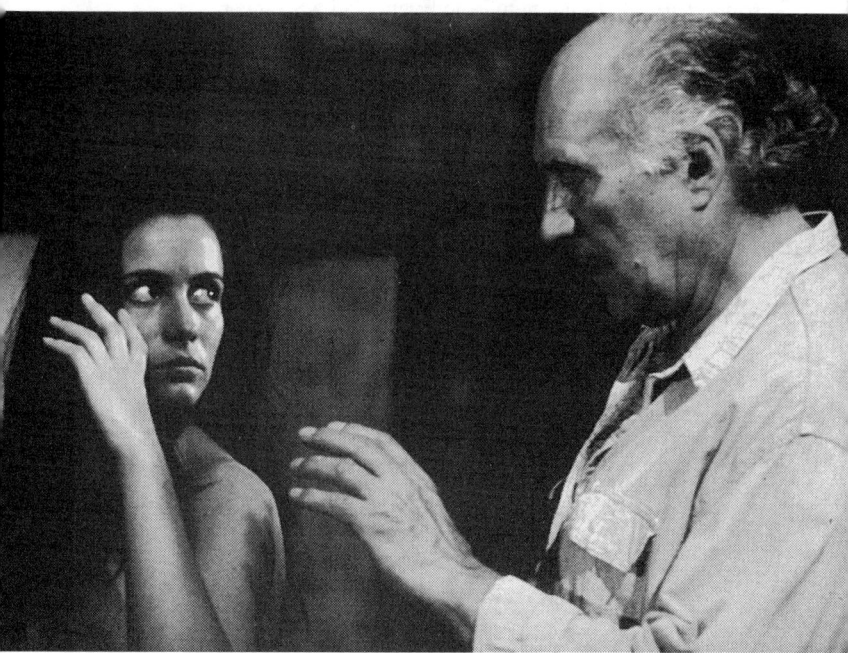

Der Maler und sein Modell – Piccoli und Emmanuelle Beart in Jacques Rivettes ›Die schöne Querulantin‹.

Zum Film: La belle noiseuse ist schlichtweg ein Meisterwerk: vier Stunden vergehen wie im Flug: Schauspieler, Farben, Musik, Bewegungen. Michel Piccoli hat die Möglichkeit, so ziemlich alle Seiten seiner Darstellungskunst vorzuführen: er ist der liebenswert zärtliche Mann, das eiskalte Ekel, der Zyniker, der Verzweifelte. Er tänzelt mit jugendlichem Elan und schleicht gebückt daher, seine Blicke, Bewegungen verändern sich schneller als die Farben auf der Palette. Jacques Rivette ist es gelungen, das Porträt eines Menschen und Künstlers an einem engen begrenzten Ort, mit einer knapp umrissenen Handlung zu einem Kunstwerk zu machen.

Le voleur d'enfants
Frankreich
Regie/Drehbuch: Christian de Chalonge, nach einem Roman von Jules Supervielle. Darsteller: Marcello Mastroianni (Colonel Bigua), Angela Molina (seine Frau), MICHEL PICCOLI (sein Freund Armand), sowie Virginie Leydoyen, Loïc Even, Nadia Strancar. Produzent: Sergio Gobbi.

Inhalt: Paris 1925. Colonel Bigua ist ein reicher Argentinier, der – weil er selbst keine Kinder haben kann – sie sich bei anderen stiehlt. Das heißt, eigentlich kauft er sie und versucht alles, um sie glücklich

Michel Piccoli als Frenhofer in ›Die schöne Querulantin‹.

zu machen. Sie dürfen auch weggehen, wenn sie wollen. Alles in allem ist der Colonel ein Monster, doch ein Monster mit Güte und Charme. Seine Frau, die ihm zugetan ist, ist ständig in Sorge, wohin ihn seine Leidenschaft führt. Kompliziert wird das Ganze, wenn ein alter Freund und Magier dem Colonel seine eigene Tochter verkauft, die mit ihren 16 Jahren absolut kein Kind mehr ist. Da lernt Bigua die Pein der Versuchung kennen...

Les Equilibristes
– La vie sur un fil –
Frankreich
Regie/Drehbuch: Nico Papatakis, in Anlehnung an Charaktere von Jean Genet. Kamera: William Lubtchansky. Schnitt: Delphine Desfons. Musik: Bruno Coulais. Ausstattung: Gièle Cavali, Sylvie Delson, Nikos Meletopoulos.
Darsteller: MICHEL PICCOLI (Marcel Spadice), Lilah Dadi (Franz-Ali Aoussine), Polly Walker (Hélène Lagache), Patrick Mille (Fredy Babitchev), Doris Kunstmann (Christa, Mutter von Franz-Ali), Juliette Degenne (l'ouvreuse).
Produktion: Paris Classics Productions, La Sept, FR 3. Produzent: Humbert Balsan. Eastmancolor. Länge: 140 Minuten.

Kritik: M. R. in Studio Magazine 57/1 92

Inhalt: Der Schriftsteller und Dichter Marcel Spadice ist vom Zirkus fasziniert. Für ihn ist er eine Quelle der Inspiration, ein Ort, wo Menschen den Tod riskieren. Mit Hélènes Hilfe verführt er den Artisten Frantz-Ali, der beim Zirkus arbeitet und davon träumt, einmal ein berühmter Seiltänzer zu werden. Marcel wacht über sein Training, sorgt dafür, daß er ein diszipliniertes Leben führt. Frantz-Ali tut, was Marcel will und riskiert dabei sein Leben.

Zum Film: »Eine Zirkusarena, Elephantenmist und ein wertloses Kollier, das darin zerdrückt wird. Das Futtergeld und der Schlamm – das ist die Metapher des Films von Nico Papatakis – inspiriert vom Leben und Werk Jean Genets.
Papatakis, Schauspieler, Journalist und Produzent (etwa von Genets Chant d'amour und Cassavetes' Shadows), Regisseur von fünf Filmen in fast dreißig Jahren, ist ein idealistischer Bohemien, ein neugieriger Exilist, ein kosmopolitischer Ästhet. Sein neuer Film spielt im Frankreich der 60er Jahre mitten im Algerienkrieg. Es ist die Geschichte von mehreren Lieben, der Liebe zwischen einem

Herren und seinem Sklaven. Er, der Herr träumt von der Sicherheit und dem Absoluten. Eine Pygmalion-Liebe, total, absolut, autoritär, kannibalistisch. Faszination, Terror und bald Hoffnungslosigkeit. In bläulichem Licht, in einem stilisierten Universum inszeniert Papatakis seine grausame Tragödie, ein Tanz um Liebe und Tod, eine Leichenparade, in der jeder einzelne Seiltänzer des Herzens, Seiltänzer der Gefühle ist, ein Taumel der Liebe – homosexuell, heterosexuell, aber käuflich. Sicher werden manche die affektierte Theatralik der Situationen und mancher Dialoge kritisieren, aber Papatakis ist ein Mann des Übermaßes und seine Geschichten und Leidenschaften passen sich dem an. Seine Darsteller haben das begriffen: Michel Piccoli, der sich vollkommen in diese erstaunliche Persönlichkeit hineinbegeben hat, ist ein vollkommener Mistkerl« (M. R.)

1992

Le bal des casse-pieds
Affenzirkus
Regie: Yves Robert. Drehbuch: Jean-Loup Debadie.
Darsteller: Jean Rochefort, Victor Lanoux, Guy Bedos, Claude Brasseur, Jean Carmet, Miou-Miou, Valerie Lemercier, Veronique Sanson, Jacques Villeret, Jean Yanne, MICHEL PICCOLI.
Produktion: Gaumont International. Eastmancolor. Länge: 102 Minuten. UA: 12. 2. 92. BRD: 12. 11. 92.

Inhalt: Ein Film mit 70 Figuren. Als Nervensäge ist der eine noch schlimmer als der andere. Eine gewaltige Sammlung von kleinen Kotzbrocken, von kleinen Lebewesen, an denen man sich dauernd stößt – wie an dem Geländer einer Eisenbahn.

Archipel
Frankreich
Regie: Pierre Granier-Deferre. Drehbuch: Pierre Granier-Deferre, Jacques Fieschi, nach dem Roman von Michel Rio. Kamera: Charly Vandamme. Schnitt: Anne Marie L'Hote. Musik: Elton John, Edith Piaf. Ausstattung: Jacques Saulnier.
Darsteller: MICHEL PICCOLI, Melvil Poupaud (Michael Riviere), Claire Nebout (Alexandra Hamilton), Ludmila Mikael, Anais Jeanneret, Samuel West, Michel Aumont.
Produktion: Locus Solus, Les Films Dancourt, What's On-Produktion. Produzenten: Jean Marie Duprez, Norbert Saaba.
UA: 18. 5. 92

Inhalt:: Für die reichen, zweisprachigen Schüler der Hamilton School auf einer Insel vor der englischen Küste erhebt sich die dringende Frage, wie sie die nahenden Osterferien verbringen sollen. Michel Riviere, der bald 17 wird, steht vor einer schwierigen Entscheidung: Er kann mit dem brillanten Klassenkameraden Alan Stewart, seinem besten Freund gehen. Alan hat ihm angeboten, die Ferien mit ihm und seiner Mutter, Miss Stewart, zu verbringen, aber gleichermaßen hat er das verlockende Angebot der attraktiven Schulleiterin, Alexandra Hamilton. Michaels Mutter hat das angeleiert. Wie alle Jungen dieser Schule ist Michael heimlich in Miss Alexandra verliebt, deren bloßes Erscheinen in der Speisehalle dafür sorgt, daß 300 hungrige Knaben verstummen. Gerade die zynische Attitüde von Alan sorgt dafür, daß Michaels Entscheidung für Miss Hamilton ausfällt. Und während eines langen, heißen Sommers entwickelt sich eine leidenschaftliche Beziehung, die für Michael Erwachsenwerden bedeutet. Pierre Granier-Deferre: »Wir wollten den Film schon 1990 drehen, doch wir hatten Besetzungsprobleme. Michel Piccoli war nicht frei und die Mutter des Studenten war so ein Catherine-Deneuve-Typ, doch dann merkten mein Co-Autor Fischie und ich, daß das nur die übliche Vorstellung war und im Grunde diese Mutter durchaus eine jüngere Frau sein konnte. Dann war der Sommer um und ich habe erst *La voix* gedreht, der eigentlich erst nach *Archipel* entstehen sollte.« (Presence du cinéma francais, August 1992)

La vie crevée
Regie/Drehbuch: Guillaume Niclaux. Kamera: Raoul Coutard. Schnitt: Brigitte Bonard. Musik: T. de Hartmann. Darsteller: MICHEL PICCOLI (Raymond), Geraldine Danon (Angèle), Arielle Dombasle (Alice), Didier Ab+ot (Georges), Nicolas Jouhet (Jean), W. Stanzack (Briefträger).
Produktion: Fin de Siècle. Eastmancolor. Länge: 75 Minuten.
UA: 9. 8. 92 Locarno

Inhalt: In einem abgelegenen Schloß lebt Raymond alleine. Eines Tages klingeln bei ihm zwei junge Paare, die eine Wagenpanne haben und fragen nach einem Telefon. Doch Raymond behauptet, keines im Hause zu haben, sie könnten aber gerne bei ihm bleiben, er verfüge über genügend Raum. Die Gäste bleiben und es beginnt ein merkwürdiges Spiel. Raymond provoziert die jungen Männer, beginnt seine Spiele mit den Frauen und hat mit seinen Eskapaden Erfolg.

Guillaume Nicloux im Gespräch:
»Die Arbeit mit Piccoli war sehr angenehm, ausgesprochen bereichernd, vor allem deshalb, weil meine Art auf der Bühne und hinter der Kamera zu arbeiten völlig seinen Vorstellungen entspricht. So haben wir beispielsweise die ganze Psychologie der Person herausgenommen und nicht versucht, zu erklären, warum dieser Mann sich so und so verhält. Im Laufe der Dreharbeiten haben wir Szenen und Dialoge eingebaut, die nicht vorgesehen waren, weil Piccoli immer wieder variiert, weil er versucht zu ergründen, wie die Szene am stimmigsten erscheint. Er ist sehr neugierig, ein Schauspieler, der immer wieder Neues versucht und deshalb ist er in all seinen Filmen immer wieder ein Neuer, ein Anderer. Andererseits habe ich seine Rolle, was Spiel und Text betrifft, schon ganz genau festgelegt. Was mir im Nachhinein auffällt, ist die Tatsache, daß wir bei der Besetzung und vor dem Drehen sehr wenig geredet haben. Ich hatte das Gefühl, daß er mit Annahme der Rolle mir voll vertraute. So wurde es eine vorzügliche Zusammenarbeit. Ich glaube sicher, daß auch er eine angenehme Erinnerung an die Arbeit hat und daß wir bald wieder zusammenarbeiten. Und was die Mitspieler anbelangt, für die war es ebenfalls eine Bereicherung. Sie haben von Piccoli gelernt, denn er war der Hauptpfeiler im Film und hat nicht nur für sich Ideen eingebracht, sondern auch für die anderen Schauspieler.« (Guillaume Nicloux, Paris 1992).

Ruptures
Frankreich
Regie/Drehbuch: Christine Citti. Regieassistent: Thierry Petit. Kamera: J.-Y. Delbeuve. Ausstattung: Marc Thibault. Darsteller: Emmanuelle Béart, Laurent Grevill, MICHEL PICCOLI, Anouk Aimée, Nada Strancar, Patrick Blondel, Eva Ionesco, Marc Citti, Françoise Petit.

2. Fernsehfilme

Tu ne m'échapperas pas de de Margret Kennedy
Regie: Marcel Bluwal

1955/56

Sylvie et le fantôme
von Alfred Adam
Regie: Stellio Lorenzi

Regisseur Guillaume Niclaux's Film ›Le vie crevée‹ lebt von der ständigen Präsenz Michel Piccolis.

Crime et châtiment
nach Dostojewski
Regie: Stellio Lorenzi

L'affaire Lacenaire
von Pierre Dumayet
Regie: Stellio Lorenzi

La dernière nuit de Tom Brown
Regie: Claude Barma

1957

L'Ingénue de Madrid
von André Maheux, nach Lope de Vega
Regie: François Chatel, mit Daniel Sorano, Françoise Bonneau

Les plus heureux des trois
von Eugène Labiche
Regie: Marcel Bluwal

Le quadrille des diamants
von Jacques Armand und Claude Barma
nach Conan Doyle
Regie: Claude Barma

1959

L'énigme de Pise
von Alain Decaux und André Castelot
(Graf Orloff)
Regie: Stellio Lorenzi

La dernière nuit de Koenigsmark
von Stellio Lorenzi, André Castelot, Alain Decaux (Koenigsmark)
Regie: Stellio Lorenzi

La chalet sous la neige
von Jean Vauthier
Regie: Roger Iglésis

1960

L'affaire des poisons
von Stellio Lorenzi, André Castelot, Alain Decaux
Regie: Stellio Lorenzi

Monserrat von Emmanuel Roblès (Izquierdo)
Regie: Stellio Lorenzi

1961

Hautelaire ou le bonheur dans le crime
ORTF
nach der Erzählung Le bonheur dans le crime von Jules Barbey
d'Aurevilly
Regie: Jean Prat. Kamera: Maurice Venier. Darsteller: Clotilde Joano
(Delphine), Mireille Darc (Hauteclaire), Paul Frankeur, MICHEL
PICCOLI (Graf Serlon de Savigny), Edmond Beauchamp.
Länge: 83 Minuten.
Sendung: BR 3: 11. 6. 66, 7. 4. 67, 27. 4. 68.

Egmont
nach Johann Wolfgang von Goethe (Egmont)
Regie: Jean-Paul Carrière

1962

Rien que la verité
von Terence Rattigan
Regie: Claude Loursais

1963

Un été en hiver
von François Chalais
Regie: François Chalais

Théodore Frémeaux décédé
von Gérard Herzog
Regie: Gérard Herzog,
mit Mireille Darc

1964

Le héros et le soldat
von Georges Bernard Shaw
Regie: Marcel Cravenne;
Mit Jean Topart, Clotilde Joano, Micheline Boudet, Lila Kedrova

283

Un cinéaste de notre temps: Luis Buñuel
von Jeanine Bazin und A. S. Labarthe
Regie: Robert Valey

1965

Dom Juan ou le Festin de Pierre
ORTF
Regie/Drehbuch: Marcel Bluwal, nach der Komödie von Jean-Baptiste.Molière. Musik: Hubert d'Auriol. Darsteller: MICHEL PICCOLI (Dom Juan), Claude Brasseur, Anouk Ferjac, Dominique Rozan, Angelo Bardi. Länge: 105 Minuten.
Sendung: BR 3: 8. 4. 67, 4. 1. 70, 31. 12. 70; WDR 3: 2. 8. 68, 29. 5. 72; HR 3: 29. 11. 69, 29. 4. 72; ORF 1: 14. 6. 70; S 3: 21. 2. 74, 25. 5. 78

1968

Délire á deux
Regie/Drehbuch: Michel Mitrani, nach Eugène Jonesco. Darsteller: Suzanne Flon. MICHEL PICCOLI. Länge: 53 Minuten.
Sendung: WDR 3: 5. 10. 70.

1970

Piccoli-Panorama
Olivier Todd und Marcel Bluwal
Regie: Marcel Bluwal

1971

Tête d'affiche: Michel Piccoli
von France Roche
Regie: Nicolas Ribowsky

1976

Le banc de la désolation
von Henry James
Regie: Claude Chabrol

1977

Lulu
von Frank Wedekind
Regie: Marcel Bluwal

1978

Les pompiers de Santiago
Regie: Jose Maria Berzosa

1979

Michel Piccoli lit André de Richaud
Regie: Renée Darbon

1980

Docteur Teyran
Regie: Jean Chapot

1981

Luis Buñuel portrait de l'artiste en son absence
von Guy Braucourt
Regie: Carlos de Llanos

La confusion des sentiments
Die Verwirrung der Gefühle
von Stefan Zweig
Regie: Étienne Perier, mit Pierre Malet (Roland), MICHEL PICCOLI
(der Professor), Gila von Weitershausen (Anna, seine Frau).

Inhalt: Anna, die junge Frau des Professors, spürt, wie sehr sich der
Junge Roland zu ihrem Mann hingezogen fühlt. Dieser arbeitet mit
dem Jungen gemeinsam an einem Buch über das britische Globe
Theatre. Damit er sich von ihm lösen kann, verführt sie ihn und
schläft mit ihm.
EA: 16. 1. 81 ZDF.

›Die Verwirrung der Gefühle‹ nach Stefan Zweig mit Gila von Weitershausen, Pierre Malet und Michel Piccoli. Regie: Étienne Perier.

Les Folies Piccoli
von Anne Andreu
Regie: Anne Andreu

1983

Piccoli a l'aventure ou Dom Juan aux enfers
von Boy Braucourt
Regie: Carlos de Llanos

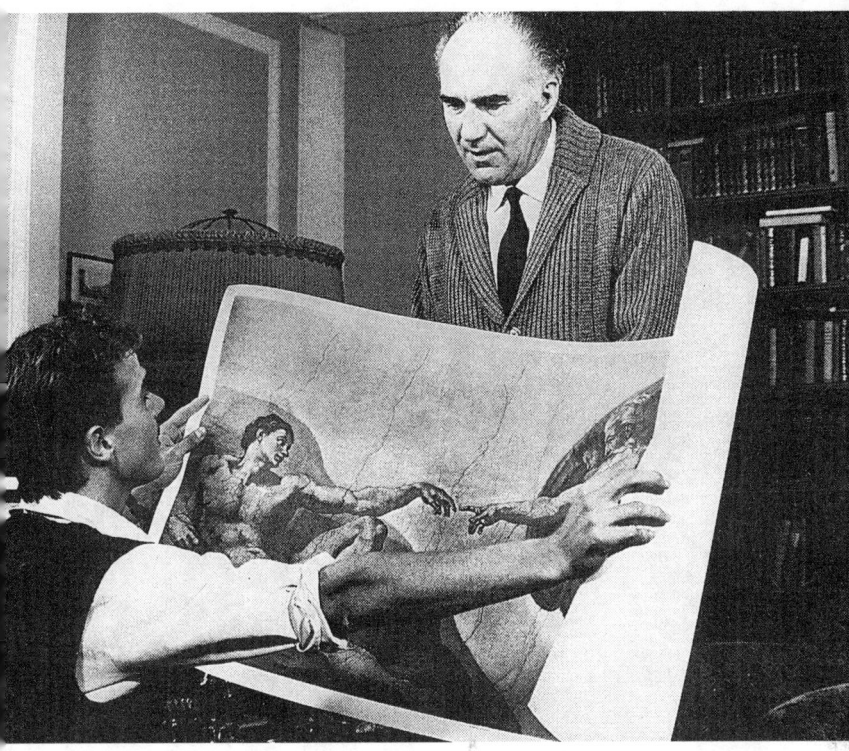

Pierre Malet/Michel Piccoli in Étienne Periers ›Die Verwirrung der Gefühle‹.

1984

Plaisir de théâtre: Terre étrangère
von Arthur Schnitzler,
mit Bulle Ogier

1985

Coses vues (Serie)
von Victor Hugo
Regie: Jean-Paul Fargier

Das weite Land.

1986

Piccoli, trois heures du matin
von Anne Andreu
Regie: Claude Ventura

1988

La fausse suivante
von Marivaux,
Regie: Patrice Chéreau,
mit Jean Birkin

La ruelle au clair de lune
Die Mondscheingasse
Regie: Edouard Molinaro. Drehbuch: Christine Miller, Edouard Molinaro, nach einer Novelle von Stefan Zweig. Kamera: Michael Epp. Musik: Geworges Garverentz. Darsteller: Niels Arestrup (Klemm, der Erzähler), MICHEL PICCOLI (Willer), Marthe Keller (Nelly), Claude Chabrol, Wojtek Pszoniak.
Produktion: Progefi/FR 3/Cinéma 16. Farbe. Länge: 88 Min.

Une coupable
von Jean-Denis Bredin (Anwalt)
Regie: Roger Hanin

1989

Les grandes familles
von Maurice Druon
(Noel Schoulder)
Regie: Edouard Molinaro,
mit Jean Michel Dupuis (François), Pierre Arditi, Simon Lachaume, Roger Hanin (Lucien Maublanc)

Suers froides
von Louis C. Thomas
Regie: Régis Wargnier

3. Bühnenauftritte

1945

Le judgement dernièr
(Doppelrolle: junger Streikender und Greis)
André Charmel
Regie: Georges Douking
Théâtre Pigalle

L'invasion
Leonid Leonov (Stalinpreis 1943)
Regie: Georges Douking
mit Daniel Ivernel, Yves Robert
Théâtre Bouffes du Nord

Antigone (ein Wächter)
Jean Anouilh
Regie: André Barsacq
Théâtre Atelier, anschließend auf Tournee

1947

La Route au tabac
J. Kirkland, d'après Caldwell
Regie: Marcel Duhamel
mit Martine Carol

L'Heure de verité
René-Jean Ottoni
Regie: Andre Cellier
Théâtre de Poche

Absalon
Jacques Heyst
Regie: Georges Cormier (Compagnie »Table ronde«)

1948

Le matériel humain
Paul Raynal
Regie: Jean Darcante

1949

Les Gaités de L'escadron (Die Fröhlichkeit des Eskadron)
Georges Courteline
Mit der Compagnie Grenier – Hussenot (zusammen mit dem Einakter
»Orion le tueur«)

Ubu Roi
Alfred Jary
Théâtre Mouffetard

Célestine
mit Marcelle Géniat
Théâtre Renaissance

1950

L'Affaire Fualdes
Denis Marion
Regie: Georges Douking,
mit Lucien Nat, Maurice Dorléac, Nane Germon

Mephisto
Opéra bouffe von Jacques Besse
Mit Daniel Gélin, Mouloudji

1951

Androclès et le lion (Androkles und der Löwe)
George Bernard Shaw
Regie: Christine Tzingos,
mit Chirstine Tsingos, Jean-Marie Serreau
Gaieté Montparnasse

Mister Roberts
Thomas Eggen, bearbeitet von Joshua Logan, Übersetzung: Marcel
Duhamel
Mit Claude Dauphin
in verschiedenen Varietées

1952

Spartacus
Max Aldebert
Regie: Jean-Marie Serreau,
mit Jean-Marie Serreau, Eléonora Hirt

Mangeront-ils
Victor Hugo
Regie: Christine Tzingos,
mit Christine Tzingos, Jacques Mauclair, Claude Castaing
Gaieté Montparnasse

Mademoiselle Julie (Fräulein Julie)
August Strindberg, bearbeitet von Boris Vian
Regie: Frank Sundstrom,
mit Eléonora Hirt
Théâtre Babylone

1953

Les Aveux les plus doux (Die süßesten Geständnisse)
Georges Arnaud
mit Pascal Mazoti, Roger Hanin, Françoise Dorin

Justice est faite
mit Roger Hanin, Françoise Dorin, Michel de Ré, Delphine Seyrig

Fraternité
mit Roger Hanin, Françoise Dorin, Michel de Ré, Delphine Seyrig
Regie: Michel de Ré
Théâtre Quartier Latin

Les naturels du Bordelais
Jacques Audiberti
Regie: George Vitaly,
mit Sylvie Pelayo
Théâtre la Bruyère

1954

La Soiré des proverbes (Der Sprichwörterabend)
Georges Schehadé
Regie: Jean-Louis Barrault,
mit Madeleine Renaud, Pierre Bertin, Jean Servais, Yvonne de Bray
Le Petit Marigny

Irène innocente
Ugo Betti
Regie: Jean-Pierre Granval
Le Petit Marigny

1955

Protée (Proteus)
Paul Claudel
Regie: Raymond Gérôme,
mit Jany Holt
Comédie de Paris

Clotilde du Nord
Louis Calaferte
Regie: Michel de Ré,
mit Martine Sarcey
Comédie de Paris

Gaspar Diaz
Dominique Vincent
Regie: Claude Régy
Théâtre Hébertot

1956

Jeanne avec nous (Wiederaufnahme)
Claude Vermorel
Regie: Claude Vermorel,
mit Claire Maffei

La Reine et les insurgés (Die Königin und die Rebellen)
Ugo Betti
Regie: Michel Vitold
Théâtre de la Renaissance

Entre chien et loup
Gabriel Arout, bearbeitet von Paolo Levi
Regie: André Villiers,
mit Gaby Sylvia, Marc Cassot
Théâtre en round

Le Fleuve rouge (Der rote Fluß)
Jules Roy
Regie: Georges Villiers
Théâtre en round

1957

Phèdre
Jean Racine
Regie: Jean Vilar,
mit Marie Casarès, Alain Cuny, Jean Vilar, Lucienne Lemarchand
in Strassburg und Paris für das TNP

Regrets éternels
Constance Coline
Regie: Rymond Gérôme,
mit Maria Mauban, Suzet Mais, Edith Loria
Théâtre de l'OEuvre

1958

Romancero
Jaques Deval (Pater Ibarra)
Regie: Jacques Deval,
mit Jean Vilar, Nicole Courcel
Comédie des Champs-Elysées

Mademoiselle Julie (Fräulein Julie)
August Strindberg, bearbeitet von Boris Vian
Regie: Frank Sundstrom, mit Eléonora Hirt
Théâtre La Bruyère

La Tour d'ivoire
Robert Ardrey
Regie: Jean Mercure
Bouffes Parisiens

1959

Connaissez-vous la voi lacté? (Kennen Sie die Milchstraße?)
Karl Wittlinger
Regie: Michel de Ré
Théâtre Mathurins

1960

La forêt pétrifié (Der versteinerte Wald)
Robert Emmet Sherwood
Regie: Jean Darcante

1961

Le dixième homme (Der 10. Mann)
Paddy Chayevski, bearbeitet von André Lacour
Regie: Raymond Gérôme

1962

Les Cailloux
Félicien Marceau
Regie: André Barsacq
Théâtre l'Atelier

La Nuit a sa clarté (Das Dunkel ist Licht genug)
Christopher Fry
Regie: Jean Louis Barrault,
mit Madeleine Renaud
Théâtre Odeon

1963

Le Vicaire (Der Stellvertreter, Kurt Gerstein)
Rolf Hochhuth, bearbeitet von Jorge Semprun
Regie: Peter Brook,
mit François Darbon, Pierre Tabard, Jean Michaud, Jean Topart,
Jean-Luc Bideau, Alain Mottet

1969

Le Misanthrope (Der Menschenfeind)
Molière
Regie: Marcel Bluwal,
mit Danièle Lebrun
Tournée Théâtre (Amiens, Rennes, Strasbourg, Grenoble etc.)

1971

Allez, c'est toi, Pierrot?
Pierre Louki
Regie: Marcel Bluwal,
mit Michelle Moretti
Théâtre Hébertot

1981

La Cerisaie (Der Kirschgarten, Gajew)
Anton Pawlowitsch Tschechow
Bearbeitung von Jean-Claude Carrière

Regie: Peter Brook,
mit Natasha Parryi, Niels Astrup, Nathalie Nell, Catherine Frot, Anne
Consigny, Robert Murzeau
Théâtre des Bouffes du Nord

1983

Combat de nêgre et de chiens
Bernard-Marie Koltès (Horn)
Regie: Patrice Chéreau,
mit Philippe Léotard (Cal), Myriam Boyer (Léone), Sidiki Bakaba
(der Neger, der den Leichnam seines Bruders sucht)
Théâtre des Amandiers, Nanterre

1984

Terre étrangère (Weites Land, Friedrich Hofreiter)
Arthur Schnitzler
Regie: Luc Bondy,
mit Bulle Ogier, Laura Duthilleur
Théâtre des Amandiers, Nanterre

1985

La Fausse Suivante (Die falsche Dienerin)
Pierre Carlet de Chamblain de Marivaux
Regie: Patrice Chéreau
Théâtre des Amandiers, Nanterre

1988

Le Conte d'hiver
Shakespeare, bearbeitet von Bernard-Marie Koltès
Regie: Luc Bondy,
mit Bulle Ogier, Nadine Strancar, Bernard Ballet
Théâtre des Amandiers, Nanterre

Le Retour au désert
Bernard-Marie Koltés
Regie: Patrice Chéreau,
mit Jacqueline Maillan
Théâtre des Amandiers, Nanterre

Kampf der Neger und der Hunde, mit M. P., Philippe Leotard (Thea).

Une vie de Théâtre
David Mamet, bearbeitet von Pierre Laville
Regie: Michel Piccoli (ohne selbst zu spielen),
mit Jean Rochefort, Jean-Michel Portal

1992

John Gabriel Borkman (Borkman)
Henrik Ibsen
Regie: Luc Bondy, mit MICHEL PICCOLI (J. G. Borkman), Bulle Ogier
(Frau Borkman), Bernard Nissile (Sohn), Roland Anstutz (Foldal),
Catherine Frot (Mrs. Wilton)
Uraufführung: 10. oder 11. Januar 1993; Theatre Odeon, Paris, ab
März 1993

Michel Piccoli hat darüber hinaus an zahlreichen Festivals teilge-
nommen, wo er unter anderem Shakespeares *Richard III.* gespielt hat,
Le chevalier des neiges von Boris Viant, *La ville d'Ys* von Thiérry
Maulnier, *Phédra* von Racine

Register